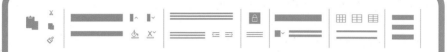

돈의 가치 이해부터 셀프 재무 설계, 주식 투자, 부동산 투자,
대출 한도, 연말정산, 노후 설계까지 대한민국 재테크의 모든 것

엑셀로 부자되기

김태형 지음

돈 버는 엑셀 계산기 템플릿 50 활용법

H3 한빛미디어
Hanbit Media, Inc.

지은이 김태형(사마리아인)

주변에서 흔히 볼 수 있는 직장인이자 세 식구의 가장입니다. 전문 투자자로서 회사 동료들에게 '재테크 고수 직장러'라고 불리지만 처음부터 돈에 대해 잘 알았던 것은 아니었습니다. 사회 초년생 시절 직장 내 재테크 고수인 선배들에게 영감을 얻어 본격적으로 돈 공부를 시작하고 투자의 세계에 뛰어들었습니다. 재테크 서적은 많지만 대부분이 '자전적인 성공담'이거나 '주입식 이론'에 그쳐 실질적인 도움을 받는 데 한계가 있습니다. 투자의 세계에 뛰어드는 것을 두려워하는 초보 투자자를 위해 재테크를 조금 더 쉽고 재미있게 전달할 수 있는 방법은 없을까 고민하던 차에 직장인들의 필수 툴인 '엑셀'을 활용한 투자법을 떠올리게 되었습니다. 〈엑셀로 부자되기〉 시리즈는 블로그와 유튜브 채널을 통해서도 확인할 수 있습니다.

CFP(국제공인재무관리사)이자 투자분석사입니다. 여러 금융사를 거쳐 현재 롯데홈쇼핑 금융사업부 팀장으로 재직 중입니다. 저서로는 많은 독자에게 사랑받은 베스트셀러 《저는 재테크가 처음인데요》(한빛비즈, 2017)와 《엄마의 첫 재테크 공부》(위즈덤하우스, 2018), 《머니푸어 돈관리》(한국경제신문사, 2013), 《지금 당장 재무설계 공부하라》(한빛비즈, 2011) 등이 있습니다.

블로그 Samariain.com
유튜브 채널 사마리아인TV

엑셀로 부자되기 : 돈 버는 엑셀 계산기 템플릿 50 활용법

초판 1쇄 발행 2022년 4월 12일
초판 2쇄 발행 2022년 9월 15일

지은이 김태형 / **펴낸이** 김태헌
펴낸곳 한빛미디어(주) / **주소** 서울시 서대문구 연희로2길 62 한빛미디어(주) IT출판부
전화 02-325-5544 / **팩스** 02-336-7124
등록 1999년 6월 24일 제 25100-2017-000058호 / **ISBN** 979-11-6224-543-9   13000

총괄 전정아 / **책임편집** 배윤미 / **기획** 장용희 / **교정** 박서연
디자인 표지 박정우 내지 이아란 / **전산편집** 김희정
영업 김형진, 김진불, 조유미 / **마케팅** 박상용, 송경석, 한종진, 이행은, 고광일, 성화정 / **제작** 박성우, 김정우

이 책에 대한 의견이나 오탈자 및 잘못된 내용에 대한 수정 정보는 한빛미디어(주)의 홈페이지나 아래 이메일로 알려주십시오.
잘못된 책은 구입하신 서점에서 교환해 드립니다. 책값은 뒤표지에 표시되어 있습니다.
한빛미디어 홈페이지 www.hanbit.co.kr / **이메일** ask@hanbit.co.kr / **자료실** www.hanbit.co.kr/src/10543

Published by HANBIT Media, Inc. Printed in Korea
Copyright © 2022 김태형 & HANBIT Media, Inc.
이 책의 저작권은 김태형과 한빛미디어(주)에 있습니다.
저작권법에 의해 보호를 받는 저작물이므로 무단 복제 및 무단 전재를 금합니다.

지금 하지 않으면 할 수 없는 일이 있습니다.
책으로 펴내고 싶은 아이디어나 원고를 이메일(writer@hanbit.co.kr)로 보내주세요.
한빛미디어(주)는 여러분의 소중한 경험과 지식을 기다리고 있습니다.

$

직장인의 여유로움은 재테크를 시작하는 데서 나온다!

필자가 첫 직장에서 만난 선배는 '재테크 고수의 여유로움'을 가진 분이었습니다. 그는 몇 번의 시행 착오 끝에 공격적인 투자로 큰돈을 벌었고 그 시기에 달성한 경제적 여유를 바탕으로 돈 걱정 없이 회사 생활을 하고 있었습니다. '경제는 어려운 것이 아니야. 자본주의 사회를 살아가는 사람이라면 꼭 알아야 하는 필수 과목이야'라는 말을 자주 하며 구체적인 투자까지 제안했지만, 당시 필자는 '돈이 있어야 재테크도 하고 투자도 하는 거지'라는 자기 합리화 속에 시간을 흘려버리고 있었습니다. 몇 년이 흐르고 회사를 옮겨 또 다른 선배를 만났습니다. 만년 과장임에도 회사 내에서 자신감이 넘치고 여유로운 분위기를 자아냈습니다. 알고 보니 회사 주변에 원룸이나 오피스텔을 여러 개 가진 재테크 고수 직장인이었습니다. 그 후 많은 시간이 흘렀고 이제는 필자가 '재테크 고수 직장러'라는 평가를 받으며 그 선배들을 떠올려봅니다. '내가 투자할 능력이 있나? 기껏 투자했다가 돈을 다 잃게 되면 어쩌지?' 이런 걱정을 하고 있는 여러분과 그때의 필자의 마음은 같을 것입니다.

엑셀로 재테크를 시작해보자!

엑셀에는 수많은 기능이 있습니다. 데이터 정리, 분석, 통계 등 잘 활용하면 웬만한 유료 재무 프로 그램보다 훌륭한 결과물을 뽑아낼 수 있습니다. 유료 재무 프로그램이 기성복이라면 엑셀로 '내가 직접 만든 재무 프로그램'은 맞춤복이라고 할 수 있습니다. 필자 역시 기본적인 가계부 정리, 자산 관리, 계좌 관리는 물론이고 복잡한 주식 투자, 부동산 투자를 위한 데이터까지 모두 엑셀을 사용 하여 관리하고 투자에 활용하고 있습니다.

이 책에서는 엑셀의 주요 기능 중 재테크나 투자에 도움이 되는 재무 함수를 활용한 재테크 방법 을 소개합니다. 차근차근 따라 하다 보면 엑셀을 활용해 '나만의 재무 계획을 이렇게 짤 수도 있겠 구나!'라는 영감을 얻을 수 있을 것입니다. 책의 한정된 분량으로 인해 필자가 깨달은 재테크 노하우 와 정보를 모두 담지 못해 아쉬움이 남습니다. 다음 도서로 '응용편'이 출간된다면 필자가 가진 '재테 크 고수의 여유로움'을 여러분에게 남김없이 전해주고 싶습니다. 이 책이 여러분의 성공적인 재테크 에 큰 디딤돌이 되길 바라며 글을 마칩니다.

2022년 3월

김태형

이 책의 구성

SECTION

독자의 눈높이에 맞는 재테크 원리를 알려
줍니다. 엑셀의 기초 기능을 활용해 내용을
친절하고 쉽게 설명합니다.

CASE STUDY

다양한 사례를 통해 엑셀 계산기를 활용합
니다. 실습 파일을 열어 단계별 과정을 차근
차근 따라 한다면 나만의 엑셀 가계부까지
만들 수 있습니다.

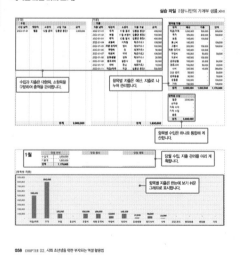

엑셀 파일 미리 보기

실습해야 할 엑셀 계산기를 미리 확인합니다.
재테크 분야의 전문가가 직접 제작한 엑셀 계
산기가 어떻게 구성되었는지, 어떤 함수를 활
용했는지 자세하게 알려줍니다.

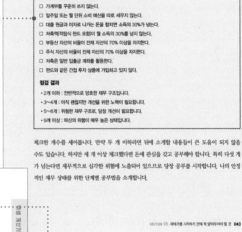

엑셀로 부자되기

셀프 재무 점검부터 재무 상태 진단 등의
체크리스트를 제공합니다. 본인의 현재 상
태를 제대로 파악하기에 제격입니다.

엑셀 함수 사전

엑셀 계산기에 사용한 함수를 소개합니다.
함수의 기본 원리와 인수를 알아보고 엑셀
계산기에 해당 함수가 어떻게 동작하는지
제대로 익힙니다.

인덱스

엑셀 계산기와 재테크 방법을 인덱스로 나
누었습니다. 현재 어느 부분에서 재무 상
태를 점검하는지 확인할 수 있습니다.

STEP 01. 돈의 가치를 이해하고 나의 부자지수 알아보기

재테크를 시작하기 전에 꼭 알아야 할 돈의 가치를 알아봅니다. 우리가 왜 '부자'가 되고 싶은지 되돌아보고, 현명한 방법으로 돈을 모으고 불릴 수 있는 방법을 소개합니다. 잘못된 재테크 상식을 바로잡고 더 나아가 '부자가 될 수 있는 가능성'을 예측해봅니다.

STEP 02. 엑셀 계산기로 따라 해보기

재테크의 시작, 목돈 모으기 노하우를 공개합니다. 쉽게 따라 할 수 있는 라테 적금부터 26주 풍차 돌리기 적금으로 1,000만 원 모으는 방법까지 부담 없이 목돈을 모을 수 있는 핵심을 알려줍니다.

STEP 03. 주식 투자, 부동산 투자로 수익률 예측하기

주식과 부동산을 투기가 아닌 투자, 가치 있는 전략으로 접근합니다. 주식과 부동산의 적정 가치를 계산해보고 수익률을 예측합니다. 리스크 프리미엄과 부동산 세금까지 계산하여 꼼꼼한 투자가 되도록 안내합니다.

STEP 04. 연말정산으로 새는 돈 막고 노후까지 설계하기

직장인이라면 13월의 월급을 기대합니다. 13월의 세금 폭탄이 되지 않도록 새는 돈을 막는 계산법을 활용합니다. 소득 공제와 세액 공제를 이해하고 지출 범위를 계획합니다. 더 나아가 은퇴 후가 부담스럽지 않은 노후 설계를 익힙니다.

엑셀 계산기 START

SOS! 궁금한 내용은 저자에게 물어보세요

재테크 전문가가 직접 만든 엑셀 계산기는 여러분의 재테크 상황이 입력될 때 그 빛을 발합니다. 간혹 실습 단계를 참고하여 하나씩 따라 해봐도 값이 이상하게 나올 때, 또는 나만이 쓸 수 있는 계산기로 업그레이드하고 싶을 때는 저자에게 직접 물어보세요.

**저자가 직접 운영하는 블로그와 유튜브 영상을 참고하세요.
다양한 사례를 통해 살아 있는 재테크 지식을 익히거나
저자의 친절한 답변을 얻을 수도 있습니다.**

◀ 블로그(Samariain.com)

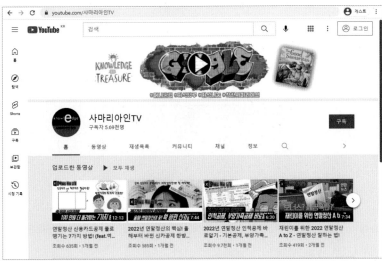

◀ 유튜브(사마리아인TV)

예제 소스 다운로드

이 책의 모든 예제 파일은 한빛출판네트워크 홈페이지(www.hanbit.co.kr)에서 다운로드할 수 있습니다.

01 한빛출판네트워크 홈페이지에 접속합니다. 오른쪽 아래에 있는 [자료실]을 클릭합니다.

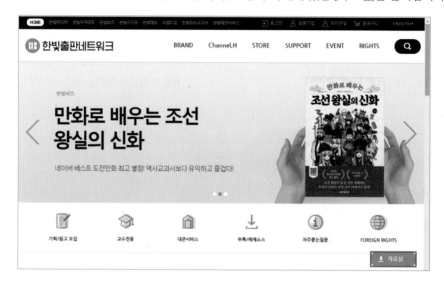

02 ❶ 검색란에 **엑셀로 부자되기**를 입력하고 Enter를 눌러 검색합니다. 《엑셀로 부자되기》 도서가 나타나면 ❷ [예제소스]를 클릭합니다. 다운로드한 예제 파일을 압축 해제하여 실습에 사용합니다.

빠르게 다운로드하기 www.hanbit.co.kr/src/10543으로 접속하면 《엑셀로 부자되기》의 예제 파일 다운로드 페이지로 바로 이동할 수 있습니다.

목차

CHAPTER 01
재테크 원리만 알면 누구나 부자가 될 수 있다

CHAPTER 02

사회 초년생을 위한 부자되는 엑셀 활용법

CHAPTER 03

엑셀로 주식 투자 고수되기

CHAPTER 04

엑셀로 부동산 고수되기

CHAPTER 05

연말정산 고수로 거듭나기

CHAPTER 06

풍요로운 노후를 위한 보험 리모델링과 은퇴 설계

재테크 원리만
알면
누구나
부자가 될 수 있다

시간은 돈이다

필자가 어렸을 때 부모님께 자주 듣던 말이 있습니다. '시간은 곧 돈이다!'라는 것입니다. 어린 저에게 시간을 허투루 쓰지 말라는 충고 섞인 잔소리였습니다. 어른이 되어 본격적인 경제 활동을 하다 보니 시간이 돈이라는 말을 실감하고 있습니다. 여러분이 부자가 되기 위해 꼭 알아두어야 하는 개념도 이와 같습니다. 이 개념만 제대로 이해한다면 재테크의 절반은 성공한 것입니다.

돈의 시간 가치(TVM : Time Value of Money)

재테크를 처음 시작하는 재린이(재테크 초보자)들이 자주 하는 질문이 있습니다.

'도대체 돈을 왜 공부해야 하죠?'

우리가 돈에 대해 공부하고 돈을 이해해야 하는 이유는 무엇일까요? 만약 여러분이 사회 초년생이라면 앞으로의 삶에서 수많은 경제적 선택의 순간을 맞닥뜨리게 될 것입니다. 그 선택의 결과로 인해 삶의 모습은 다양한 형태로 바뀝니다. 우리가 재테크나 돈에 관한 지식에 관심을 가져야 하는 이유도 이 때문입니다. 흔히 경제학을 선택의 학문이라고 부릅니다. 그 선택의 결과에 따라 누군가는 경제적 자유를 얻기도 하고 누군가는 경제적 곤경에 빠지기도 합니다.

돈의 시간 가치 개념 이해하기

돈에는 가치가 매겨져 있습니다. 숫자로 표기되어 있어서 이를 '액면 가치'라고 부릅니다. 하지만 돈의 가치를 정하는 것이 비단 액수만의 문제일까요? 여러분이 경제적으로 풍족한 생활을 영위하고 싶다면 숨어 있는 돈의 가치를 볼 줄 알아야 합니다. 그것이 곧 쉽고 빠르게 부자의 길로 들어설 수 있는 지름길입니다.

지금부터 간단한 퀴즈 세 개를 내보겠습니다.

A. 지금 1,000만 원을 받는다

B. 1년 후 1,000만 원을 받는다

A와 B 중 대부분의 사람은 A를 선택할 것입니다. A와 B라는 선택지에서 무의식적으로 돈의 시간 가치 개념을 대입했기 때문입니다. 현재 1,000만 원의 가치가 미래의 1,000만 원의 가치보다 높다는 것을 본능적으로 인지하고 있는 것입니다.

두 번째 퀴즈도 함께 풀어봅시다.

A. 지금 1,000만 원을 받는다

B. 1년 후 2,000만 원을 받는다

이번에는 반대로 B를 선택하는 사람이 많을 것입니다. A를 선택해도 좋겠지만 급전이 필요한 경우가 아니라면 1년 후 1,000만 원을 더 받을 수 있는 B의 선택이 현명하다고 생각하기 때문입니다.

마지막 퀴즈입니다.

A. 지금 1,000만 원을 받는다

B. 1년 후 1,050만 원을 받는다

앞의 두 개의 퀴즈와는 달리 이번에는 고민하는 분이 많습니다. 실제로 필자가 강연에서 많은 사람을 대상으로 이 세 개의 퀴즈를 내면 마지막 퀴즈에서는 의견이 나뉩니다.

문제를 좀 더 자세히 살펴보겠습니다. 마지막 퀴즈는 첫 번째와 두 번째 퀴즈처럼 A, B 선택지의 시점이 현재와 미래로 구분되어 있습니다. 또한 두 번째 퀴즈처럼 미래에 받을 수 있는 돈의 가치가 더 큽니다. 바뀐 것은 단 하나, 미래의 수익입니다. 대부분의 사람은 마지막 퀴즈에서 두 가지 생각을 떠올립니다.

1. B의 수익률은 몇 %일까?

2. 수익률이 충분히 매력적인가?

마지막 퀴즈의 B는 연 5%짜리 수익률의 투자입니다. 그렇다면 해당 수익률이 충분히 매력적인가 하는 의문이 생깁니다.

기대 수익률 〉 투자안 = 매력 없는 투자안

기대 수익률 〈 투자안 = 매력적인 투자안

여기서부터는 개인의 선택 영역입니다. 연 5%의 수익률을 충분히 매력적으로 느낀다면 B를 선택할 확률이 높습니다. 그렇지 않다고 느낀다면 A를 선택할 것입니다. 눈치가 빠른 분이라면 이쯤에서 다음과 같은 개념을 깨달을 수 있습니다.

1. 돈의 가치는 시간(Time Value)의 길이에 비례한다.

2. 돈의 가치는 이자율(Interest Rate)에 따라 변동한다.

돈의 가치를 시간의 가치에 빗대어 계산하는 것, 이를 '돈의 시간 가치(TVM : Time Value of Money)'라고 부릅니다.

돈의 시간 가치를 결정하는 것들

세 개의 퀴즈를 통해 돈의 시간 가치에 대해 간단히 알아보았습니다. 그렇다면 돈의 시간 가치를 결정하는 요소에는 무엇이 있을까요?

1. 투자금(저축액, 납입 원금 등)

2. 투자 기간(시간)

3. 수익률(이자율)

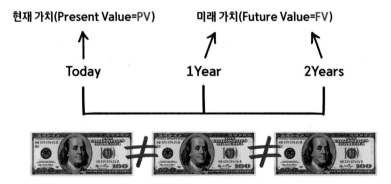

액셀 개산기

재테크 원리

쉬운 재무 분석

주식 투자

부동산

연말정산

은퇴와 노후

동일한 액면 가치를 가진 돈을 시간이라는 트랙(Timeline)에 올려놓고 살펴보면 돈의 가치는 크게 세 가지로 해석할 수 있습니다. 첫 번째는 현재 가치(Present Value)입니다. 말 그대로 지금 내 주머니에 들어 있는 돈의 가치를 의미합니다. 두 번째는 미래 가치(Future Value)입니다. 시간(Timeline)상에서 나중에 발생하는 금액을 말합니다.

$ TIP 현재 가치, 미래 가치, 그리고 과거 가치도 있습니다. 회계학에서는 과거 가치를 잘 사용하지 않습니다.

세 번째는 이자율입니다. 이자율(Interest Rate)은 돈의 흐름에 있어 현재 가치의 돈(PV)과 미래 가치의 돈(FV) 사이의 '교환 비율'을 결정짓는 요소입니다. 실전 예제를 통해 돈의 시간 가치 개념을 익혀보겠습니다.

CASE STUDY 돈의 시간 가치 계산하기

성인이 된 후 첫 월급을 받은 구슬 씨.

어느 날 아버지가 뜻밖의 이야기를 하셨다. 자신이 성인이 되면 주려고 독립 자금 1억 원을 모아두고 계셨다는 것이다. 구슬 씨는 어떤 선택을 해야 할지 고민하기 시작했다.

❶ 지금 1억 원을 받을까? 3년 후에 1억 1,000만 원을 받을까? 더 나은 선택은?

❷ 지금 내가 1억 원을 받아서 굴린다면 3년 후에 얼마를 마련할 수 있을까?

❸ 1억 원을 일시불 연금 상품에 넣어두고 앞으로 12년간 매년 1,000만 원씩 받을 수 있는 상품이 있다면 가입해야 할까?

[엑셀 파일 미리 보기]

실습 파일 1장\돈의 시간 가치_PV, FV함수.xlsx

	A	B	C	D	E	F	G
1	**■ 돈의 시간 가치 CASE STUDY_PV(현재 가치), FV(미래 가치), R(이자율)**						
2	**STEP 01. 현재 시점에서 투자안 비교하기**						
3							
4	**STEP 02. 지금 1억 원을 받는 투자안 계산하기**						
5	지금 1억 원의 현재 가치				100,000,000		
6			vs				
7	3년 후 1억 1,000만 원의 현재 가치				100,665,583		
8			vs				
9	내가 기대하는 수익률은 얼마?				3%		
10							
11	**STEP 03. 미래 시점에서 투자안 비교하기**						
12							
13	**STEP 04. 3년 후 1억 1,000만 원을 받는 투자안 계산하기**						
14	3년, 3% 이자율의 만기 금액은?				109,272,700		
15			vs				
16	펀드나 주식에 투자할 때(6% 수익, 5년 투자)				133,822,558		
17			vs				
18	3년 전에 넣어둔 4% 이자율의 예금 만기 금액은?				112,486,400		
19							
20	**STEP 05. 1억 원을 연금 상품에 넣어두고 12년간 매년 1,000만 원을 받는 투자안 비교하기**						
21	지금 1억 원의 현재 가치				100,000,000		
22			vs				
23	매년 1,000만 원씩 12년간 지급 연금의 현재 가치				99,540,040		
24							
25							

- STEP에 따른 투자안을 계산합니다.
- PV 함수를 활용해 현재 가치를 계산합니다.
- FV 함수를 활용해 미래 가치를 계산합니다.
- PV 함수를 활용해 현재 가치를 계산합니다.

구슬 씨의 행복한 상황을 살펴보겠습니다. 독립 자금 1억 원을 받을 수 있는 상황에서 아버지가 '구슬이는 아직 돈에 대한 지식이 부족하니 내가 좀 더 굴려서 3년 후에 1억 1,000만 원을 줄게. 그동안 재테크 실력을 쌓아두렴'이라는 제안을 했습니다. 이러한 상황에서 구슬 씨는 어떤 선택을 해야 할까요?

엑셀 계산기

재테크 원리

셀프 재무 분석

주식 투자

부동산

연말정산

노후와 은퇴

현재 시점에서 투자안 비교하기

본격적인 계산에 앞서 한 가지 고민해봐야 합니다. 바로 해당 투자안의 기대 수익률(IRR)입니다. 기대 수익률이란 어떤 투자안을 선택할 때 내가 기대하는 내부 수익률의 정도를 의미합니다. 이때 각각 다른 두 가지 투자안을 비교하기 위해 사용하는 가장 유용한 방법이 있습니다. '시간의 흐름에 흩어져 있는 돈'을 현재 시점으로 헤쳐 모아 비교해보는 것입니다. 엑셀 예제를 활용해 하나씩 계산해보겠습니다.

시점이 다른 돈의 가치를 정확히 알고 싶다면 같은 시점으로 헤쳐 모여!

Today   **1Year**   **2Years**

현재 시점으로 헤쳐 모여! = PV

STEP 02 **지금 1억 원을 받는 투자안 계산하기**

지금 당장 1억 원을 받는 투자안의 가치는 계산할 필요도 없이 현재 가치 기준 1억 원입니다. 하지만 아버지가 제안한 3년 후 1억 1,000만 원을 받는 투자안의 현재 가치는 얼마일까요? 이 것을 알면 정확한 비교가 가능할 텐데 답이 바로 떠오르지 않습니다. 3년 후 1억 1,000만 원의 현재 가치를 알아볼 수 있는 PV 함수를 활용하면 손쉽게 계산할 수 있습니다.

=PV(이자율, 기간, 미래의 돈)

01 ❶ 실습 파일을 불러와 [지금 1억 원의 현재 가치] 입력 셀에 **100000000**을 입력합니다. ❷ [3년 후 1억 1,000만 원의 현재 가치] 입력 셀에 **=PV(3%,3,,-110000000,)**를 입력합니다.

STEP 02. 지금 1억 원을 받는 투자안 계산하기		
지금 1억 원의 현재 가치	100,000,000 ◁ ❶ 입력	
vs		
3년 후 1억 1,000만 원의 현재 가치	=PV(3%,3,,-110000000,) ◁ ❷ 입력	

💰 **TIP** ㅡ PV 함수에 대한 자세한 설명은 029쪽을 참고합니다. 수식 중간에 쉼표가 두 개 들어가는 부분은 PMT 인수 부분입니다. 해당 항목은 미래 가치를 기준으로 계산하므로 PMT 인수는 생략합니다. 0으로 입력해도 되나 보통 비우고 계산합니다.

02 앞서 입력한 3년 후 1억 1,000만 원의 현재 가치는 **100,665,583**으로 표시됩니다.

STEP 02. 지금 1억 원을 받는 투자안 계산하기		
지금 1억 원의 현재 가치	100,000,000	
vs		
3년 후 1억 1,000만 원의 현재 가치	100,665,583	

구슬 씨가 기대하는 수익률이 연 3% 정도라고 가정했을 때 3년 후 1억 1,000만 원을 돌려받는 투자안의 현재 가치는 약 1억 67만 원의 가치임을 알 수 있습니다.

1억 vs 1억 67만 원

답은 나왔습니다. 현재 아버지에게 1억 원 통장을 건네받는 투자안보다 3년 후 1억 1,000만 원 통장을 받는 것이 67만 원 정도 더 높은 투자안임을 알 수 있습니다.

STEP 03 미래 시점에서 투자안 비교하기

이번에는 '시간의 흐름에 흩어져 있는 돈'을 미래 시점으로 헤쳐 모으는 방법을 알아보겠습니다. 다르게 풀어본다면 '현재 1억 원을 연 3%의 수익률로 3년간 굴리면 얼마가 되어 있을까?'라는 질문에 대한 답이 될 수도 있습니다. 투자나 저축을 할 때 만기 시 얼마나 받을 수 있을까 궁금해하는 개념과 같습니다.

엑셀 계산기

재테크 원리

셀프 재무 분석

주식 투자

부동산

연말정산

노후와 은퇴

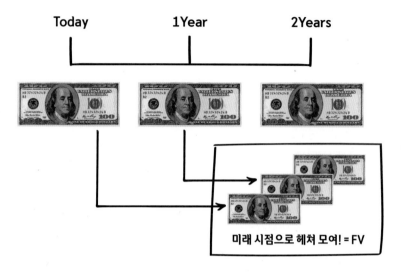

시점이 다른 돈의 가치를 정확히 알고 싶다면 같은 시점으로 헤쳐 모여!

미래 시점으로 헤쳐 모여! = FV

STEP 04 3년 후 1억 1,000만 원을 받는 투자안 계산하기

이 경우에 사용하는 개념이 미래 가치입니다. FV 함수를 통해 쉽게 계산할 수 있습니다.

=FV(이자율, 기간, 현재의 돈)

01 [3년, 3% 이자율의 만기 금액은?] 입력 셀에 **=FV(3%,3,,-100000000,)**를 입력해 금액을 확인합니다.

STEP 04. 3년 후 1억 1,000만 원을 받는 투자안 계산하기	
3년, 3% 이자율의 만기 금액은?	입력 =FV(3%,3,,-100000000,)

💰 **TIP** FV 함수에 대한 자세한 설명은 029쪽을 참고합니다. 수식 중간에 쉼표가 두 개 들어가는 부분은 PMT 인수 부분입니다. 해당 항목은 미래 가치를 기준으로 계산하므로 PMT 인수는 생략합니다. 0으로 입력해도 되나 보통 비우고 계산합니다.

02 같은 원리로 다양한 상황에 FV 함수를 활용해봅니다. [펀드나 주식에 투자할 때(6% 수익, 5년 투자)] 입력 셀에 **=FV(6%,5,,-100000000,)**를 입력해 금액을 확인합니다.

STEP 04. 3년 후 1억 1,000만 원을 받는 투자안 계산하기	
3년, 3% 이자율의 만기 금액은?	109,272,700
vs	
펀드나 주식에 투자할 때(6% 수익, 5년 투자	입력 =FV(6%,5,,-100000000,)

03 [3년 전에 넣어둔 4% 이자율의 예금 만기 금액은?] 입력 셀에 =FV(4%,3,,-100000000,)를 입력해 금액을 확인합니다.

3년, 3% 이자율의 만기 금액은?	**109,272,700**
vs	
펀드나 주식에 투자할 때(6% 수익, 5년 투자)	**133,822,558**
vs	
3년 전에 넣어둔 4% 이자율의 예금 만기 금액은?	**=FV(4%,3,,-100000000,)**

입력

04 앞서 입력한 셀의 값을 비교해봅니다.

STEP 04. 3년 후 1억 1,000만 원을 받는 투자안 계산하기	
3년, 3% 이자율의 만기 금액은?	**109,272,700**
vs	
펀드나 주식에 투자할 때(6% 수익, 5년 투자)	**133,822,558**
vs	
3년 전에 넣어둔 4% 이자율의 예금 만기 금액은?	**112,486,400**

구슬 씨가 현재 1억 원을 3년간 연 3%로 굴렸을 때 3년 후 만기 금액은 1억 927만 2,700원입니다. 3년 후에 1억 1,000만 원 통장을 받는 것이 3년간 연 3% 이자율을 받는 것보다 73만 원가량 더 높은 수익이 생긴다는 것을 알 수 있습니다.

1억 930만 원 vs 1억 1,000만 원

STEP 05 1억 원을 연금 상품에 넣어두고 12년간 매년 1,000만 원을 받는 투자안 비교하기

난이도를 조금 높여서 마지막 투자안을 계산해보겠습니다. 아버지는 구슬 씨에게 '어떤 은행에 일시불로 1억 원을 넣어두면 앞으로 12년간 매년 1,000만 원씩 주는 연금 상품이 있다던데, 그 상품에 가입하는 건 어떻겠니?'라는 제안을 했습니다. 총액으로만 보면 1억 2,000만 원이 되므로 꽤 이익인 것 같습니다. 그러나 어떤 투자안이 유리한지는 판단하기가 쉽지 않습니다. 이러한 문제도 돈의 시간 가치(현재 가치)를 활용하면 쉽게 풀 수 있습니다.

=PV(수익률, 기간, 매년 연금 지급액)

엑셀 계산기

재테크 원리

셀프 재무 분석

주식 투자

부동산

연말정산

은퇴와 노후

01 [지금 1억 원의 현재 가치] 입력 셀에 **100000000**을 입력합니다.

STEP 05. 1억 원을 연금 상품에 넣어두고 12년간 매년 1,000만 원을 받는 투자안 비교하기		
지금 1억 원의 현재 가치	**100,000,000** ⟨입력	
vs		
매년 1,000만 원씩 12년간 지급 연금의 현재 가치		

02 [매년 1,000만 원씩 12년간 지급 연금의 현재 가치] 입력 셀에 **=PV(3%,12,-100000000,0,)** 를 입력합니다.

STEP 05. 1억 원을 연금 상품에 넣어두고 12년간 매년 1,000만 원을 받는 투자안 비교하기		
지금 1억 원의 현재 가치	**100,000,000**	
vs		
매년 1,000만 원씩 12년간 지급 연금의 현재 가치	**=PV(3%,12,-10000000,0,)** ⟨입력	

03 앞서 입력한 매년 1,000만 원씩 12년간 지급 연금의 현재 가치는 **99,540,040**인 것을 확인할 수 있습니다.

STEP 05. 1억 원을 연금 상품에 넣어두고 12년간 매년 1,000만 원을 받는 투자안 비교하기		
지금 1억 원의 현재 가치	**100,000,000**	
vs		
매년 1,000만 원씩 12년간 지급 연금의 현재 가치	**99,540,040**	

기대 수익률을 3%로 가정했을 때 다소 놀라운 결과가 나오는 것을 확인할 수 있습니다.

1억 vs 9,954만 원

구슬 씨가 받게 될 연금 총액이 1억 원보다 2,000만 원이 더 많으므로 연금 상품에 가입하는 것이 현명한 선택이라고 기대했을 것입니다. 그러나 놀랍게도 해당 연금의 현재 가치는 1억 원보다 적은 것을 알 수 있습니다. **STEP 01~STEP 05**를 통한 투자안을 고려해보면 **3년 후 1억 1,000만 원을 받는 투자안**이 현실적으로 가장 유리한 투자안임을 확인할 수 있습니다.

구슬 씨의 사례를 들어 PV 함수, FV 함수를 활용한 돈의 현재 가치와 미래 가치를 소개했습니다. 이러한 시간 가치 계산법을 알고 있으면 앞으로의 금융 생활에 무궁무진하게 활용할 수 있습니다. 예금 상품의 만기 시 돌려받는 금액을 미리 계산해볼 수 있고, 계산식이 복잡한 적금 상품의 만기 금액도 손쉽게 산출할 수 있습니다. 여러 투자안의 절대가치를 객관적으로 비교해서 현명한 선택을 내릴 수도 있습니다. 돈의 시간 가치 개념은 앞으로 자주 등장하므로 반드시 이해하고 넘어갑니다.

 엑셀 함수 사전 | 재무 함수(PV, FV) 활용하기

재무 함수는 엑셀에서 재정과 관련된 계산을 하는 함수를 말합니다. 재무 함수 중 가치 판단 함수를 활용하면 정기 예금이나 정기 적금 등에 가입하였을 때 만기 시 상환금이 얼마나 되는지 계산할 수 있습니다. 몇 년 후에 필요한 금액을 정하고 매달 얼마를 저축해야 목표 금액을 달성할 수 있을지도 계산할 수 있습니다. 즉, 재무 함수는 투자에 대한 현재와 미래 가치를 계산하는 데 매우 유용합니다.

PV 함수(현재 가치)

Present Value의 약자로, 어떤 투자안의 **현재 가치를 계산**하거나 연금 상품의 **실질 가치를 계산**하는 함수입니다.

함수 기본 수식 =PV(Rate, Nper, Pmt, [Fv], [Type])
- Rate : 기간별 이율(이자율)
- Nper : 총 납입 기간(시간, 횟수)
- Pmt : 정기적으로 지급받는 금액(연금액)
- Fv : 만기 시 금액(만기금)

FV 함수(미래 가치)

Future Value의 약자로, 정기 적금과 같이 일정 금액을 정해진 기간 동안 예치하거나 정기적으로 불입하여 적용되는 투자안의 **미래 가치를 계산**하는 함수입니다.

함수 기본 수식 =FV(Rate, Nper, Pmt, [Pv], [Type])
- Rate : 기간별 이율(이자율)
- Nper : 총 납입 기간(시간, 횟수)
- Pmt : 정기적으로 추가 적립하는 금액
- Pv : 최초 납입금(원금)

인수 선택 요소

- Pv(현재 가치, 앞으로 납입할 일련의 금액이 갖는 현재 가치의 총합)를 생략하면 0으로 간주하며, Pmt 인수를 반드시 포함해야 합니다(Fv도 동일).
- Pmt를 생략하면 Pv, Fv 인수 중 하나를 반드시 포함해야 합니다.
- Type은 납입 시점을 나타내는 숫자이며, 기간 말은 0, 기간 초는 1, 생략하면 0으로 간주합니다.

SECTION 02

잘못된 재테크 상식 바로잡기

엑셀 계산기

재테크 원리

셀프 금융 분석

주식 투자

부동산

연말정산

노후와 은퇴

재테크를 처음 시작하는 초보자들은 다양한 경로에서 많은 정보를 접합니다. 이때 잘못된 것만 바로잡아도 시행착오를 크게 줄일 수 있습니다. 이번에는 재테크 초보자들이 흔히 접하는 재테크 상식 중 잘못된 것을 바로잡아보겠습니다.

잘못된 상식 하나, 수입이 적어서 돈이 안 모이는 거야

재테크 초보자가 흔히 하는 착각 중 첫 번째는 '수입이 많으면 부자가 될 수 있다'는 생각입니다. 대부분 '나중에 돈 많이 벌면 나도 부자가 될 수 있을 거야'라고 생각합니다. 문제는 이러한 생각에서 한 걸음 더 나아가 '그래, 맞아! 난 수입이 적기 때문에 돈이 안 모이는 거야'라는 식으로 자신을 합리화합니다. 수입이 있어야 돈을 모을 수 있으니 100% 틀린 말은 아닙니다. 하지만 이런 생각은 자신의 경제 상황이 나아지는 데 조금도 도움이 되지 않습니다.

이 문제는 재테크의 핵심 원리를 이해하면 아주 간단히 답을 얻을 수 있습니다. 재테크라고 하면 대단한 비법이 있을 것 같지만 사실 재테크의 기본 원리이자 핵심은 '수입은 최대한 늘리고 지출은 최대한 줄이는 것'입니다. 이러한 기본 원리를 바탕으로 수입과 지출의 차이를 극대화하기 위한 여러 가지 노력과 방법이 필요합니다. 여기에 적은 인풋으로 더 많은 아웃풋을 만들어내는 약간의 기술을 더하는 것이 재테크의 핵심입니다.

$$\text{재테크의 핵심 원리} = \frac{\text{수입(분자의 최대화)}}{\text{지출(분모의 최소화)}}$$

재테크 = 수입과 지출의 차이를 극대화하는 기술과 방법론

이 기본 원리를 머릿속에 두고 문제를 하나씩 풀어보겠습니다. 수입이 많다면 부자가 될 수 있습니다. 충분히 쓰고도 남을 정도의 수입이 있다면 재테크의 핵심 원리인 지출보다 수입이 많아야 한다는 기본 조건을 충족합니다. 여기에 시간이라는 양념을 더한다면 자연스럽게 부(富)가 쌓입니다. 하지만 문제는 자신이 얼마나 수입을 잘 컨트롤할 수 있느냐에 달렸습니다. 사업을 하는 사람이라면 수입을 늘리기 위해 사업 확장, 마케팅, 비용 절감 등의 방법을 떠올릴 수 있습니다. 급여를 받는 회사원이라면 승진, 이직, 또는 투잡이나 아르바이트를 떠올릴 것입니다. 이렇듯 대부분의 사람은 수입을 늘리는 것을 가장 먼저 염두에 둡니다. 모두가 고액 연봉의 전문직군에서 일할 수 있다면 좋겠지만 현실적으로 수입이라는 항목을 스스로 컨트롤한다는 것은 쉬운 일이 아닙니다. 누구나 많은 돈을 벌길 원하지만 현실은 녹록하지 않습니다. 특히 유리지갑 월급쟁이라면 더더욱 쉽지 않습니다. 필자 역시 회사원이라서 '공짜로 급여를 주는 회사는 없구나'라는 것을 뼈저리게 느낍니다.

수입을 늘리는 방법이 여의치 않다면 지출을 줄이는 방법이 있습니다. 수입과 달리 지출은 약간의 기술과 노력만 있으면 어느 정도 컨트롤할 수 있습니다. 따라서 많은 사람이 '재테크의 기본 중에 기본은 지출 관리이다'라고 말하는 것입니다.

잘못된 상식 둘, 자린고비처럼 아끼고 아껴야 해

재테크 초보자가 흔히 하는 착각 중 두 번째는 '지출을 관리하라'는 개념을 다르게 해석하는 것입니다. 지출 관리를 돈을 아끼고 안 쓰고 살라는 의미로 받아들여서 지출을 없애는 분이 많습니다. 지출 관리는 재테크를 하는 데 큰 의미를 포함하고 있습니다. 앞서 소득이 지출보다 많다는 것이야말로 돈을 모으고 부자가 되는 데 가장 기본이 되는 필수 조건이라고 말했습니다. 이것을 반대로 생각해보면 이해하기 쉽습니다.

월 소득보다 월 지출이 많은 친구가 있다고 가정해보겠습니다. 그 친구가 어느 날 '나 요즘 재테크하고 있어!'라고 말한다면 어떤 생각이 들까요? 대부분 '네가 재테크를 한다고? 정말 잘할 수 있을까?'라며 걱정 어린 시선을 보낼 것입니다. 그도 그럴 것이 월 소득보다 월 지출이 많은 상황이므로 일종의 빚을 내가면서 재테크를 하겠다는 이야기입니다. 이런 경우에는 투자를 한다고 해도 오래 지속할 수 없습니다. 반면에 월 지출을 0으로 만드는 것도 옳은 방법이 아닙니다.

소득 > 지출 : 건전한 가계, 향후 부자가 될 수 있는 원천

소득 < 지출 : 악순환의 구조, 좋은 투자안이 있어도 장기적으로 돈을 모을 수 없음

재테크를 시작하겠다고 마음먹었다면 건전한 현금 흐름을 갖춰야 합니다. 소득과 지출이 균형 있는 상태, 즉 건전한 현금 흐름을 만드는 근간이 바로 '지출 관리'라는 것을 유념해야 합니다.

$ TIP 월 소득과 월 지출의 균형 비율은 이 책의 125쪽(현금 흐름 관련 적정 지표)을 참고합니다.

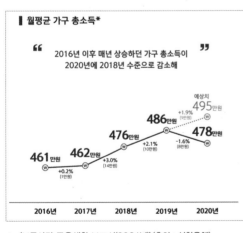

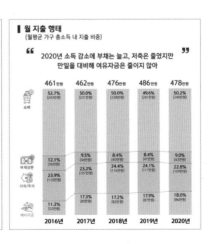

▲ 〈보통사람 금융생활 보고서(2021년)〉(출처 : 신한은행)

잘못된 상식 셋, 수익률은 무조건 높아야지

재테크 초보자가 흔히 하는 착각 중 세 번째는 '높은 수익을 내야만 한다'는 고정 관념에 빠지는 것입니다. 이와 관련한 직장인 두 명의 예시를 통해 지출 관리, 즉 절약의 의미에 대해 이해해보 겠습니다.

A의 **월 수입은 200만 원**이고 **수입의 20%를 저축**합니다. 월 40만 원씩 1년간 모으면 원금은 480만 원이 됩니다. 이 돈을 1년간 열심히 굴려서 **10%의 수익**을 냅니다. 사실 요즘 같은 시기에 연 10% 수익은 정말 대단한 수익률입니다. 이때 이자는 480만 원의 10%인 48만 원이 됩니다. 여기서 세금은 고려하지 않습니다.

A의 입사 동기인 B가 있습니다. 두 사람의 **월 수입은 200만 원**으로 같지만, B는 지출 관리를 잘해서 A보다 10%를 더 저축합니다. 즉, **월 수입의 30%를 저축**합니다. 대신 지출 관리에 집 중하다 보니 투자에는 소홀해서 A보다는 적은 **5% 수익**을 냅니다. 5% 수익의 이자는 36만 원이며, A와 마찬가지로 세금은 고려하지 않습니다.

1년 후 A와 B의 자산을 비교해봅니다. A는 투자 원금 480만 원+48만 원(이자)=528만 원(세전) 이 됩니다. B는 투자 원금 720만 원+36만 원(이자)=756만 원(세전)이 됩니다. 열심히 투자해서 528만 원을 만드는 것과 10%를 좀 더 아껴서 756만 원을 모으는 것, 어떤 것이 더 쉬울까요? 지출 관리와 수익률은 이런 개념으로 이해하면 쉽습니다.

구분	월 수입	저축액	수익률	만기 시 금액
A	200만 원	40만 원	10%	528만 원
B	200만 원	60만 원	5%	756만 원

A와 B의 단순한 예시를 현실에 접목해보면 결과는 분명합니다. 재테크를 할 때 연 10%의 수익률을 올리는 것보다 10%를 절약하는 게 훨씬 쉽습니다. 절약은 위험 부담이 없고 스스로 컨트

롤할 수 있습니다. 반면에 투자는 어떨까요? 투자를 한 번이라도 해봤다면 위험 부담을 결코 무시할 수 없습니다. 고수익일수록 항상 높은 위험이 뒤따릅니다. 또한 투자는 많은 부분이 나의 통제 범위 밖에서 움직입니다. 운 좋게 올해는 10%보다 더 높은 20% 수익이 날 수도 있습니다. 하지만 내년에는 30% 손실이 날 수도 있는 것이 투자입니다.

엑셀 함수를 활용해 저축률과 수익률 이해하기

엑셀 함수를 활용한 재미있는 계산법을 알아보겠습니다. 월 수입의 20%를 저축하는 사람이 있다고 가정합니다. 월 수입이 300만 원일 때 월 저축액은 60만 원이 됩니다. 이때 이자율 3%짜리 적금에 가입한다면 만기 때 받을 수 있는 돈은 얼마일까요? 다음 표에서 확인할 수 있듯이 이자는 원금은 720만 원(60만 원×12개월), 이자는 약 12만 원, 이에 따른 원리금은 732만 원입니다. 이때 지출 관리에 신경을 써서 월 10%를 더 저축할 수 있다면 어떻게 될까요? 이 경우 돌려받는 원리금은 1,098만 원이 됩니다.

■ 저축액 vs 수익률 승자는?						
월 수입이 300만 원인 A씨가 단지 10%를 더 저축할 수 있다면?						
수입	저축률	월 저축액	이자율(년)	만기 시 금액	10% 추가 저축	추가 저축 시 만기금
	70%	210만 원		2,561만 원		2,927만 원
	60%	180만 원		2,195만 원		2,561만 원
	50%	150만 원		1,830만 원		2,195만 원
300만 원	40%	120만 원	3%	1,464만 원	+10% 추가 저축	1,830만 원
	30%	90만 원		1,098만 원		1,464만 원
	20%	60만 원		732만 원		1,098만 원
	10%	30만 원		366만 원		732만 원

 TIP 위 표는 예제 소스(1장\저축액.xlsx)에서 제공합니다.

엑셀 함수 사전 | **FV 함수(미래 가치) 활용하기**

FV 함수를 활용해 월 60만 원을 투자할 때와 월 90만 원을 투자할 때로 나누어 살펴보겠습니다. 026쪽에서 설명한 돈의 시간 가치(PV, FV) 함수 중 FV 함수(미래 가치)를 활용합니다.

=FV(월 이자율, 납입 횟수, 일시금 투자 원금, 적립식 투자 원금, 1)

월 60만 원을 3%로 1년간 투자했을 때 =FV(3%/12,12,−600000,,1)=7,320,000원

월 90만 원을 3%로 1년간 투자했을 때 =FV(3%/12,12,−900000,,1)=10,980,000원

TIP 수식 중간에 쉼표가 두 개 들어가는 부분은 PMT 인수 부분입니다. 해당 항목은 미래 가치를 기준으로 계산하므로 PMT 인수는 생략합니다. 0으로 입력해도 되나 보통 비우고 계산합니다.

'나는 투자의 왕이니까 절약 따원 관심 없고, 큰 수익을 내서 메우겠다!'라는 분도 있을 것입니다. 이번에는 똑같이 소득의 20%만 저축하는 사람이 수익률이라는 변수를 최대한 올려서 10% 더 저축한 사람과 동일한 금액의 목돈을 마련하기 위해 과연 몇 %짜리 적금에 가입해야 하는지 알아보겠습니다.

| I10 | ⌄ : × ✓ fx | =RATE(12,-D10,,H10,1)*12 |

	A	B	C	D	E	F	G	H	I
1		■ 저축액 vs 수익률 승자는?							
2									
3		월 수입이 300만 원인 A씨가 단지 10%를 더 저축할 수 있다면?							
4		수입	저축률	월 저축액	이자율(년)	만기 시 금액	10% 추가 저축	추가 저축 시 만기금	환산 이자율
5			70%	210만 원		2,561만 원		2,927만 원	27%
6			60%	180만 원		2,195만 원		2,561만 원	31%
7			50%	150만 원		1,830만 원		2,195만 원	36%
8		300만 원	40%	120만 원	3%	1,464만 원	+10% 추가 저축	1,830만 원	44%
9			30%	90만 원		1,098만 원		1,464만 원	55%
10			20%	60만 원		732만 원		1,098만 원	76%
11			10%	30만 원		366만 원		732만 원	126%

표를 통해 알 수 있듯 연 76%짜리 적금에 가입해야만 10%를 더 저축한 사람과 동일한 금액의 목돈을 마련할 수 있습니다.

엑셀 함수 사전 │ **RATE 함수(내재 수익률, 요구 수익률) 활용하기**

환산 이자율을 구하기 위해 RATE 함수를 활용해보겠습니다. 월 60만 원의 투자금으로 1년 후 1,098만 원을 만들기 위해 필요한 수익률을 구하려면 다음과 같은 함수를 적용합니다.

> **=RATE(납입 횟수, 매월 투자 원금, 현재 가치, 미래 가치, 1)**

=RATE(12,−600000,,10980000,1)×12=76%

$ TIP RATE 함수는 FV 함수와 동일하게 인수 맨 뒤에 1을 넣어 계산합니다. 마지막 인수는 투자안의 현금 흐름은 기간 초(1), 또는 기간 말(0)로 구분하여 표기합니다. 적금은 보통 1회 차 납입(선납)과 동시에 만기가 설정되므로 기간 초인 인수 1을 넣어 계산합니다.

수익률보다 저축 원금이 중요하다

앞서 FV 함수, RATE 함수를 활용한 계산을 정리해보면 다음과 같습니다. 지금보다 10% 더 절약해서 저축액을 늘릴 수 있다면 현재 저축 수준을 유지했을 때 연 76%짜리 적금에 가입한 것과 동일한 효과를 볼 수 있습니다. 76% 수익을 실현할 수 있다면 현재 저축액만으로도 효율적으로 목돈을 마련할 수 있습니다. 하지만 요즘 같은 초저금리 시대에서 이런 상품을 현실적으로 접할 수 없을 뿐만 아니라 설령 있더라도 사기일 확률이 매우 높습니다.

많은 사람이 처음 금융 상품을 가입할 때 가장 중요하게 생각하는 것이 금리와 수익률입니다. 그러나 앞선 계산에서 알 수 있듯이 금리와 수익률보다 더 중요한 것은 저축 가입 금액입니다. 즉, 납입 원금이 중요하다는 사실을 잊어서는 안 됩니다. 재테크를 하는 대부분의 사람은 수익률을 높이기 위해 온 신경을 집중합니다. 물론 재테크를 하는 데 수익률이라는 요소는 효율성 측면에서 매우 중요합니다. 특히 큰돈을 굴리는 시기가 온다면 그때는 수익률이 중요한 요소가 될 것입니다. 하지만 재테크를 처음 시작하는 재테크 초보자에게는 지출 관리, 즉 **추가로 저축할 여력을 찾아 저축 금액을 늘리는 것이 1순위**입니다.

SECTION 03

재테크를 시작하기 전에 꼭 알아두어야 할 것

재테크를 시작하기도 전에 주저하는 사람들이 공통적으로 하는 말이 있습니다. '월급이 통장을 스쳐 가요', '여윳돈이 없어서 투자를 하고 싶어도 못 해요' 등 재테크를 할 돈이 없다는 것입니다. 정말 돈이 없어서 재테크를 못 하는 것일까요? 이번에는 본격적으로 재테크를 시작하기 전에 꼭 알아두어야 할 개념과 마음가짐에 대해 알아보겠습니다.

쥐꼬리만 한 월급이 문제일까

돈이 없다는 것의 가장 강력한 근거는 '쥐꼬리만 한 월급'입니다. 애초에 충분히 쓰고 남을 정도의 수입이 있다면 돈 문제도 생기지 않았을 테니, 엄밀히 따지면 틀린 말은 아닙니다. 하지만 수입을 늘린다는 것은 말처럼 쉬운 일이 아니므로 월급이 적어서 재테크를 못 한다는 식의 접근은 발만 동동 구르다가 풍족한 삶과는 영원히 담을 쌓고 살겠다는 것과 다름없습니다.

월급이 적다는 것의 진짜 주범은 '나의 큰 씀씀이'일 확률이 높습니다. 예를 들어 매달 카드 값에 쫓기는 삶을 살고 있다면 월급보다 카드 값이 많다는 사실을 인정하고 지출을 관리해야 합니다. 일명 품위 유지 비용이란 명목 하에 감당할 수 없는 소비를 하고 있는 것은 아닌지 돌아봐야 합니다. 또 한번 언급하지만 월 소득(수입)보다 월 지출이 적어야 안정적이고 균형 있는 재테크를 할 수 있습니다.

시간이 곧 돈이다

벤저민 프랭클린(Benjamin Franklin)의 '시간은 곧 돈이다'라는 명언이 있습니다. 시간의 소중함을 일깨우기 위한 말입니다. 만약 시간이 모든 경제 활동의 수단이고 돈이 사라진 세상이 존재한다면 어떤 모습일까요? 커피 값으로 4분, 버스를 타려면 2시간을 지불해야 한다고 생각해 봅시다. 2011년에 개봉한 영화 〈인 타임(In Time)〉에서는 시간이 돈입니다. 주인공 윌 살라스가 살고 있는 세상은 인간의 유전자를 조작하여 25살이 되면 더 이상 늙지 않습니다. 25살이 된 이후에는 1년의 여생이 주어지고 팔목에 있는 생체 시계에는 남은 삶의 시간이 실시간으로 표시됩니다. 이 영화처럼 노동력을 제공하거나 거래를 통해 시간을 사고팔 수 있는 세상이 있다면 사람들은 시간을 절대 허투루 소비하지 않을 것입니다.

우리는 언제까지 돈을 벌 수 있을까요? 시간은 한정되어 있고, 사람들은 한정된 시간 안에서 최대의 효과(부의 증식)를 얻고자 합니다. 이것이 하루라도 빨리, 남들보다 빠르게 재테크를 시작해야 하는 이유입니다. 세상의 거의 모든 자원은 희소하지만, 가장 희소한 것은 각자에게 주어진 시간입니다. 재테크에 관심을 갖기 시작했다면 본격적으로 돈이 되는 지식을 쌓아야 합니다. 필자가 재테크 강연을 할 때 가장 많이 받는 질문이 '재테크는 처음인데 무엇부터 시작해야 할까요?'입니다. 그때마다 필자는 '먼저 돈에 관심을 가지세요!'라고 합니다. 돈에 관심을 갖고 하나씩 공부하다 보면 우연이라도 돈의 흐름이 보이기 시작하고, 나아가 새로운 세상이 보입니다. 그리고 돈이 되는 지식을 쌓을 수 있게 됩니다. '이 나이에 무슨 공부?'라며 손사래 치기만 해서는 자신의 삶에 아무런 도움이 되지 않습니다. 부자가 되고 싶지만 노력은 하지 않고 꿈만 꾼다면 발전 없이 그 자리에 계속 머물러 있게 됩니다. 돈에 관심을 갖고 공부하며 시간을 벌 수 있도록 노력해야 합니다.

엑셀 계산기

재테크 원리

셀프 재무 분석

주식 투자

부동산

연말정산

노후와 노테크

부자가 되고 싶다면 '지금 당장' 시작하자

평생 좋은 일만 하고 살아온 사람에게 산신령이 한 가지 소원을 들어주기로 했습니다. 그 사람은 지독한 가난에서 벗어나고 싶은 마음에 복권 1등에 당첨되게 해달라고 빌었습니다. 하지만 아무리 시간이 지나도 당첨 소식이 들려오지 않자 그는 산신령을 찾아가 '왜 소원을 들어주지 않습니까?'라며 따져 물었습니다. 그러자 산신령은 '복권을 사야 당첨시켜줄 것이 아니냐!'며 화를 냈다고 합니다.

성공하는 사람과 실패하는 사람을 가르는 기준이 있다면 그것은 '행동에 옮겼느냐, 차일피일 미루다 포기했느냐'가 아닐까요? 아무리 좋은 아이디어와 투자안이 있더라도 실천하지 않으면 어떠한 수익도 얻을 수 없습니다.

부자지수 알아보기

'부자지수'는 지금 현재 상황을 대입하여 내가 부자가 될 수 있는지를 따져보는 재미있는 법칙입니다. 지금 이 책을 읽는 여러분도 가벼운 마음으로 자신의 부자지수를 측정해봅니다.

$$\text{부자지수} = (\text{순자산} \times 10) \div (\text{나이} \times \text{총소득})$$

부자지수 공식에서 산출된 결과가 2 이상이면 '부자가 될 가능성이 큰 사람'이라고 할 수 있습니다. 부자지수가 흥미로운 것은 당장 부자인지 아닌지보다 장차 부자가 될 가능성을 따져볼 때 유용한 법칙이란 점입니다. 부자지수의 공식을 살펴보면 해답이 숨어 있습니다. 가장 먼저 분자에 해당하는 순자산이 많을수록 부자지수는 높아집니다. 그러나 현재 자산이 동일한 경우 총소득이 많은 사람일수록 부자지수는 낮아집니다. 이것은 소득이 많음에도 불구하고 상대적으로 순자산을 많이 늘리지 못했음을 의미하기 때문입니다. 다시 말해 단순히 소득이 많은 것보다 분수에 맞는 생활을 하고 있는지가 앞으로 부자가 되는 데 더 중요하다는 뜻입니다.

마지막으로 나이가 어릴수록 부자지수가 높게 나타나는 특징도 주목할 필요가 있습니다. 현재 가진 자산이 많지 않더라도 어릴수록 부자가 될 확률이 높다는 것입니다. 하루라도 빨리 부자가 될 준비를 시작해야 하는 이유입니다. 당장 가진 돈이 많지 않아도 시간이라는 자산이 있다면 부자가 될 가능성은 유효합니다.

부자지수 계산기 만들기

실습 파일 1장\부자지수 계산기.xlsx

01 [총자산] 입력 셀에는 현재 가진 자산의 총액을 입력합니다.

	A	B	
1	■ 나의 부자지수 계산기		
2			
3	총자산	80,000,000원	입력

02 [나이 입력], [연봉 입력] 셀에는 현재 나이와 연봉을 입력합니다.

	A	B	
1	■ 나의 부자지수 계산기		
2			
3	총자산	80,000,000원	
4	나이 입력	35세	입력
5	연봉 입력	45,000,000원	
6		※ 노란색 셀 값만 입력합니다.	

부자지수를 구하는 공식은 다음과 같습니다. 셀 수식으로 표현하면 =(B3*10)/(B4*B5)입니다.

부자지수 = (순자산 × 10) ÷ (나이 × 총소득)

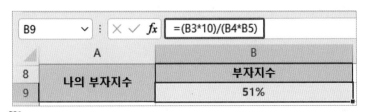

B9		fx	=(B3*10)/(B4*B5)
	A		B
8	나의 부자지수		부자지수
9			51%

$ TIP 실습 파일을 열고 노란색 셀 값만 입력하면 부자지수 결괏값이 표시됩니다. 여러 값을 입력해보며 부자지수를 계산합니다.

엑셀 계산기

재테크 첫걸음

셀표 계무 문서

주식 투자

부동산

연말정산

엑데와 노션

부자지수 계산 예시

A의 부자지수=(4억 원×10)÷(40세×1억 원)=1

B의 부자지수=(2억 원×10)÷(30세×5,000만 원)=1.33

결과가 0.5 이하라면 현재 소비 습관과 재테크 방법에 문제가 있다고 판단합니다. 2 이상이면 이미 부자이거나 부자가 될 가능성이 매우 높다고 할 수 있습니다. 부자지수 법칙의 특징을 정리하면 다음과 같습니다.

첫째, 순자산이 많을수록 부자일 확률이 높다.

둘째, 나이가 어릴수록 부자가 될 확률이 높다.

셋째, 소득이 높다고 부자지수가 높은 것은 아니다.

재테크를 위한 셀프 체크리스트

재테크를 본격적으로 실행하기 전에 먼저 간단한 테스트를 해보겠습니다. 가계의 재무 상태를 확인할 수 있는 테스트입니다. 테스트 결과에 따라 돈 관리와 재테크를 잘하고 있는지 점검할 수 있습니다.

재무 건전성 체크리스트

☐ 미래에 써야 할 돈에 대해서 구체적으로 생각해본 적이 없다.

☐ 최근 1년 내에 빚이 늘었다.

☐ 가계부를 꾸준히 쓰지 않는다.

☐ 일주일 또는 월 단위 소비 예산을 따로 세우지 않는다.

☐ 대출 원금과 이자로 지출하는 돈을 합치면 소득의 30%가 넘는다.

☐ 저축액(적립식 펀드 포함)이 월 소득의 30%를 넘지 않는다.

☐ 부동산 자산의 비율이 전체 자산의 70% 이상을 차지한다.

☐ 주식 자산의 비율이 전체 자산의 70% 이상을 차지한다.

☐ 저축은 일반 입출금 계좌를 활용한다.

☐ 펀드와 같은 간접 투자 상품에 가입하고 있지 않다.

점검 결과

• 2개 이하 : 전반적으로 양호한 재무 구조입니다.

• 3~4개 : 아직 괜찮지만 개선을 위한 노력이 필요합니다.

• 5~8개 : 위험한 재무 구조로, 당장 개선이 필요합니다.

• 9개 이상 : 파산의 위험이 매우 높은 상태입니다.

체크한 개수를 세어봅니다. 만약 두 개 이하라면 뒤에 소개할 내용들이 큰 도움이 되지 않을 수도 있습니다. 하지만 세 개 이상 체크했다면 돈에 관심을 갖고 공부해야 합니다. 특히 다섯 개가 넘는다면 재무적으로 심각한 위험에 노출되어 있으므로 당장 공부를 시작합니다. 나의 안정적인 재무 상태를 위한 단계별 공부법을 소개합니다.

1단계 : 현재 가지고 있는 모든 통장들 헤쳐 모여!

얼마 전 동료 한 분이 건강검진 중 암을 발견하고 초기에 치료를 마쳤다는 이야기를 들었습니다. 다행히 일찍 발견해서 무사히 치료할 수 있었습니다. 정기적인 건강검진이 일상화된 요즘은 이렇듯 본인의 건강 상태를 미리 체크해 만일의 상황에 대비할 수 있습니다.

같은 맥락에서 재테크를 생각해봅시다. 본격적으로 재테크를 시작하기 전에 나의 재무 상태를 진단해보는 것이 필요합니다. 전문가의 도움을 받기 어렵다면 수입, 지출, 부채, 자산 등 네 가지 영역으로 나누어 구체적인 수치를 적어보면 좋습니다.

2단계 : 현재 상황을 분석해보자

다음으로 할 일은 재정의 기초가 되는 땅을 고르는 작업입니다. 현재 경제 상황, 통장 내역, 투자 내역 등의 내용을 꺼내놓고 겹치는 부분은 무엇인지, 부족한 부분은 무엇인지 살펴봅니다. 이 과정을 통해 불필요한 중복 투자는 없는지, 비효율적으로 수수료가 새는 곳은 없는지 등 투자 포트폴리오 측면에서 검토합니다.

보험 리모델링도 꼭 체크해야 하는 필수 항목 중 하나입니다. 특히 재테크의 첫 단계가 리스크 관리라고 할 때, 보장 자산은 가계의 부를 쌓아 올리는 데 있어 바닥을 다지는 기초 공사에 해당합니다. 보험 가입에서 우선순위로 고려해야 하는 것이 바로 '가성비'입니다. 적정한 보험료 수준에서 충분한 보장 혜택을 누리는 것이 가성비의 핵심입니다. 이미 가입한 보험이 있다면 불필요한 중복 보장으로 과다한 보험료를 지급하고 있는 것은 아닌지 살펴봅니다. 반대로 보장이 부족해서 보장 공백이 발생하는 곳은 없는지 꼼꼼히 체크해봐야 합니다.

재테크를 처음 시작할 때 소위 필수로 가입해야 한다는 상품들도 챙겨야 합니다. 예를 들어 청약 통장은 가입했는지, 세제 혜택이 있는 금융 상품이나 국민 상품으로 불리는 금융 상품의 가입 여부 등도 꼭 확인해야 합니다. 그런 다음 필요한 부분이 있다면 가입을 검토해보는 것이 좋습니다.

3단계 : 재테크의 필수 덕목, 목표를 세우자

슬기로운 재테크 생활을 위해서는 뚜렷한 재무 목표를 수립해야 합니다. 앞서 살펴봤던 수입, 지출, 부채, 자산 등을 잘 조합해 뚜렷한 목표를 세워야 합니다. 기혼자라면 공동의 목표를 세웁니다. 이때는 부부가 가진 가치, 태도, 신념, 교육 수준, 사회적 위치 등도 영향을 줄 수 있습니다. 따라서 이 부분에 대해서 허심탄회한 대화가 필요하다면 전문가의 조언을 받는 것도 좋습니다.

'나의 재무 목표는 무엇일까?'

무엇부터 시작해야 할지 잘 모르겠다면 스스로에게 질문을 해봅니다. 마땅한 대답이 떠오르지 않는다면 구체적으로 정리해본 적이 없기 때문입니다. 경제 활동을 하며 살아가는 이들에게 있어 재무 목표는 절대 어려운 개념이 아니라는 것을 알아야 합니다. 재무 목표는 누구나 인생을 살아가며 느끼는 것들이고, 조금만 고민해보면 쉽게 떠올릴 수 있습니다. 즉, 미래에 꿈을 계획하듯 재무적인 관점에서 목표를 설정하고 나이, 기간, 금액에 맞춰 목표 자금을 수치화해봅니다.

4단계 : 언제, 얼마나, 무엇이 필요한지 따져보자

큰 틀의 재무 목표를 세웠다면 다음 과정은 이 자금이 필요한 시기와 자금의 규모를 결정해야 합니다. 다시 말해 각각의 재무 목표를 위해 언제, 얼마의 자금이 필요한지 구체적으로 수치화합니다. 이것은 본격적으로 내게 필요한 부의 총량(總量)을 구하는 과정입니다. 이 정도만 해도 재테크에 성공할 확률이 꽤 높아졌다고 할 수 있습니다.

한 가지 더 필요한 것은 우선순위를 정하는 일입니다. 실제로 재무 목표를 위해 필요한 자금을 구체화하다 보면 생각보다 필요 자금이 많아서 놀라는 경우가 많습니다. 각자 생각하고 꿈꾸는 재무 목표를 모두 달성할 수 있다면 좋겠지만, 한정된 재원으로 모든 재무 목표를 완벽히 준비하기는 현실적으로 쉽지 않을 수 있습니다. 개인의 재무 상황이나 목표의 규모, 처해 있는 상황에 따라 재무 목표를 100% 달성하기 어려운 경우도 발생합니다. 따라서 주택, 자녀 교육, 은퇴 등 여러 재무 목표 간의 우선순위를 반드시 정해야 합니다.

엑셀 계산기

재테크 원리

쉽고 재무 분석

주식 투자

부동산

엑알정산

절세와 노하

CHAPTER 02

사회 초년생을 위한
부자되는 엑셀
활용법

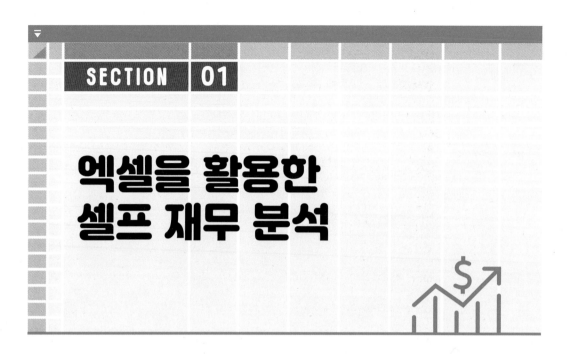

SECTION 01

엑셀을 활용한 셀프 재무 분석

'매달 수입은 꼬박꼬박 들어오는데 왜 내 통장 잔고는 늘 비어 있을까? 돈은 다 어디로 간 거지?'라며 갑갑한 마음을 느끼는 사람이 많습니다. '돈에 발이 달린 것 같다'라는 말을 하기도 합니다. 이번에는 나만의 재정 상태를 분석해 수입과 지출의 균형을 알아보도록 하겠습니다.

나만의 재무 상태표 만들기

지피지기면 백전백승입니다. 돈을 모으고 불리기 위해서는 가장 먼저 나의 자산 현황을 정확히 파악해야 합니다. 나아가 미래 자산의 근간이 되는 현금 흐름을 정확히 파악하고 관리해야만 부자가 되는 노하우를 쌓을 수 있습니다. 재테크를 할 때 좀 더 손쉽게 돈을 모으는 시스템, 그중에서도 재테크의 근간이 되는 나만의 재무 상태표를 만들어보겠습니다. 집이나 직장에서 쉽게 접할 수 있는 엑셀을 활용합니다. 간단한 수식을 넣어 계산한 후 스스로 재무 상태를 분석하는 방법을 알아보겠습니다.

1단계 : 현재 나의 재무 상태 분석하기

재무 상태표는 기업 회계에서 사용하는 대차대조표의 개인 버전으로 이해하면 그 개념을 쉽게 파악할 수 있습니다. 그렇다면 재무 상태표를 작성하는 것이 재테크에 어떤 도움이 될까요? 보통 '내가 나를 가장 잘 안다'라고 생각합니다. 하지만 남들에게 나를 객관적으로 평가하라고 한 후 그 결과를 보면 내가 생각했던 것과 다른 평가에 당황스러울 때가 있습니다. 이처럼 내가 가진 자산이나 재무 상태를 잘 안다고 생각하지만 실제로 자신의 재무 상황을 일목요연하게 파악하고 있는 사람은 많지 않습니다.

이때 엑셀을 활용해 재무 상태표를 만들어보는 것을 추천합니다. 재무 상태표를 작성해보면 지금 내가 가진 현금, 주식, 펀드, 부동산 등의 자산이 얼마나, 어떻게 구성되어 있는지, 부채는 얼마나 어떻게 구성되어 있는지를 일목요연하게 확인할 수 있습니다. 이러한 과정을 통해서 현재의 순자산 규모를 파악한다면 앞으로의 재테크 방향도 명확하게 설정할 수 있습니다.

[재무 상태표 미리 보기]

실습 파일 2장\재무 상태표.xlsx

(단위 : 만 원,%)

자산 구분		금액	비중	부채 구분		금액	비중
현금성 자산	현금(입출금 통장)	200	0.9%	단기	마이너스 통장	500	4.2%
	유동성(3개월 내 만기)	300	1.3%		신용 대출	200	1.7%
	유동성(3~6개월)	-	0.0%		카드론	-	0.0%
	기타(6~12개월)	-	0.0%		할부금	300	2.5%
투자 자산	예/적금	1,000	4.4%		현금 서비스	-	0.0%
	연금	-	0.0%		기타	-	0.0%
	주식/펀드	1,000	4.4%	장기	주택 담보 대출	-	0.0%
	기타	-	0.0%		전세금 대출	10,000	83.3%
부동산	자가 주택	-	0.0%		오토론	-	0.0%
	임차 보증금	20,000	88.9%		리스/렌탈	1,000	8.3%
	기타	-	0.0%		기타	-	0.0%
사용 자산	자동차	2,000	8.2%	부채 계		12,000	100.0%
	골동품	-	0.0%	순자산		12,500	
	기타	-	0.0%				
기타 자산	그 외	-	0.0%				
자산 계		24,500	100.0%				

현금성 자산+투자 자산
+부동산만 계산합니다.

자산 계-부채 계로,
순자산입니다.

💲 TIP 엑셀을 열어 재무 상태표를 직접 만들어보거나 예제 소스(2장\재무 상태표.xlsx)로 제공하는 실습 파일을 활용합니다.

엑셀 계산기

재테크 원리

셀프 재무 분석

주식 투자

부동산

임대차산

은퇴와 노후

나만의 재무 상태표를 만드는 방법을 각 항목으로 나누어 설명해보겠습니다. 먼저 자산을 기입하고 부채를 기입합니다. 내가 가진 자산과 부채의 항목, 금액을 나열합니다. 이 외에도 각자 가진 자산이나 부채 항목을 하나씩 추가할 수도 있습니다.

자산 입력하기

자산 구분		금액	비중
현금성 자산	현금(입출금 통장)	200	0.9%
	유동성(3개월 내 만기)	300	1.3%
	유동성(3~6개월)	-	0.0%
	기타(6~12개월)	-	0.0%
투자 자산	예/적금	1,000	4.4%
	연금	-	0.0%
	주식/펀드	1,000	4.4%
	기타	-	0.0%
부동산	자가 주택	-	0.0%
	임차 보증금	20,000	88.9%
	기타	-	0.0%
사용 자산	자동차	2,000	8.2%
	골동품	-	0.0%
	기타	-	0.0%
기타 자산	그 외	-	0.0%
자산 계		24,500	100.0%

• **현금성 자산 :** 현금과 같은 속성을 가진 자산을 말합니다. 대표적으로 언제든지 현금화할 수 있는 입출금 통장의 잔액(현금) 혹은 유동성 자산이 여기에 해당합니다. 구체적인 항목을 넣어서 일목요연하게 정리해보면 의외로 놓치고 있던 자산까지 찾을 수 있습니다.

• **투자 자산 :** 목돈 마련을 위해 묶어둔 예금/적금이나 펀드, 주식, 연금 등의 금융 자산을 말합니다.

• **부동산 :** 우리나라 국민은 임차 보증금(전월세)이나 자가 주택 등 자산에서 부동산이 차지하는 비중이 상당히 높습니다. 부동산에 대출이 있더라도 대출을 감안하지 않은 실제 가치(시세)를 기준으로 작성합니다.

- **사용 자산 :** 현금은 아니지만 필요하다면 현금화할 수 있는 것들입니다. 대표적으로 자동차나 골동품, 고가의 자전거, 명품 가방 등입니다. 그중 높은 가치를 지닌 것을 포함하여 작성합니다.

이 항목들에 포함되지 않는 자산이 있다면 기타 자산으로 분류해서 목록으로 만듭니다. 다만, 현금화하기 어렵거나 가치가 너무 작은 것들은 과감히 제외합니다.

> **$ TIP** 자산 계를 계산할 때는 사용 자산과 기타 자산을 합쳐서 계산합니다. 비중을 계산할 때는 사용 자산과 기타 자산을 제외하여 자산의 비중을 계산합니다.

부채 입력하기

부채 구분		금액	비중
단기	마이너스 통장	500	4.2%
	신용 대출	200	1.7%
	카드론	-	0.0%
	할부금	300	2.5%
	현금 서비스	-	0.0%
	기타	-	0.0%
장기	주택 담보 대출	-	0.0%
	전세금 대출	10,000	83.3%
	오토론	-	0.0%
	리스/렌탈	1,000	8.3%
	기타	-	0.0%
부채 계		12,000	100.0%
순자산		12,500	

부채는 하나로 합쳐서 작성하는 경우가 많습니다. 상환 기간을 기준으로 하여 단기/장기로 나누어 각 항목별로 구분해서 정리하는 것을 추천합니다. 대출은 빨리 갚아야 하는 상품과 천천히 갚아도 되는 상품으로 우선순위를 매깁니다. 단기 대출부터 장기 대출순으로 관리하면 부채를 쉽게 관리할 수 있습니다.

- **단기 대출 :** 할부금이나 마이너스 통장을 말합니다. 카드론도 대표적인 단기 대출에 속합니다. 단기 대출은 악성 대출이 될 가능성이 높으므로 단기 대출 항목이 많다면 가장 우선적으로 상환 계획을 세워야 합니다.

엑셀 개산기

재테크 원리

셀프 재무 분석

주식 투자

부동산

연말정산

은퇴와 노후

- **장기 대출 :** 대표적으로 부동산 담보 대출이나 자동차 대출을 말합니다. 통상적으로 10년 이상, 길게는 30년 가까이 상환 기간을 둡니다. 투자 자산을 활용한 좋은 빚이므로 대출 상환 계획을 세울 때 가장 후순위로 관리하는 것이 좋습니다.

2단계 : 현금 흐름표 작성하기

앞서 재무 상태표가 현재 가계의 재정 상태를 알려주는 분석의 척도인 것을 알았습니다. 현금 흐름표는 돈이 들어오고 나가는 현황을 알려주는 지표, 즉 가계의 재무 건전성을 알려주는 척도라고 할 수 있습니다. 현금 흐름표를 활용하면 가계의 수입과 지출이 얼마인지, 그중에서 순소득의 규모가 어느 정도인지 한눈에 파악할 수 있습니다. 혹시라도 돈이 새고 있다면 현금 흐름표 분석을 통해 돈이 어디서 새고 있는지 확인할 수 있으니 꼭 한번 작성해봐야 합니다.

[현금 흐름표 미리 보기]

실습 파일 2장\현금 흐름표.xlsx

(단위:만 원,%)

수입		금액	비중	지출		금액	비중
고정 수입	근로 소득(기본)	200	74.1%	고정 지출	공과금/관리비	20	8.0%
	사업 소득	-	0.0%		세금	20	8.0%
	임대 소득	-	0.0%		건강보험/국민연금	20	8.0%
	금융 소득	-	0.0%		보장 보험료	20	8.0%
	기타 소득	-	0.0%		대출 상환	30	12.0%
비정기 수입	근로 소득(상여/보너스)	50	18.5%		임대료(월세)	-	0.0%
	사업 소득(비정기)	-	0.0%		기타	-	0.0%
	임대 소득(비정기)	10	3.7%	변동 지출	식비	30	12.0%
	금융 소득(비정기)	10	3.7%		의복비	20	8.0%
	기타 소득(비정기)	-	0.0%		주거비	30	12.0%
기타 수입	기타	-	0.0%		여가/문화비	10	4.0%
수입 계		270	100.0%		의료비	-	0.0%
					교육비	-	0.0%
					기타	-	0.0%
			수입-지출을 계산합니다.	투자 지출	저축 및 투자	50	20.0%
수치차		20		지출 계		250	100%

TIP 엑셀을 열어 현금 흐름표를 직접 만들어보거나 예제 소스(2장\현금 흐름표.xlsx)로 제공하는 실습 파일을 활용합니다.

재무 상태표와 마찬가지로 표의 왼쪽에는 수입 목록을, 오른쪽에는 지출 목록을 작성합니다. 가계의 현금 흐름은 수입(들어오는 돈)과 지출(나가는 돈)로 요약할 수 있습니다. 수입은 정기적으로 들어오는 고정 수입과 비정기적인 변동 수입으로 구분할 수 있습니다. 항목별로 어떤 것을 입력해야 하는지 급여 소득자를 기준으로 살펴보겠습니다.

수입 입력하기

수입		금액	비중
고정 수입	근로 소득(기본)	200	74.1%
	사업 소득	-	0.0%
	임대 소득	-	0.0%
	금융 소득	-	0.0%
	기타 소득	-	0.0%
비정기 수입	근로 소득(상여/보너스)	50	18.5%
	사업 소득(비정기)	-	0.0%
	임대 소득(비정기)	10	3.7%
	금융 소득(비정기)	10	3.7%
	기타 소득(비정기)	-	0.0%
기타 수입	기타	-	0.0%
수입 계		270	100.0%

• **고정 수입 :** 기본급(근로 소득)은 고정 수입이 됩니다. 부업을 통해 부수입이 있어도 매월 정기적으로 소득이 발생한다면 고정 수입 항목에 입력합니다. 고정 수입이야말로 지출 관리의 근간이 되는 소득이므로 잘 정리해두는 것이 좋습니다. 사업이나 임대, 금융 등 소득자의 수입 기준에 따라 정확하게 입력합니다.

• **비정기 수입 :** 비정기적으로 들어오는 상여나 보너스는 비정기 수입입니다. 수입과 마찬가지로 사업이나 임대, 금융 등 소득자의 수입 기준에 따라 정확하게 입력합니다.

💰 **TIP** 비정기적인 보너스를 고정 수입으로 생각하기도 합니다. 그러나 보너스를 고정 수입으로 생각한다면 보너스를 받지 않는 달에는 마이너스 현금 흐름이 발생합니다. 그러면 보너스를 받아서 마이너스인 현금 흐름을 메우는 식이 되기 쉬우므로 보너스는 비정기 수입에 포함하는 것이 좋습니다.

엑셀 계산기

재테크 원리

셀프 재무 분석

주식 투자

부동산

연말정산

은퇴와 노후

지출 입력하기

지출		금액	비중
고정 지출	공과금/관리비	20	8.0%
	세금	20	8.0%
	건강보험/국민연금	20	8.0%
	보장 보험료	20	8.0%
	대출 상환	30	12.0%
	임대료(월세)	-	0.0%
	기타	-	0.0%
변동 지출	식비	30	12.0%
	의복비	20	8.0%
	주거비	30	12.0%
	여가/문화비	10	4.0%
	의료비	-	0.0%
	교육비	-	0.0%
	기타	-	0.0%
투자 지출	저축 및 투자	50	20.0%
지출 계		250	100%

지출은 좋은 지출과 나쁜 지출로 구분할 수 있습니다. 좋은 지출은 저축 및 투자와 같은 투자 지출을 말합니다. 나쁜 지출은 단순 소비성 지출을 말합니다. 소비성 지출은 고정 지출과 변동 지출로 구분합니다.

· **고정 지출 :** 반복적이고 고정적으로 발생하는 지출 항목으로, 일상생활에서 쉽게 조절하기 어렵습니다. 대표적인 고정 지출 항목으로는 대출 상환금, 관리비, 공과금, 보험료, 소득세 등이 있습니다. 구조적 개선을 통해 체질 개선이 필요한 항목입니다.

· **변동 지출 :** 일상생활에서 어느 정도 조절할 수 있는 지출을 말합니다. 의식주 등의 생활비, 여행 경비, 불규칙적인 의료비, 문화생활비, 외식비, 자녀의 사교육비 등이 대표적인 항목입니다.

3단계 : 현금 흐름 분석하기

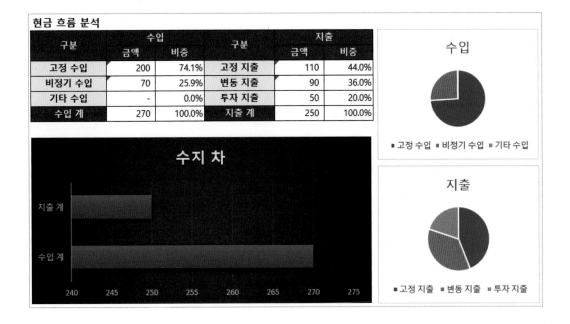

현금 흐름 분석

구분	수입		구분	지출	
	금액	비중		금액	비중
고정 수입	200	74.1%	고정 지출	110	44.0%
비정기 수입	70	25.9%	변동 지출	90	36.0%
기타 수입	-	0.0%	투자 지출	50	20.0%
수입 계	270	100.0%	지출 계	250	100.0%

앞서 입력한 수입과 지출의 수치 차를 통해 현금 흐름을 분석합니다. 엑셀의 표, 그래프를 활용해 내가 소득에 비해 적절한 지출 수준을 유지하고 있는지, 저축과 투자 규모는 적절한지, 불필요한 지출이 어느 정도인지 등의 현 상황을 한눈에 파악할 수 있습니다.

SECTION 02

엑셀로 나만의
가계부 만들기

자수성가형 부자들은 '새는 돈을 잘 관리하면 부자가 될 수 있다!'고 하면서 가계부 쓰기 예찬론을 펼칩니다. 가계부는 지출 관리의 기본 요소이므로 틀린 말은 아닙니다. 그러나 바쁜 현대인에게 지출 항목을 일목요연하게 정리하는 일은 결코 쉽지 않습니다. 이번에는 엑셀을 활용해가계부를 만들어보고 쉽게 활용하는 방법을 알아보겠습니다.

번거로운 일, 그래도 가계부를 써보자

매일 수입과 지출 항목을 빼놓지 않고 가계부에 적는 일은 귀찮고 번거롭습니다. 도대체 왜 '가계부를 써보라!'고 권하는 것일까요? 시각을 조금만 바꿔 생각해봅시다. 가계부는 지난 경제 활동의 역사이자 미래의 부유한 삶을 위한 지도와 같습니다. 그렇다면 귀찮다고 미루기만 하던 가계부 쓰기를 마냥 가볍게만 볼 수는 없습니다.

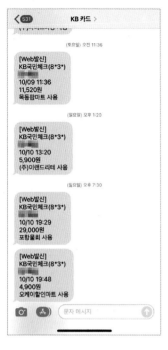

◀ 지출 내역이 문자로 기록되어도 가계부를 쓰며 지출 항목을 점검하는 것이 좋습니다.

가계부 쓰기의 가장 큰 장점은 스스로 잘못된 소비 습관을 인지하는 데 있습니다. 일종의 지출 반성문과 같습니다. 인간은 망각을 거듭하면서 생활하기 때문에 단순히 복기하는 과정만으로도 큰 효과를 볼 수 있습니다. 하지만 바쁜 일상에서 가계부 쓰기를 건너뛰는 일도 다반사입니다. 불과 며칠 전, 무슨 항목에 어떤 지출을 했는지 정확히 기억나지 않습니다. 며칠 전 일도 그러한데 일주일 전, 심지어 한 달 전 소비를 기억하는 것은 거의 불가능에 가깝습니다. 이렇듯 돈의 흐름을 파악하려면 작은 지출도 빼놓지 않고 기록해두어야 합니다.

지출 항목을 일일이 적은 후 한 달에 한 번이라도 항목별 지출 상황을 되짚어 보면 나도 모르게 새나간 낭비 지출을 명확히 인지할 수 있습니다. 이러한 복기 과정을 통해 내가 어디에 얼마의 지출을 하는지 지출 규모를 대략적으로 파악할 수 있습니다. 나아가 다음 달 '지출 예산 수립'에도 큰 도움이 됩니다. 과거의 데이터를 바탕으로 미래 계획을 정확하게 세움으로써 경제적 이익을 창출하는 효과를 얻을 수 있는 것입니다. 예산이라는 가이드라인을 설정해놓으면 불필요한 소비를 미리 차단할 수도 있습니다. 결국 가계부 쓰기의 습관화는 새는 돈을 직접 확인하고 차단하면서 효과적인 자금 운용 계획을 세울 수 있게 합니다. 종잣돈을 빨리 모아 부자로 가는 지름길을 안내하는 셈입니다.

나만의 가계부 만들기

필자는 가계부를 처음 쓰는 사람들에게 두 가지를 충고합니다. 첫 번째, 가계부는 '돈이 모이는 통장 시스템을 만들고 시운전하는 1~2개월은 필수적으로 작성하라'고 합니다. 두 번째, 이왕이면 '잘 짜인 기성품보다 조금 투박하더라도 자신에게 딱 맞는 가계부를 만들어보라'고 합니다. 이런 의미에서 **엑셀로 나만의 가계부를 직접 만들어 써보는 것**은 매우 뜻깊은 도전이 될 것입니다.

[엑셀 파일 미리 보기]

실습 파일 2장\나만의 가계부 샘플.xlsx

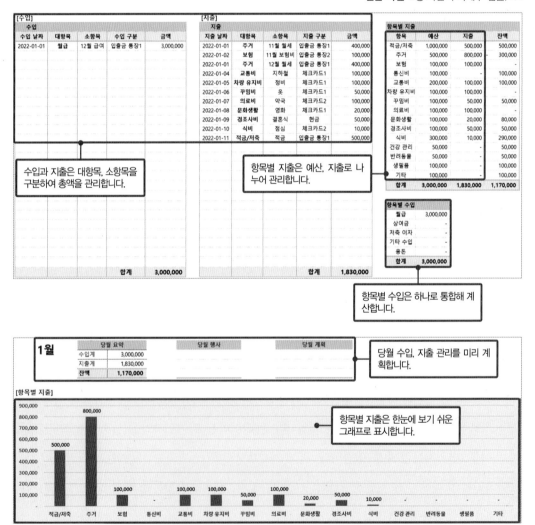

엑셀 계산기

재테크 원리

셀프 재무 분석

주식 투자

부동산

연말정산

은퇴와 노후

STEP 01 **항목별 예산 수립하기**

가계부를 작성하는 첫 단계는 수입과 지출 항목을 정하고 항목별 예산을 설정하는 것입니다. 앞서 현금 흐름표를 직접 작성해보았다면 손쉽게 항목과 예산을 설정할 수 있습니다. 지출 항목(대항목)은 세금, 보험료 등의 고정 지출과 변동 지출, 적금 및 투자 자산 등의 투자 지출을 모두 포함하여 수입 범위 내에서 설정합니다. 수입과 지출 금액이 딱 맞아떨어지지 않는 경우에는 기타 항목을 추가하여 예비 자금 통장(파킹 통장)으로 이체하여 관리합니다. 해당 항목은 예시이므로 본인의 기준에 맞춰 항목을 수정하고 예산을 설정합니다.

💲 **TIP** 엑셀을 활용한 현금 흐름표 작성은 052쪽을 참고합니다. 지출 항목은 평소 자신의 소비 습관을 되짚어 보며 추가합니다. 고정 지출, 변동 지출을 나누지 않고 지출되는 모든 항목을 정리합니다.

항목별 지출

항목	예산	지출	잔액
적금/저축	1,000,000	-	1,000,000
주거	500,000	-	500,000
보험	100,000	-	100,000
통신비	100,000	-	100,000
교통비	200,000	-	200,000
차량 유지비	100,000	-	100,000
꾸밈비	100,000	-	100,000
의료비	100,000	-	100,000
문화생활	100,000	-	100,000
경조사비	100,000	-	100,000
식비	300,000	-	300,000
건강 관리	50,000	-	50,000
반려동물	50,000	-	50,000
생필품	100,000	-	100,000
기타	100,000	-	100,000
합계	3,000,000	-	3,000,000

STEP 02 **지출 내역 정리하기**

지출 항목(대항목)에 따른 세부 내역(소항목)을 정리합니다. 추후에 빠른 계산을 위해 대항목은 예산 수립 시 정해둔 항목과 통일하면 좋습니다. 소항목은 자세한 지출 내역을 확인할 수 있습니다. 이왕이면 지출 구분(결제 방법)을 추가해 내역과 자산 관리를 연결하면 한눈에 파악하기 더욱 좋습니다. 같은 방식으로 수입 내역도 작성합니다.

[지출]

지출				
지출 날짜	대항목	소항목	지출 구분	금액
2022-01-01	주거	11월 월세	입출금 통장1	400,000
2022-01-02	보험	11월 보험비	입출금 통장2	100,000
2022-01-01	주거	12월 월세	입출금 통장1	400,000
2022-01-04	교통비	지하철	체크카드1	100,000
2022-01-05	차량 유지비	정비	체크카드1	100,000
2022-01-06	꾸밈비	옷	체크카드1	50,000
2022-01-07	의료비	약국	체크카드2	100,000
2022-01-08	문화생활	영화	체크카드1	20,000
2022-01-09	경조사비	결혼식	현금	50,000
2022-01-10	식비	점심	체크카드2	10,000
2022-01-11	적금/저축	적금	입출금 통장1	500,000

[수입]

수입				
수입 날짜	대항목	소항목	수입 구분	금액
2022-01-01	월급	12월 급여	입출금 통장1	3,000,000

엑셀 함수 사전 │ 데이터 유효성 검사로 지출 항목에 목록 적용하기

지출을 입력할 때는 항목에 맞춰 하나씩 추가합니다. 이때 목록을 활용하면 항목을 간단하게 입력할 수 있습니다. 추후 항목별 합계를 계산할 때도 유용합니다.

데이터 유효성 검사로 목록 적용하기

01 ❶ 대항목 입력 영역을 선택한 후 ❷ [데이터] 탭-[데이터 도구] 그룹-[데이터 유효성 검사]를 클릭합니다.

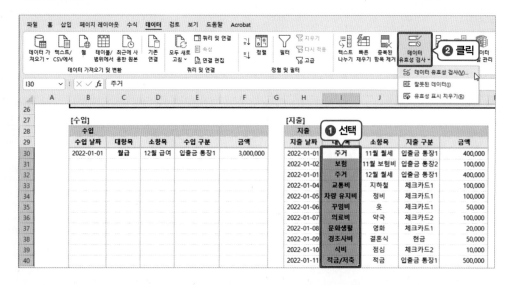

02 ❶ [데이터 유효성] 대화상자가 나타나면 [유효성 조건]–[제한 대상]을 [목록]으로 선택합니다. ❷ [원본]을 클릭하고 ❸ 항목별 지출의 항목 범위를 선택합니다. ❹ [확인]을 클릭해 조건을 설정합니다.

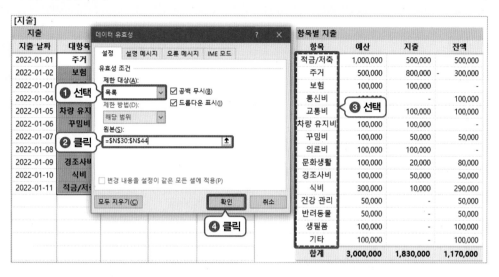

03 지출의 대항목을 클릭하면 목록 단추가 나타납니다. 지출 항목을 쉽게 지정할 수 있습니다.

H	I	J	K	L
[지출]				
지출				
지출 날짜	대항목	소항목	지출 구분	금액
2022-01-01	주거	11월 월세	입출금 통장1	400,000
2022-01-02	보험	11월 보험비	입출금 통장2	100,000
2022-01-01	주거	12월 월세	입출금 통장1	400,000
2022-01-04	교통비	지하철	체크카드1	100,000
2022-01-05	차량 유지비	정비	체크카드1	100,000
2022-01-06	꾸밈비	옷	체크카드1	50,000
2022-01-07	의료비	약국	체크카드2	100,000
2022-01-08	문화생활	영화	체크카드1	20,000
2022-01-09	경조사비	결혼식	현금	50,000
2022-01-10	식비	점심	체크카드2	10,000
2022-01-11	적금/저축		입출금 통장1	500,000

적금/저축
주거
보험
통신비
교통비
차량 유지비
꾸밈비
의료비

STEP 03 지출, 수입 내역과 예산 관리 장표를 연결하기

다음으로 할 일은 지출 내역과 항목별 지출(예산 관리 장표)을 연결해 한눈에 보기 쉽게 정리합니다. 수입 내역도 같은 방식으로 정리합니다. 이때 항목별 지출은 엑셀의 SUMIF 함수를 활용해 예산과 지출을 함께 비교합니다.

[지출]

지출 날짜	대항목	소항목	지출 구분	금액
2022-01-01	주거	11월 월세	입출금 통장1	400,000
2022-01-02	보험	11월 보험비	입출금 통장2	100,000
2022-01-01	주거	12월 월세	입출금 통장1	400,000
2022-01-04	교통비	지하철	체크카드1	100,000
2022-01-05	차량 유지비	정비	체크카드1	100,000
2022-01-06	꾸밈비	옷	체크카드1	50,000
2022-01-07	의료비	약국	체크카드2	100,000
2022-01-08	문화생활	영화	체크카드1	20,000
2022-01-09	경조사비	결혼식	현금	50,000
2022-01-10	식비	점심	체크카드2	10,000
2022-01-11	적금/저축	적금	입출금 통장1	500,000
			합계	1,830,000

항목별 지출

항목	예산	지출	잔액
적금/저축	1,000,000	500,000	500,000
주거	500,000	800,000 -	300,000
보험	100,000	100,000	-
통신비	100,000	-	100,000
교통비	200,000	100,000	100,000
차량 유지비	100,000	100,000	-
꾸밈비	100,000	50,000	50,000
의료비	100,000	100,000	-
문화생활	100,000	20,000	80,000
경조사비	100,000	50,000	50,000
식비	300,000	10,000	290,000
건강 관리	50,000	-	50,000
반려동물	50,000	-	50,000
생필품	100,000	-	100,000
기타	100,000	-	100,000
합계	3,000,000	1,830,000	1,170,000

[수입]

수입 날짜	대항목	소항목	수입 구분	금액
2022-01-01	월급	12월 급여	입출금 통장1	3,000,000
			합계	3,000,000

항목별 수입

항목	금액
월급	3,000,000
상여금	-
저축 이자	-
기타 수입	-
용돈	-
합계	3,000,000

엑셀 함수 사전 | SUMIF 함수로 지출 내역과 예산 관리 장표 연결하기

엑셀의 가장 기본 함수는 SUM(합계) 함수로, 단순한 합계를 계산할 때 사용합니다. 조건에 맞는 자료만 추출하여 합계를 계산할 때는 SUMIF 함수를 사용합니다. SUMIF 함수는 이름에서도 알 수 있듯 기준이 되는 데이터에서 조건에 맞는 데이터를 찾아 합계를 구합니다.

SUMIF 함수

범위에서 조건에 맞는 셀을 찾고 계산 범위에서 조건에 맞는 셀과 같은 위치에 있는 값들의 합계를 계산합니다. 즉, 특정 범위에서 조건에 맞는 행을 찾고, 찾아낸 행에서 합계를 구할 범위에 있는 값을 찾아내 이들의 합을 구합니다.

> **함수 기본 수식 =SUMIF(Range, Criteria, [Sum_Range])**
> - Range : 범위
> - Criteria : 조건
> - Sum_Range : 계산 범위(합계를 구할 범위)

01 다음과 같이 지출 항목을 정리한 데이터가 있습니다. 지출 내역 데이터에서 SUMIF 함수를 활용해 조건에 맞는 항목(여기서는 '주거')의 지출액 합계를 구해보겠습니다.

[지출]

지출				
지출 날짜	대항목	소항목	지출 구분	금액
2022-01-01	주거	11월 월세	입출금 통장1	400,000
2022-01-02	보험	11월 보험비	입출금 통장2	100,000
2022-01-01	주거	12월 월세	입출금 통장1	400,000
2022-01-04	교통비	지하철	체크카드1	100,000
2022-01-05	차량 유지비	정비	체크카드1	100,000
2022-01-06	꾸밈비	옷	체크카드1	50,000
2022-01-07	의료비	약국	체크카드2	100,000
2022-01-08	문화생활	영화	체크카드1	20,000
2022-01-09	경조사비	결혼식	현금	50,000
2022-01-10	식비	점심	체크카드2	10,000
2022-01-11	적금/저축	적금	입출금 통장1	500,000

02 ❶ 주거 지출액의 총금액이므로 입력 셀에 **=SUMIF(**를 입력합니다. ❷ 다음으로 범위와 조건, 합계를 구할 범위를 입력합니다. 범위는 항목 정보가 있는 '대항목' 행입니다. '대항목' 행을 드래그해 선택합니다. ❸ 조건은 '주거'에 해당하는 값이므로 '주거' 셀을 클릭해 입력합니다. 이때 셀 값 대신 **"주거"**라고 직접 입력해도 됩니다. ❹ 지출액의 합을 구하는 것이므로 합계를 구할 범위는 '금액' 행입니다. '금액' 행을 드래그해 선택합니다. ❺ 마지막으로)를 입력하고 `Enter` 를 누릅니다.

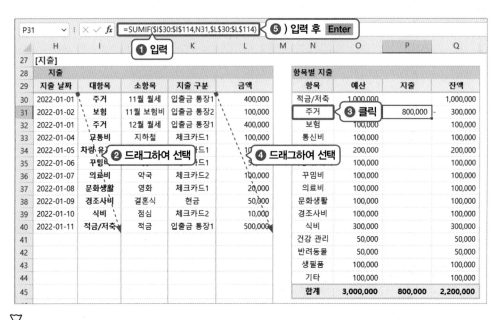

03 지출 내역 중 '주거'에 해당하는 지출 합산액이 산출됩니다. 채우기 핸들을 드래그해 다른 항목의 지출도 계산해봅니다.

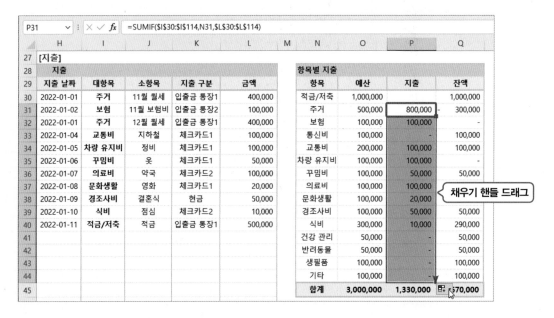

엑셀 계산기

재테크 원리

셀프 재무 분석

주식 투자

부동산

연말정산

은퇴와 노후

STEP 04 차트를 활용해 도식화하기

가계부의 첫 번째 목적은 정리이고 두 번째 목적은 복기를 통한 지출 분석입니다. 따라서 입력한 수입, 지출 내역을 한눈에 파악할 수 있게 현황을 정리하는 것이 좋습니다. 엑셀의 차트(그래프) 기능을 활용하면 좀 더 다양한 모습으로 지출 내역을 파악할 수 있습니다.

먼저 차트에 사용할 데이터를 분석하고 요약합니다. 데이터를 시각화하는 이유는 알고 싶은 내용을 한눈에 보기 쉽게 하기 위함이므로 원본 데이터를 그대로 쓰기보다는 원하는 부분만 요약해 사용합니다. 이 과정은 항목별 지출 영역에 정리되므로 그대로 활용합니다.

01 ❶ 차트로 표현할 데이터 영역을 선택합니다. **Ctrl** 을 누른 채 지출 항목과 지출 금액 항목의 셀을 드래그하여 선택합니다. ❷ [삽입] 탭-[차트] 그룹-[추천 차트]를 클릭합니다.

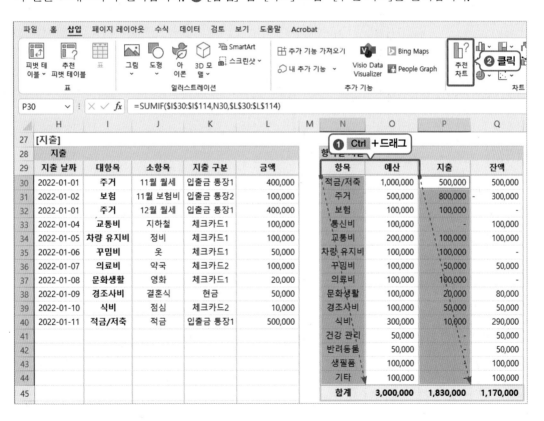

[추천 차트]가 아닌 원하는 차트 종류를 선택해도 됩니다. 엑셀의 차트 종류는 매우 다양하므로 데이터에 알맞은 차트로 선택해야 합니다. 따라서 특정한 차트를 사용할 것이 아니라면 [추천 차트]를 활용해 어울리는 차트를 선택합니다.

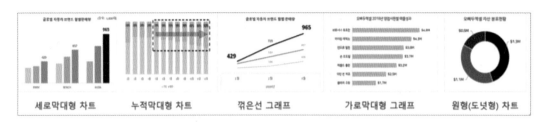

| 세로막대형 차트 | 누적막대형 차트 | 꺾은선 그래프 | 가로막대형 그래프 | 원형(도넛형) 차트 |

02 이번 가계부에서 데이터를 표현할 차트는 지출액 규모를 한눈에 알기 쉽도록 분석한 묶은 세로막대형을 선택합니다. 다음과 같은 기본 차트가 생성되면 [차트 요소⊞], [차트 스타일✎]을 클릭해 시각적으로 보기 좋게 꾸밉니다.

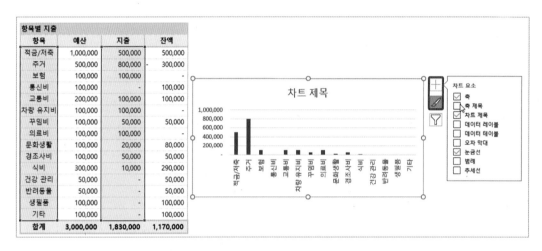

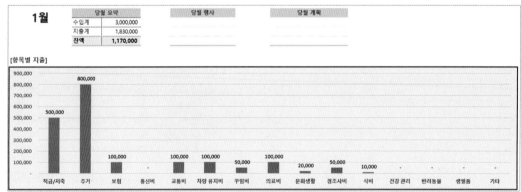

엑셀 계산기

재테크 원리

셀프 재무 분석

주식 투자

부동산

연말정산

은퇴와 노후

SECTION 03

엑셀을 활용한 저축 계획

엑셀을 활용해 셀프 재무 분석과 나만의 가계부를 만들어보았다면 이제는 엑셀을 활용해 목돈을 모을 수 있는 저축 계획을 세워야 합니다. 목돈이 필요한 상황을 예시로 들어 어떤 방식으로 저축 계획을 세우는 것이 좋은지 알아보겠습니다.

목돈 마련을 위한 저축 계획

'1년 만기 예금에 가입하면 만기 때 얼마를 돌려받을 수 있을까?', '카카오 적금에 매월 100만 원씩 가입하면 만기 때 얼마가 될까?' 이 정도의 계산은 딱히 숫자 감각이 없는 사람도 쉽게 계산할 수 있습니다. 계산기를 두드려보거나 인터넷 검색, 은행 앱을 활용해 금융 상품의 만기 예상액을 손쉽게 산출할 수 있습니다. 그러나 기간이 조금만 길어지거나 상황이 조금만 복잡해지면 어디서부터 계산을 시작해야 할지 계획조차 세우기가 힘듭니다. 그래서 대부분의 재테크 초보자는 주먹구구식으로 단기 금융 상품에 가입하는 방식의 재테크를 시작합니다. 가까운 시기에 목돈을 마련할 계획이라면 나름의 전략적인 자금 계획을 세워 실천할 수 있습니다. 그러나 기간이 3년을 넘거나 5년 이상의 장기 계획이라면 도대체 어떤 식으로 목돈을 마련해야 하는지 난감해집니다. 이번에는 목돈 마련을 위해 기본적으로 알아야 할 개념을 살펴보겠습니다. 엑셀을 활용한 예제를 통해 목돈을 마련하기 위한 계산법을 직접 풀어보며 수익률과 이자가 부리되는 개념을 알아보겠습니다.

💰 **TIP** 부리는 이자가 붙는 것을 의미하며, 단리와 복리로 설명할 수 있습니다. 복리가 좋다는 말은 많이 들어봤지만 재테크 초보자들은 단리와 복리의 차이를 정확히 구분하지 못합니다. 원금과 이자 중에 원금 하나에만 이자를 주면 단리, 원금과 이자 모두에 이자를 주면 복리입니다. 또한 매월 이자가 부리되면 월 복리, 매년 이자가 부리되면 연 복리입니다. 별것 아닌 것 같지만, 투자 기간이 길어지거나 이자율이 높아지면 나중에는 엄청난 차이가 벌어집니다. 복리의 개념을 잘 이해하여 시간을 내 편으로 만드는 것이 부자가 되는 핵심입니다.

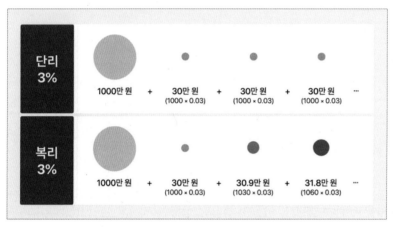

▲ 단리와 복리의 차이

CASE STUDY 목돈 마련을 위한 저축 계획 세우기

2년 후 전세 만기가 돌아오는 구슬 씨.

직장과 가까운 곳으로 이사를 고려 중인데 돈이 조금 부족한 상황이다. 목돈 마련을 위한 구체적인 방법(저축 계획)을 세워야 한다.

❶ 이사를 위해 **3,000만 원 정도의 목돈을 마련하는 계획**을 세운다. 다행히 통장에 **1,000만 원 정도의 여유 자금**이 있다.

❷ **월 50만 원은 추가적으로 저축**할 여력이 있다.

❸ **전세 만기는 2년 후**, 만기 시 수익을 계산해본다.

[엑셀 파일 미리 보기]

실습 파일 2장\목돈 마련 적금 계산기_FV함수.xlsx

> FV, VLOOKUP 함수로 예상 수익률을 계산해봅니다.

> 비교하고 싶은 여러 개의 상품 정보를 입력합니다.

1. FV 함수로 만기 시 돌려받는 돈 알아보기

현재 투자금	상품	예상 수익률	1년 후	2년 후	2년 후	4년 후
10,000,000	예금M	3.0%	10,300,000	10,609,000	10,609,000	₩11,592,741

※일시불예금의 만기시(미래가치) 금액 계산 : 복리=투자원금*(1+이자율)^기간, 단리=투자원금*(1+이자율*기간)

2. FV 함수로 적금 만기 금액 알아보기

	월별	매월 투자금	상품	예상 수익률	1년 후	2년 후	4년 후
24	1개월	500,000	적금B	3.5%	536,199	12,447,442	₩25,796,065
23	2개월	500,000	적금B	3.5%	534,640		
22	3개월	500,000	적금B	3.5%	533,085		
21	4개월	500,000	적금B	3.5%	53...		
20	5개월	500,000	적금B	3.5%	529...		
19	6개월	500,000	적금B	3.5%	528...		
18	7개월	500,000	적금B	3.5%	526...		
17	8개월	500,000	적금B	3.5%	525,379		
16	9개월	500,000	적금B	3.5%	523,851		
15	10개월	500,000	적금B	3.5%	522,327		
14	11개월	500,000	적금B	3.5%	520,808		
13	12개월	500,000	적금B	3.5%	519,294		
12	13개월	500,000	적금B	3.5%	517,783		
11	14개월	500,000	적금B	3.5%	516,278		
10	15개월	500,000	적금B	3.5%	514,776		
9	16개월	500,000	적금B	3.5%	513,279		
8	17개월	500,000	적금B	3.5%	511,786		
7	18개월	500,000	적금B	3.5%	510,298		
6	19개월	500,000	적금B	3.5%	508,814		
5	20개월	500,000	적금B	3.5%	507,334		
4	21개월	500,000	적금B	3.5%	505,859		
3	22개월	500,000	적금B	3.5%	504,388		
2	23개월	500,000	적금B	3.5%	502,921		
1	24개월	500,000	적금B	3.5%	501,458		
	계				12,447,442		

> FV 함수로 적금 만기 금액을 계산해봅니다.

※ 적금의 만기 시(미래 가치) 금액 계산 : 1회 차 저축액*(1+이자율/12)^남은 월 수 + 2회 차 저축액*(1+이자율/12)^남은 월 수 + ⋯⋯ + 24회 차 저축액*(1+이자율/12)^남은 월 수

3. PMT 함수로 필요한 적금 월불입액 구하기

투자 기간	2년 후 부족 액	상품	예상 수익률	월 필요 저축액
2년	6,943,558	적금B	3.5%	-278,915

> PMT 함수로 적금 월 불입액을 계산해봅니다.

기준 정보

본부	예상 수익률
예금A	2.0%
예금B	3.0%
적금A	2.5%
적금B	3.5%
펀드A	5.0%
펀드B	7.0%
주식A	9.0%
주식B	12.0%

답안 ①

구분	금액(원)
2년 뒤 필요 금액	30,000,000
2년 뒤 예금 통장	10,609,000
2년 뒤 부족 금액	19,391,000

답안 ②

구분	금액(원)
2년 후 부족 금액	19,391,000
2년 후 적금 통장	12,447,442
2년 뒤 부족 금액	6,943,558

답안 ③

구분	금액(원)
2년 후 부족 금액	6,943,558
추가로 가입해야 할 월 저축액	-278,915

> 계산을 통해 가장 적합한 방법을 산출합니다.

STEP 01 FV 함수로 현재 조달 가능한 자금 확인하기

구슬 씨는 현재 통장에 여유 자금 1,000만 원이 있습니다. 목돈이 필요한 시점은 2년 후이므로 투자나 저축으로 돈을 마련합니다. 우선 이 자금을 굴렸을 때 2년 후에 얼마가 되어 있을지 알아보겠습니다. 만기 때 수익을 계산하는 방법은 다음과 같습니다.

투자 원금 × 수익률(or 이자율)^투자 기간 = (1,000만 원 × 3%)^2년

또한 돈의 미래 가치를 구하는 FV 함수를 활용하면 좀 더 쉽게 계산할 수 있습니다.

💰 **TIP** 돈의 미래 가치를 구하는 FV 함수에 대한 자세한 내용은 029쪽을 참고합니다.

01 실습 파일을 불러와 [현재 투자금] 입력 셀에 여유 자금인 **10000000**을 입력합니다.

1. FV 함수로 만기 시 돌려받는 돈 알아보기

현재 투자금	상품	예상 수익률	1년 후	2년 후	2년 후	4년 후
10,000,000						

※일시불 예금의 만기 시(미래 가치) 금액 계산 : 복리=투자 원금*(1+이자율)^기간, 단리=투자 원금*(1+이자율*기간)

02 ❶ [상품] 입력 셀에 **예금B**를 입력하고 ❷ [예상 수익률] 입력 셀에 VLOOKUP 함수를 활용한 예상 수익률 **=VLOOKUP(J5,J4:K11,2,TRUE)**를 입력합니다.

VLOOKUP ▾	:	✕ ✓ fx	=VLOOKUP(J5,J4:K11,2,TRUE)							
	B	C	D	E	F	G	H	I	J	K
1										
2	**1. FV 함수로 만기 시 돌려받는 돈 알아보기**								기준 정보	
3	현재 투자금	상품	예상 수익률	1년 후	2년 후	2년 후	4년 후		본부	예상 수익률
4	10,000,000	예금B	TRUE)						예금A	2.0%
5									예금B	3.0%
6	※일시불예금의 만기시(		계산 : 복리=투자원금*(1+이자율)^기간, 단리=투자원금*(1+이자율*기간)						적금A	2.5%
7									적금B	3.5%
8	**2. FV 함수로 적금 만기 금액 알아보기**								펀드A	5.0%
9	월별	매월 투자금	상품	예상 수익률	1년 후	2년 후	4년 후		펀드B	7.0%
10	1개월	500,000	적금B	3.5%	536,199	12,447,442	₩25,796,065		주식A	9.0%
11	2개월	500,000	적금B	3.5%	534,640				주식B	12.0%

$ TIP 상품과 예상 수익률을 입력할 때는 [J:K] 열의 [기준 정보] 항목을 참고하여 인수를 입력합니다. [J5] 셀은 [C4] 셀로 대치할 수 있습니다.

J	K
기준 정보	
본부	예상 수익률
예금A	2.0%
예금B	3.0%
	2.5%
[J5] 셀	3.5%
펀드A	5.0%
펀드B	7.0%
주식A	9.0%
주식B	12.0%

엑셀 함수 사전 | VLOOKUP 함수 활용하기

VLOOKUP 함수를 사용하면 여러 정보들이 나열되어 있을 때 원하는 값만 가져와서 사용할 수 있습니다. '범위'의 첫 번째 열에서 '찾을 값'과 일치하는 값을 찾아 같은 행의 '열 번호' 위치에 있는 셀 값을 가져옵니다.

> **함수 기본 수식 =VLOOKUP(Lookup_value, Table_array, Col_index_num, [Range_lookup])**
> - Lookup_Value : 찾을 값(조회 값)
> - Table_array : 데이터를 가져올 영역(범위)
> - Col_index_num : 몇 번째 열(반환 값이 포함된 범위에 있는 열 번호)
> - Range_Lookup : 찾을 방법(일치 여부)

이번 예제처럼 하나의 값만 넣을 때는 값을 직접 입력하는 방식이 편할 수 있습니다. 하지만 나중에 넣어야 할 데이터가 많아지면 VLOOKUP 함수를 이용해서 값을 자동으로 입력하는 것이 훨씬 편리합니다.

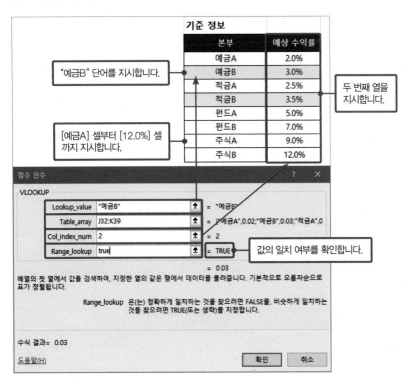

03 이자율을 알았으니 1년 후, 2년 후 원리금을 계산해보겠습니다. [1년 후] 입력 셀에 1년 후 결괏값 **=B4*(1+D4)**를 입력합니다.

	B	C	D	E	F	G	H
E4		f_x	=B4*(1+D4)				
1							
2	**1. FV 함수로 만기 시 돌려받는 돈 알아보기**						
3	현재 투자금	상품	예상 수익률	1년 후	2년 후	2년 후	4년 후
4	10,000,000	예금B	3.0%	=B4*(1+D4)	입력		
5							
6	※일시불 예금의 만기 시(미래 가치) 금액 계산 : 복리=투자 원금*(1+이자율)^기간, 단리=투자 원금*(1+이자율*기간)						

> 💰 **TIP** 예금의 부리 방법은 앞서 말한 것처럼 원금×(1+이자율)입니다. 투자 기간이 1년이라면 이대로 계산해도 되지만 투자 기간이 2년 이상이면 계산이 달라집니다. 2년 이자의 부리 방법은 원금×(1+이자율)^2입니다.

04 [2년 후] 입력 셀에 **=B4*(1+D4)^2**를 입력합니다.

	B	C	D	E	F	G	H
VLOOKUP		f_x	=B4*(1+D4)^2				
1							
2	**1. FV 함수로 만기 시 돌려받는 돈 알아보기**						
3	현재 투자금	상품	예상 수익률	1년 후	2년 후	2년 후	4년 후
4	10,000,000	예금B	3.0%	10,300,000	=B4*(1+D4)^2	입력	
5							
6	※일시불 예금의 만기 시(미래 가치) 금액 계산 : 복리=투자 원금*(1+이자율)^기간, 단리=투자 원금*(1+이자율*기간)						

05 이때 FV 함수를 활용해 빠르게 입력할 수도 있습니다. 노란색으로 표시된 [2년 후] 입력 셀에 **=FV(3%,2,,-10000000,1)**을 입력합니다.

	B	C	D	E	F	G	H
VLOOKUP		f_x	=FV(3%,2,,-10000000,1)				
1							
2	**1. FV 함수로 만기 시 돌려받는 돈 알아보기**						
3	현재 투자금	상품	예상 수익률	1년 후	2년 후	2년 후	4년 후
4	10,000,000	예금B	3.0%	10,300,000	10,609,000	10000000,1)	입력
5							
6	※일시불 예금의 만기 시(미래 가치) 금액 계산 : 복리=투자 원금*(1+이자율)^기간, 단리=투자 원금*(1+이자율*기간)						

> 💰 **TIP** 미래 가치를 구하는 FV 함수는 =FV(이자율, 기간, −투자 원금, 1)로 입력합니다.

06 2년 후 결괏값은 1,060만 9,000원으로 **04** 단계에서 입력한 수식의 결괏값과 **05** 단계에서 입력한 함수의 결괏값이 동일한 것을 확인할 수 있습니다.

현재 투자금	상품	예상 수익률	1년 후	2년 후	2년 후	4년 후
10,000,000	예금B	3.0%	10,300,000	10,609,000	10,609,000	
※일시불 예금의 만기 시(미래 가치) 금액 계산 : 복리=투자 원금*(1+이자율)^기간, 단리=투자 원금*(1+이자율*기간)						

07 2년 후에 3,000만 원의 목돈이 필요하다고 했습니다. [M:N] 열의 답안 ① 항목에 금액을 입력합니다. ❶ [2년 후 필요 금액] 입력 셀에 **30000000**을 입력하고 ❷ [2년 후 예금 통장] 입력 셀에 **10609000**([G4] 셀)을 입력합니다. ❸ [2년 후 부족 금액] 입력 셀에 **=N4-N5**를 입력해 결괏값을 확인합니다. 간단한 수식만으로 2년 후 부족한 금액(19,391,000원)을 확인할 수 있습니다.

M	N	
답안 ①		
구분	금액(원)	
2년 후 필요 금액	30,000,000	❶ 입력
2년 후 예금 통장	10,609,000	❷ 입력
2년 후 부족 금액	19,391,000	❸

STEP 02 저축으로 2년 후에 마련할 수 있는 금액 확인하기

구슬 씨는 이사할 때 필요한 전세 자금을 마련하기 위해 추가로 저축(적금)을 생각했습니다. 적금 계산법은 예금과는 조금 다릅니다.

월 납입금 × (1 + 이자율 ÷ 12)^납입 월 수

같은 이자율이더라도 적금보다 예금이 훨씬 유리합니다. 2년 만기 적금이라고 했을 때 첫 달에 납입한 금액은 2년간 오롯이 이자가 부리됩니다. 두 번째 달에 납입한 금액은 23개월, 세 번째 달은 22개월과 같은 방식으로 이자가 부리되는 기간이 다릅니다. 납입 원금이 똑같이 1,000만 원이더라도 마지막에 납입한 금액은 1개월만 부리되기 때문에 1,000만 원이 오롯이 1년간 부리되는 예금이 훨씬 유리합니다.

결론적으로 적금은 매월 납입한 금액의 이자가 다르고, 이것을 계산한 후 합을 내야만 만기 때 받을 수 있는 금액을 산출할 수 있습니다. 예를 들어 매월 적금 납입액을 24번 계산한 후 이를 더해주어야 만기 때 받을 수 있는 금액을 알 수 있습니다. 이러한 계산 방식은 매우 번거로운 일인데 돈의 시간 가치(FV 함수)를 활용하면 쉽게 풀어낼 수 있습니다.

$TIP 처음부터 돈의 시간 가치를 재차 강조한 이유가 있습니다. 시간에 따라 달라지는 돈의 속성을 이해해야만 재테크로 부자가 될 수 있습니다.

01 엑셀을 활용해 기본적인 적금 계산법을 알아보겠습니다. 적금 만기 금액을 알아보는 항목에서 ❶ [매월 투자금] 입력 셀에 **500000**을 입력하고 ❷ [상품] 입력 셀에는 **적금B**를 입력합니다. ❸ [예상 수익률] 입력 셀에는 **=VLOOKUP(D10,J4 :K11,2,TRUE)**를 입력합니다. VLOOKUP 함수에 의해 3.5%가 표시됩니다. ❹ [매월 투자금], [상품], [예상 수익률] 입력 셀의 채우기 핸들을 드래그해 24개월 행까지 값을 채웁니다.

	월별	매월 투자금	상품	예상 수익률	1년 후	2년 후	4년 후
	2. FV 함수로 적금 만기 금액 알아보기						
24	1개월	500,000	적금B	3.5%			
23	2개월	❶ 입력	❷ 입력	❸ 입력			
22	3개월						
21	4개월	500,000	적금B	3.5%			
20	5개월	500,000	적금B	3.5%			
19	6개월	500,000	적금B	3.5%			
18	7개월	500,000	적금B	3.5%			
17	8개월	500,000	적금B	3.5%			
16	9개월	500,000	적금B	3.5%			
15	10개월	500,000	적금B	3.5%			
14	11개월	500,000	적금B	3.5%			
13	12개월	500,000	적금B	3.5%			
12	13개월	500,000	적금B	3.5%			
11	14개월	500,000	적금B	3.5%			
10	15개월	500,000	적금B	3.5%			
9	16개월	500,000	적금B	3.5%	❹ 채우기 핸들 드래그		
8	17개월	500,000	적금B	3.5%			
7	18개월	500,000	적금B	3.5%			
6	19개월	500,000	적금B	3.5%			
5	20개월	500,000	적금B	3.5%			
4	21개월	500,000	적금B	3.5%			
3	22개월	500,000	적금B	3.5%			
2	23개월	500,000	적금B	3.5%			
1	24개월	500,000	적금B	3.5%			
	계				0		

02 [1년 후] 입력 셀에 적금 계산 수식 **=C10*(1+E10/12)^A10**을 입력합니다.

	A	B	C	D	E	F	G	H
					f_x	=C10*(1+E10/12)^A10		
8		**2. FV 함수로 적금 만기 금액 알아보기**						
9		월별	매월 투자금	상품	예상 수익률	1년 후	2년 후	4년 후
10	24	1개월	500,000	적금B	3.5%	12)^A10	입력	
11	23	2개월	500,000	적금B	3.5%			
12	22	3개월	500,000	적금B	3.5%			

03 채우기 핸들을 드래그해 24개월 행까지 값을 채웁니다.

	2. FV 함수로 적금 만기 금액 알아보기						
	월별	매월 투자금	상품	예상 수익률	1년 후	2년 후	4년 후
24	1개월	500,000	적금B	3.5%	536,199		
23	2개월	500,000	적금B	3.5%	534,640		
22	3개월	500,000	적금B	3.5%	533,085		
21	4개월	500,000	적금B	3.5%	531,535		
20	5개월	500,000	적금B	3.5%	529,989		
19	6개월	500,000	적금B	3.5%	528,448		
18	7개월	500,000	적금B	3.5%	526,911		
17	8개월	500,000	적금B	3.5%	525,379		
16	9개월	500,000	적금B	3.5%	523,851		
15	10개월	500,000	적금B	3.5%	522,327		
14	11개월	500,000	적금B	3.5%	520,808		
13	12개월	500,000	적금B	3.5%	519,294		
12	13개월	500,000	적금B	3.5%	517,783	채우기 핸들 드래그	
11	14개월	500,000	적금B	3.5%	516,278		
10	15개월	500,000	적금B	3.5%	514,776		
9	16개월	500,000	적금B	3.5%	513,279		
8	17개월	500,000	적금B	3.5%	511,786		
7	18개월	500,000	적금B	3.5%	510,298		
6	19개월	500,000	적금B	3.5%	508,814		
5	20개월	500,000	적금B	3.5%	507,334		
4	21개월	500,000	적금B	3.5%	505,859		
3	22개월	500,000	적금B	3.5%	504,388		
2	23개월	500,000	적금B	3.5%	502,921		
1	24개월	500,000	적금B	3.5%	501,458		
	계				12,447,442		

$ TIP 1년 후 금액의 합계는 미리 수식을 적용해두었습니다.

04 이번에는 미래 가치(FV 함수)를 사용해 결괏값을 산출해봅니다. [2년 후] 입력 셀에 **=FV (E10/12,A10,-C10,,1)**를 입력합니다.

G10		× ✓ fx	=FV(E10/12,A10,-C10,,1)					
	A	B	C	D	E	F	G	H
8		**2. FV 함수로 적금 만기 금액 알아보기**						
9		월별	매월 투자금	상품	예상 수익률	1년 후	2년 후	4년 후
10	24	1개월	500,000	적금B	3.5%	=FV(E10/12,A10,-C10,,1)	입력	
11	23	2개월	500,000	적금B	3.5%	534,640		
12	22	3개월	500,000	적금B	3.5%	533,085		

TIP 돈의 미래 가치(FV 함수)는 =FV(3.5%/12,24,−500000,,1)와 같습니다.

05 2년 후의 결괏값은 **03** 단계의 값과 동일한 1,244만 7,442원이라는 것을 확인할 수 있습니다.

	2. FV 함수로 적금 만기 금액 알아보기						
	월별	매월 투자금	상품	예상 수익률	1년 후	2년 후	4년 후
24	1개월	500,000	적금B	3.5%	536,199	12,447,442	
23	2개월	500,000	적금B	3.5%	534,640		
22	3개월	500,000	적금B	3.5%	533,085		
21	4개월	500,000	적금B	3.5%	531,535		
20	5개월	500,000	적금B	3.5%	529,989		
19	6개월	500,000	적금B	3.5%	528,448		
18	7개월	500,000	적금B	3.5%	526,911		
17	8개월	500,000	적금B	3.5%	525,379		
16	9개월	500,000	적금B	3.5%	523,851		
15	10개월	500,000	적금B	3.5%	522,327		
14	11개월	500,000	적금B	3.5%	520,808		
13	12개월	500,000	적금B	3.5%	519,294		
12	13개월	500,000	적금B	3.5%	517,783		
11	14개월	500,000	적금B	3.5%	516,278		
10	15개월	500,000	적금B	3.5%	514,776		
9	16개월	500,000	적금B	3.5%	513,279		
8	17개월	500,000	적금B	3.5%	511,786		
7	18개월	500,000	적금B	3.5%	510,298		
6	19개월	500,000	적금B	3.5%	508,814		
5	20개월	500,000	적금B	3.5%	507,334		
4	21개월	500,000	적금B	3.5%	505,859		
3	22개월	500,000	적금B	3.5%	504,388		
2	23개월	500,000	적금B	3.5%	502,921		
1	24개월	500,000	적금B	3.5%	501,458		
	계					12,447,442	

06 앞서 **STEP 01**의 질문에서 구한 2년 후 부족 금액은 19,391,000원이었습니다. [M:N] 열의 답안 ② 항목에 금액을 입력합니다. ❶ [2년 후 부족 금액] 입력 셀에 **19391000**을 입력하고 ❷ [2년 후 적금 통장] 입력 셀에 **12447442**([G10] 셀)를 입력합니다. ❸ [2년 후 부족 금액] 입력 셀에 **=N10-N11**을 입력해 결괏값을 확인합니다. 2년 후 부족한 금액(6,943,558원)을 확인할 수 있습니다.

답안 ②

구분	금액(원)	
2년 후 부족 금액	19,391,000	❶ 입력
2년 후 적금 통장	12,447,442	❷ 입력
2년 후 부족 금액	6,943,558	❸

STEP 03 목표 금액을 모으기 위한 방법 찾기

구슬 씨가 계획했던 투자안을 오롯이 실천한다고 해도 여전히 690만 원 정도의 자금이 부족한 것을 확인했습니다. 단순히 목돈을 모으는 경우가 아니라 지출(소비)을 해야 할 목돈 마련 과정에서 가장 쉽게 마주할 수 있는 상황입니다. 이런 경우에는 어떻게 해야 할까요? 몇 가지 방법을 떠올려볼 수 있습니다.

1. 이사 계획을 좀 더 뒤로 미룬다(투자 기간을 늘림).

2. 좀 더 높은 금리 상품에 가입한다(투자 수익률을 높임).

3. 추가 저축을 계획한다(투자 원금을 늘림).

부족한 자금의 크기가 터무니없이 크거나 실현 가능성이 없다고 판단되면 처음부터 계획 자체를 재수립해야 합니다. 예를 들어 무슨 수를 써도 당장 마련할 수 있는 돈이 5,000만 원밖에 안 되는데 무조건 10억 원짜리 집을 산다는 식의 계획은 무모한 도전일 뿐입니다.

이 과정을 구슬 씨의 상황에 대입해보겠습니다. 현재 구슬 씨의 상황에서는 이사 계획 자체를 변경할 필요는 없습니다. 이번 기회를 놓치면 전세 계약의 특성상 몇 개월이 아니라 2년을 더 늦춰야 합니다. 다음으로 생각해볼 수 있는 것이 투자 수익률을 높이는 방법입니다. 앞서 계산한 엑셀 수식을 조금만 수정해도 손쉽게 계산할 수 있습니다. 엑셀을 활용해 나만의 플랜을 만들어놓으면 얼마든지 다양한 변수를 손쉽게 적용하고 계산할 수 있습니다.

01 ❶ [J:K] 열의 기준 정보를 참고하여 [상품] 입력 셀에 **펀드B**를 입력합니다. ❷ 앞 단계에서 걸어둔 수식으로 인해 예상 수익률이 7.0%로 변경되고 1년 후, 2년 후 금액도 상승합니다.

1. FV 함수로 만기 시 돌려받는 돈 알아보기

현재 투자금	상품	예상 수익률	1년 후	2년 후	2년 후	4년 후
10,00 ❶ 입력	펀드B	7.0%	10,700,000	11,449,000	11,449,000	
❷						

※일시불 예금의 만기 시(미래 가치) 금액 계산 : 복리=투자 원금*(1+이자율)^기간, 단리=투자 원금*(1+이자율*기간)

	J	K
	기준 정보	
	본부	예상 수익률
	예금A	2.0%
	예금B	3.0%
	적금A	2.5%
	적금B	3.5%
	펀드A	5.0%
	펀드B	7.0%
	주식A	9.0%
	주식B	12.0%

02 ❶ 적금 만기 금액을 알아보는 문제의 [상품] 입력 셀에 **펀드B**를 입력하고 ❷ 채우기 핸들로 24개월 행까지 값을 적용합니다. ❸ 예상 수익률이 7.0%로 변경되고 ❹ 2년 후 금액도 상승합니다.

2. FV 함수로 적금 만기 금액 알아보기

	월별	매월 투자금	상품	예상 수익률	1년 후	❹ 2년 후	4년 후
24	1개월	5 ❶ 입력	펀드B	7.0%	❸ 574,903	12,915,419	
23	2개월	500,000	펀드B	7.0%	571,569		
22	3개월	500,000	펀드B	7.0%	568,254		
21	4개월	500,000	펀드B	7.0%	564,958		
20	5개월	500,000	펀드B	7.0%	561,682		
19	6개월	500,000	펀드B	7.0%	558,424		
18	7개월	❷ 채우기 핸들 드래그		7.0%	555,186		
17	8개월	500,000	펀드B	7.0%	551,966		
16	9개월	500,000	펀드B	7.0%	548,765		
15	10개월	500,000	펀드B	7.0%	545,582		
14	11개월	500,000	펀드B	7.0%	542,418		
13	12개월	500,000	펀드B	7.0%	539,273		
12	13개월	500,000	펀드B	7.0%	536,145		
11	14개월	500,000	펀드B	7.0%	533,036		
10	15개월	500,000	펀드B	7.0%	529,944		
9	16개월	500,000	펀드B	7.0%	526,871		

8	17개월	500,000	펀드B	7.0%	523,815		
7	18개월	500,000	펀드B	7.0%	520,777		
6	19개월	500,000	펀드B	7.0%	517,757		
5	20개월	500,000	펀드B	7.0%	514,754		
4	21개월	500,000	펀드B	7.0%	511,769		
3	22개월	500,000	펀드B	7.0%	508,801		
2	23개월	500,000	펀드B	7.0%	505,850		
1	24개월	500,000	펀드B	7.0%	502,917		
계					12,915,419		

03 [M:N] 열의 답안 ② 항목의 금액을 확인합니다. **STEP 01**에서 계산한 2년 후 부족 금액은 690만 원가량이었는데, 560만 원가량으로 조금 줄어든 것을 확인할 수 있습니다. 7% 투자 수익률이라면 적지 않은 수익인데, 이 방법만으로는 계획했던 목표를 이루기가 쉽지 않아 보입니다.

답안 ①

구분	금액(원)
2년 후 필요 금액	30,000,000
2년 후 예금 통장	11,449,000
2년 후 부족 금액	18,551,000

답안 ②

구분	금액(원)
2년 후 부족 금액	18,551,000
2년 후 적금 통장	12,915,419
2년 후 부족 금액	5,635,581

TIP STEP 01에서 계산한 2년 후 부족 금액과 STEP 02에서 계산한 2년 후 부족 금액은 상품(펀드B)의 예상 수익률(7%)에 따라 달라집니다. 목표 금액을 모으기 위한 방법을 찾는 단계이므로 다양한 상황에 대입해봐야 합니다.

그렇다면 마지막으로 추가 저축을 고민해봐야 합니다. 이때 구슬 씨는 미래에 쌓일 원리금보다 앞으로 매월 얼마를 추가 저축해야 하는지, 즉 월 저축액을 계산해보겠습니다. 이때는 엑셀의 PMT 함수를 활용합니다.

엑셀 계산기

재테크 원리

샘프 재무 분석

주식 투자

부동산

연말정산

은퇴와 노후

04 **STEP 03**의 01~02 단계에서 입력한 상품을 이전의 상품(**STEP 01**은 예금B, **STEP 02**는 적금B)으로 수정합니다. [M:N] 열의 답안 ②의 2년 후 부족 금액 항목이 **6943558**이 되도록 합니다.

답안 ②	
구분	**금액(원)**
2년 후 부족 금액	19,391,000
2년 후 적금 통장	12,447,442
2년 후 부족 금액	6,943,558

05 PMT 함수로 필요한 적금 월 불입액 구하기 항목의 [2년 후 부족액] 입력 셀에는 [N12] 셀이 참조되어 있고 상품과 예상 수익률도 미리 설정되어 있습니다. [월 필요 저축액] 입력 셀에 **=PMT(3.5%/12,2*12,,6943558,1)**를 입력합니다.

VLOOKUP ▼	:	✕ ✓	fx	=PMT(3.5%/12,2*12,,6943558,1)	
	A	B	C	D	E	F
37		**3. PMT 함수로 필요한 적금 월불입액 구하기**				
38		**투자 기간**	**2년 후 부족액**	**상품**	**예상 수익률**	**월 필요 저축액**
39		2년	6,943,558	적금B	=PMT(3.5%/12,2*12,,6943558,1)	

> 💰 **TIP** PMT 함수는 =PMT(이자율/12,기간*12,,부족 금액,1)입니다. 이자율과 부족 금액 등을 실제로 입력해도 되고 셀을 참조하여 =PMT(E39/12,24,,C39,1)로 입력해도 됩니다.

06 월 필요 저축액은 27만 8,915원임을 확인할 수 있습니다.

3. PMT 함수로 필요한 적금 월불입액 구하기				
투자 기간	**2년 후 부족액**	**상품**	**예상 수익률**	**월 필요 저축액**
2년	6,943,558	적금B	3.5%	**-278,915**

금액 앞에 마이너스(–)가 붙어 있습니다. 재무 함수는 기본적으로 현금 흐름을 표현하고 있으며, 저축은 매월 내 수중에서 돈이 나가는 것을 의미합니다. 따라서 현금 흐름상으로는 마이너스로 표시됩니다. 재무 함수를 사용할 때 내가 투자하는 저축액이나 투자금은 모두 마이너스 단위로 입력해야 합니다. 만기 때 돌려받는 것은 플러스(+)로 이해합니다.

대출을 예로 들어 이해해보겠습니다. 대출은 일단 목돈을 선금으로 받습니다. 그 다음에는 어떠한 현금 흐름이 발생할까요? 이자만 상환하든 원금과 이자를 함께 상환하든 정기적으로 대출을 갚아나가야 합니다. 내 지갑에서 혹은 내 통장에서 돈이 빠져나가게 되므로 현금 흐름은 당연히 마이너스가 됩니다.

다시 말해서 나가는 돈이 있어야 들어오는 돈이 있고, 들어오는 돈이 있어야 나가는 돈이 있다는 원리입니다. 재테크의 기본 원리도 똑같습니다. 내가 지금 투자하는 돈이 없다면 미래에 돌아올 돈도 없습니다. 재테크에서 요행은 없습니다. 살을 깎는 노력과 희생 없이 풍요로운 미래를 기대하는 것은 헛된 꿈에 불과합니다. 아주 간단한 개념이지만 재테크를 할 때 꼭 명심하길 바랍니다.

지금까지 목돈 만드는 기본 방법과 이자의 원리에 대해 배워봤습니다. 간단한 계산의 흐름을 통해 돈이 어떻게 쌓이고 부리되는지, 어떠한 흐름으로 투자 계획을 세우는지에 대해 알아봤습니다. 이것을 활용해서 나만의 투자 플랜을 얼마든지 응용해서 만들어볼 수 있습니다. 다시 한 번 배운 것들을 복습하는 시간을 갖습니다.

엑셀 계산기

재테크 원리

셀프 재무 분석

주식투자

부동산

연말정산

은퇴와 노후

엑셀 함수 사전 | **PMT 함수 이해하기**

적금이나 대출금 등 매월 일정한 금액을 납입해야 하는 원리금(원금+이자)을 계산할 때는 PMT 함수를 사용합니다. 구슬 씨의 상황에서는 매월 추가 저축을 예상했으므로 PMT 함수를 사용해 월 필요 저축액을 계산할 수 있습니다.

PMT 함수

PMT 함수는 일정 금액을 투자하는 상품 중 정해진 기간 안에 목표 금액을 달성하기 위해 정기적으로 불입해야 할 정기 적립금을 산출할 때, 혹은 매월 상환해야 할 대출 상환액의 원리금을 계산할 때 사용합니다. 앞서 설명한 현재 가치와 미래 가치, 납입 시점 등을 인수로 넣어 원하는 값을 산출합니다.

> **함수 기본 수식 =PMT(Rate, Nper, [Pv], [Fv], [Type])**
> - Rate : 기간별 이자율
> - Nper : 총 납입(지급) 기간(횟수, 시간)
> - Pv : 현재 가치(대출 원금)
> - Fv : 미래 가치(부족 금액, 만기금)
> - Type : 납입 시점

인수 선택 요소

- Pv(현재 가치, 앞으로 납입할 일련의 금액이 갖는 현재 가치의 총합)를 생략하면 0으로 간주하며, Fv 인수를 반드시 포함해야 합니다.
- Fv(미래 가치)를 생략하면 Pv 인수를 반드시 포함해야 합니다.
- Type은 납입 시점을 나타내는 숫자이며, 기간 말은 0, 기간 초는 1, 생략하면 0으로 간주합니다.

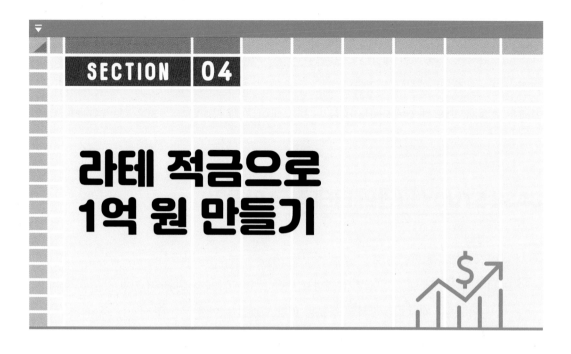

라테 적금으로 1억 원 만들기

엑셀 계산기

재테크 원리

셀프 재무 분석

주식 투자

부동산

연말정산

은퇴와 노후

일상생활에서 큰 고민 없이 지갑을 여는 순간들이 있습니다. 출근길에 습관처럼 사는 커피 한 잔, 아침 5분 잠과 맞바꾸는 출근길 택시비, 하루 담배 한 갑 등입니다. 이런 소비는 너무 소소한 나머지 우리 삶에서 크게 티가 나지 않아 실체를 알아차리기 쉽지 않습니다. 하지만 이 돈이 쌓이다 보면 꽤 큰돈이 된다는 점을 간과해서는 안 됩니다. 습관적으로 소비했던 이 돈을 저축하거나 투자하면 더 이상 소소한 돈이 아닌 것입니다. 이른바 '카페라테 효과'입니다.

카페라테 한 잔으로 얼마나 큰돈을 모을 수 있을까

적은 금액이라도 장기적으로 저축하면 목돈이 되는 현상을 '카페라테 효과(Latte factor)'라고 합니다. 이 용어는 2003년 당시 미국의 베스트셀러 《The Automatic Millionaire》(David Bach, Currency)에서 '매일 카페라테 한 잔 값을 아끼면 훗날 기대 이상의 목돈을 마련할 수 있다'라는 말로 처음 소개되었습니다.

TIP 국내에서는 《자동 부자 습관》(데이비드 바크 지음, 김윤재 옮김, 마인드 빌딩, 2018)으로 출간되었습니다.

매일 마시는 카페라테 한 잔의 값은 적은 돈이지만 이 돈을 매일, 몇십 년을 모으면 목돈이 된다는 의미입니다. 생활에서 새나가는 작은 소비를 아끼면 큰 자산을 만들 수 있습니다. 혹자는 '그깟 커피 한 잔 안 마신다고 얼마나 많은 돈을 모으겠냐?'라고 반문하기도 합니다. 여기서는 엑셀을 활용해 라테 적금 계산기를 만들어 작은 돈이 크게 불어나는 기적을 확인해보겠습니다.

CASE STUDY 나만의 라테 적금 만들기

매일 아침 카페라테 한 잔으로 잠을 깨는 구슬 씨.

어느 날 사무실 책상에 쌓인 일회용 커피 컵들을 보고 생각에 잠겼다. '저 커피 값을 다 합치면 대체 얼마야?' 재테크를 잘하는 동료는 매달 담뱃값을 아껴 목돈을 굴리는 중이라고 한다. 금연과 재테크를 한번에 성공한 동료를 보니 구슬 씨도 커피 값을 줄여볼까 고민하기 시작했다.

❶ 하루 한 잔 **커피 값을 아끼면** 얼마나 모을 수 있을까?

❷ 앞으로 **40년 정도** 소액을 모으다 보면 얼마 정도의 목돈을 굴릴 수 있을까?

❸ **투자 수익률**에 따라 얼마나 모을 수 있을까?

[엑셀 파일 미리 보기]

실습 파일 2장\라테 적금 계산기.xlsx

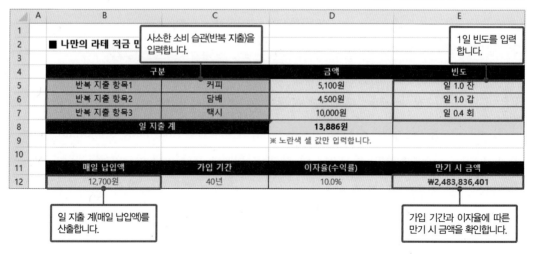

STEP 01 지출 항목 점검하기

커피 프랜차이즈 중 가장 유명한 스타벅스를 예로 들어 계산해보겠습니다. 카페라테 그란데 사이즈(473mL)의 한 잔 가격은 5,100원입니다. 하루도 빼놓지 않고 매일 카페라테 한 잔을 사서 마신다고 가정해보겠습니다. 한 달에 15만 5,125원을 쓰게 되는 셈입니다. 실제 엑셀 파일에 지출 금액을 입력하여 계산해보겠습니다.

01 ❶ 실습 파일을 불러와 커피 [금액] 입력 셀에 **5100**을 입력합니다. ❷ [빈도] 입력 셀에 **1**을 입력합니다.

	A	B	C	D	E
				❶ 입력	❷ 입력
2		■ 나만의 라테 적금 만들기			
4		구분		금액	빈도
5		반복 지출 항목1	커피	5,100원	일 1.0 잔
6		반복 지출 항목2	담배		
7		반복 지출 항목3	택시		
8		일 지출 계		5,100원	
9				※ 노란색 셀 값만 입력합니다.	

E5 ✓ : × ✓ fx 1

💲 TIP 실습 파일에는 셀 서식이 적용되어 있습니다. 금액 입력 셀에는 '원', 빈도 입력 셀에는 '일×잔'이 적용되어 있어 숫자만 입력해도 원하는 형식으로 표시됩니다.

02 습관적으로 소비하는 항목을 자세히 적어봅니다. 여기에서는 **담배, 4500, 1, 택시, 10000, =3/7**로 입력했습니다.

	A	B	C	D	E
2		■ 나만의 라테 적금 만들기			
4		구분		금액	빈도
5		반복 지출 항목1	커피	5,100원	일 1.0 잔
6		반복 지출 항목[입력]	담배	4,500원	일 1.0 갑
7		반복 지출 항목3	택시	10,000원	일 0.4 회
8		일 지출 계		13,886원	
9				※ 노란색 셀 값만 입력합니다.	

E7 ✓ : × ✓ fx =3/7

💲 TIP 습관적인 소비 항목이 떠오르지 않는다면 이 책의 052쪽을 참고합니다. 나만의 현금 흐름표를 먼저 작성해봅니다. 어떤 지출의 빈도가 높은지 확인할 수 있습니다. 매일 소비하지 않더라도 반복 소비하는 항목이 있다면 정확한 빈도를 측정할 수 있도록 일 단위로 입력합니다. 예를 들어 주 3회 정도 택시를 탄다고 하면 0.42(3회/7일)회로 입력합니다.

03 일 지출 계의 금액 입력 셀에는 금액×빈도 수식이 적용되어 있습니다. 결괏값은 1만 3,886원입니다.

하루 커피 한 잔, 담배 한 갑, 택시는 주 3회 정도 이용한다고 할 때 평균 일 지출 금액이 1만 3,800원가량 산출됨을 알 수 있습니다.

STEP 02 나만의 라테 적금 계산하기

앞서 산출된 소액의 일 지출 금액으로 목돈을 마련하기 위해 라테 적금 계산기를 만들어보겠습니다. 미래 가치(FV 함수)를 활용해보겠습니다. FV 함수를 활용하기 위해 알아야 할 정보는 월 납입액, 기간, 이자율입니다. 매일 5,100원씩 납입했을 때 40년 후 만기 금액을 알아보겠습니다.

TIP FV 함수의 기본 수식은 이 책의 029쪽을 참고합니다.

01 ❶ [매일 납입액] 입력 셀에 커피 값 **5100**을 입력합니다. ❷ [가입 기간]은 **40**을 입력하고 ❸ [이자율]은 **3%**를 입력합니다.

02 [만기 시 금액] 입력 셀에 FV 함수 **=FV(D12/365,C12*365,-B12,,1)**를 입력해 미래 가치를 계산합니다.

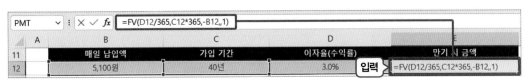

💰 **TIP**　FV 함수의 수식은 =FV(가입 기간/365, 이자율*365, −일 납입액,,1)입니다.

03 만기 시 금액은 1억 4,396만 4,928원입니다. 습관적으로 지출하는 항목을 이자율 3%로 40년만 모아도 꽤 큰돈이 된다는 것을 확인할 수 있습니다.

	A	B	C	D	E
			=FV(D12/365,C12*365,-B12,,1)		
11		매일 납입액	가입 기간	이자율(수익률)	만기 시 금액
12		5,100원	40년	3.0%	₩143,964,928

04 같은 방법으로 담뱃값, 택시비를 포함하여 계산해보겠습니다. 앞서 계산한 일 지출 계 항 목은 1만 3,886원입니다. ❶ [매일 납입액] 입력 셀에 **=D8**을 입력해 일 지출 계 셀을 참조합니다. ❷ 가입 기간과 이자율이 유지된 채 만기 시 금액이 계산됩니다. 반복 지출하고 있는 항목들이 모이니 엄청난 자산이 되어 있는 것을 알 수 있습니다. 더 흥미로운 사실은 이렇게 모은 돈으로 투자를 하면 돈이 눈덩이처럼 불어난다는 것입니다.

B12	⌄ ⋮ × ✓ *fx*	=D8		
	A	B	C	D	E

	구분		금액	빈도
반복 지출 항목1	커피		5,100원	일 1.0 잔
반복 지출 항목2	담배		4,500원	일 1.0 갑
반복 지출 항목3	택시		10,000원	일 0.4 회
일 지출 계			13,886원	
			※ 노란색 셀 값만 입력합니다.	

매일 납입액	가입 기간	이자율(수익률)	만기 시 금액
13,886원	40년	3.0%	₩391,971,737

❶ 입력 ❷

수익률에 따른 만기 시 목돈 변화

반복 지출액을 모아 투자를 한다면 어떻게 될까요? 예를 들어 매일 납입액을 1만 2,700원으로 설정하고 투자로 6%의 수익률만 얻을 수 있다고 가정한 후 가입 기간을 40년으로 설정합니다. 자그마치 7억 8,000만 원이라는 금액이 모입니다. 투자를 정말 잘해서 10%의 수익을 얻을 수 있다면 하루 커피 한 잔, 담배 한 갑의 가치가 25억 원이라는 엄청난 자산으로 돌아옵니다.

매일 납입액	가입 기간	이자율(수익률)	만기 시 금액
12,700원	40년	6.0%	₩774,333,210

▲ 1만 2,700원으로 40년간 6%의 수익을 내면 약 7억 8,000만 원을 모을 수 있습니다.

매일 납입액	가입 기간	이자율(수익률)	만기 시 금액
12,700원	40년	10.0%	₩2,483,836,401

▲ 1만 2,700원으로 40년간 10%의 수익을 내면 약 25억 원을 모을 수 있습니다.

물론 10%라는 수익률이 과장됐다며 불평할 수도 있습니다. 하지만 '시도조차 하지 않는 사람의 성공 확률은 0%이다'라는 말처럼 현실성만 따지며 팔짱을 끼고 있다면 큰 기회를 날려버리는 셈입니다. 참고로 **미국 주식 시장을 대변하는 S&P500 지수의 지난 40년간 수익률은 연평균 11%**에 달합니다.

목돈 만들기의 핵심은 올바른 금융 습관 만들기

'나는 커피를 마시지 않아'라고 말하는 사람도 있습니다. 그런 사람에게는 택시비나 게임 유료아이템이 '라테'일 수 있습니다. 실습을 통해 언급했듯 '라테'는 그저 하나의 예시일 뿐입니다.

카페라테 한 잔을 경제적인 논리로만 생각해서는 안 된다며 반론하는 분도 있습니다. 그 돈을아끼면 어디에서 행복을 누리냐고 말할 수 있습니다. 필자 역시 이른 아침 커피 한 잔을 마시며하루의 긴장감을 털어버립니다. 각자 나름의 이유로 소확행을 이뤄가는 분도 많을 것입니다. 그런 분에게 커피 한 잔마저 끊으라고 하는 것은 매우 가혹한 일일 수도 있습니다.

'라테 효과'는 무조건 끊어라, 혹은 절약하라는 개념이 아닙니다. **불필요한 지출은 되도록 줄이거나관리하고, 저축이나 투자를 늘려가는 좋은 금융 습관을 기르라는 것**이 핵심입니다. 요점은 아주 단순합니다. 알게 모르게 새나가는 지출을 잠그면 목돈을 만들 수 있다는 이야기기입니다. 사소해 보이지만 결코 사소하지 않은 이 방식이 재테크 기본 공식입니다.

엑셀 계산기

재테크 원리

셀프 재무 분석

주식 투자

부동산

연말정산

연금과 노후

돈이 자동으로 모이는 통장 시스템 만들기

부자가 되려면 돈을 모아 목돈을 만들어야 합니다. 기본적으로 돈을 모으기 위해서는 '적금'을 활용합니다. 이번에는 돈이 자동으로 모여 목돈이 쌓이고 부자되는 통장 시스템을 만드는 방법을 알아보겠습니다.

똑똑한 선택을 유도하는 넛지

행동경제학자 리처드 탈러(Richard H.Thaler) 교수는 '강요나 강압하지 않고 부드럽게 개입해서 사람들이 좀 더 좋은 선택을 할 수 있도록 자연스럽게 유도'하는 넛지(Nudge) 이론을 설파했습니다. 우리가 눈치채지 못하는 사이에도 넛지는 우리의 일상에 꽤 깊이 스며들어 있습니다.

넛지의 대표적인 사례로 손꼽히는 두 가지 이야기가 있습니다. 암스테르담 스키폴 공항의 남자화장실은 소변기 주변에 묻은 소변으로 악취가 심한 곳이었습니다. 이 문제를 공항 직원의 작은 아이디어로 80% 이상 해결할 수 있었는데, 바로 남자 소변기 중앙에 파리 모양 스티커를 붙여

놓는 것이었습니다. 소변기에 붙은 파리를 본 사람은 '자신도 모르게' 파리에 집중하게 되어 변기 밖으로 소변이 튀지 않았던 것입니다.

▲ 암스테르담 스키폴 공항의 넛지 사례(출처 : https://www.convertize.com/what-is-nudge-marketing)

또 다른 사례도 있습니다. 여러 명의 실험자를 모아 극장에서 영화 한 편을 시청하게 했습니다. 피실험자들은 정확히 어떤 실험이 진행되는지 모른 채 영화 한 편을 보고 나왔습니다. 이 실험의 진짜 의도는 다름 아닌 '큰 통이 더 많은 팝콘을 먹게 할까?'입니다. 실험군을 A, B로 나누어 한쪽에는 보통 크기의 통에 팝콘을 담아주고, 다른 한쪽에는 큰 크기의 통에 팝콘을 담아주었습니다. 영화가 끝나고 각각의 실험군이 섭취한 팝콘의 양을 측정했습니다. 그 결과 큰 통에 들어 있는 팝콘을 받은 실험군이 50% 이상 더 많은 양의 팝콘을 섭취했다고 합니다.

이 실험에서 사용한 방식을 행동경제학에서는 '선택 설계'라고 합니다. 구조를 살짝 비틀어 사람들이 좀 더 좋은 선택을 할 수 있도록 유도하는 설계 기술입니다. 이제부터 소개할 통장 시스템 만들기도 같은 맥락으로 이해할 수 있습니다. 재테크를 시작하는 사람들에게 돈이 자동으로 모이는 통장 만들기를 제안하면 '대단할 것도 없네'라며 시큰둥한 반응을 보이기도 합니다. 그러나 **통장 시스템 만들기의 핵심은 똑똑한 선택을 유도하는 설계**입니다. 넛지 이론을 접목한 통장 시스템을 적극 활용한다면 많은 노력을 하지 않아도 자동으로 돈이 모이는 결과를 확인할 수 있을 것입니다.

엑셀 계산기

재테크 원리

셀프 재무 분석

주식 투자

부동산

연말정산

은퇴와 노후

돈이 자동으로 모이는 통장 시스템

돈을 모으려면 통장이 있어야 합니다. 여기서는 인터넷 전용 상품인 카카오뱅크 계좌를 활용하여 설명하겠습니다. 요즘은 비대면으로 은행 업무를 볼 수 있지만 통장을 개설하려면 꽤 까다로운 단계를 거쳐야 합니다. 카카오뱅크는 카카오톡 계정으로 쉽게 계좌를 개설할 수 있으므로 매우 편리합니다.

TIP 카카오뱅크 계좌가 아니어도 본인이 쉽게 개설할 수 있는 은행 계좌를 활용합니다. 이 책에서는 비대면으로 쉽게 계좌를 개설할 수 있는 카카오뱅크를 예로 들었습니다. 개념만 이해한다면 본인의 주거래 은행 상품으로도 '자동으로 돈이 모이는 통장 시스템'을 구축할 수 있습니다.

가장 먼저 **여기저기 흩어져 있는 통장들을 한곳으로 모읍니다.** 현재 주거래 은행도 좋고 카카오뱅크를 이용해도 좋습니다. 중요한 것은 흩어져 있는 통장들을 하나로 정리하는 것입니다. 적금, 예금, 펀드와 같은 투자 상품은 별도로 관리하더라도 일반적인 입출금 계좌는 하나로 관리하는 것이 좋습니다. 가끔 은행별 출금 수수료를 아끼고 카드사 포인트 혜택을 받기 위해 여러 은행에 입출금 통장을 만드는 사람도 있습니다. 여러 은행에 입출금 통장이 있다면 가계의 현금 흐름 상황을 한눈에 파악하기가 쉽지 않습니다. 매번 통장의 입출금 내역을 합치고 정리하는 작업이 번거로워서 포기하는 경우가 생깁니다. 따라서 여러 곳에 흩어져 있는 통장을 해지하거나 잔액을 한곳으로 옮겨 **입출금 통장을 정리**합니다.

1단계 : 기본이 되는 통장을 개설하자

여러 개의 통장이 어느 정도 정리되었다면 본격적으로 '자동으로 돈이 모이는 통장 시스템'의 준비물을 챙겨봅니다. 입출금 통장 두 개, 파킹 통장 한 개, 투자 통장 한 개를 준비해야 합니다. 투자 통장은 필요에 의해 한두 개 정도 추가할 수 있습니다. 처음은 한 개를 기준으로 설명하겠습니다.

▲ 카카오뱅크 입출금 통장(출처 : https://www.kakaobank.com)

카카오뱅크에 가입하고 기본 입출금 통장을 두 개, 예비 통장 한 개를 개설합니다. 이 통장은 앞으로 모든 현금 흐름과 지출의 근간이 되는 역할을 합니다. 기억하기 쉽게 '아빠 통장', '엄마 통장', '할아버지 통장', '막내 통장'으로 부르겠습니다.

- **아빠 통장(수입 관리) :** 모든 수입을 아빠 통장으로 모읍니다. 이렇게 하면 정기적이든 비정기적이든 나에게 들어오는 돈의 통로가 하나로 통일됩니다. 따라서 가계의 소득 흐름을 한눈에 확인할 수 있습니다. 아빠 통장은 모든 고정 지출과 투자 지출을 내보내는 통로 역할을 합니다. 각종 공과금, 관리비, 세금 등의 고정 지출과 저축, 펀드, 연금, 보험료 같은 투자 지출이 아빠 통장을 통해서 빠져나가게 되는 셈입니다.

💰 TIP   자동이체 실적을 활용한다면?

요즘은 자동이체 실적을 활용해 대출 이자율이나 통신료 할인, 우대 금리 적용 등의 혜택을 누리는 사람도 많습니다. 이런 분이라면 아빠 통장에서 일정일(출금일)에 일정액(자동이체 금액)을 해당 은행 통장으로 자동이체되도록 설정해두는 것이 좋습니다. 자동이체 설정은 096쪽을 참고합니다.

- **엄마 통장(지출 관리) :** 의식주, 문화, 교통, 교육 등 변동 지출을 관리합니다. 매달 일정액의 예산을 정해놓고 그 안에서 지출을 관리하는 것이 핵심입니다.

엑셀 계산기

재테크 원리

셀프 재무 분석

주식 투자

부동산

연말정산

은퇴와 노후

- **할아버지 통장(긴급 활용) :** 갑작스럽게 가계의 현금 흐름에 문제가 생겼을 때, 많지는 않더라도 여분의 자금을 굴려 일정액의 수익을 발생시키는 목적으로 활용합니다. 금융 상품 중 파킹 통장이라 불리는 상품이 적합합니다. 카카오뱅크의 세이프박스, K뱅크의 플러스박스, KB은행의 마이핏 통장과 같은 상품입니다. 급여 통장에 월급이 입금되면 최소 한 달 동안 현금 흐름이 발생하는데, 그 기간 동안 유휴 자금은 이자 없이 그대로 방치되는 경우가 많습니다. 이때 유휴 자금을 할아버지 통장에 넣어두면 일정 수준의 이자를 챙길 수도 있습니다.

💰 TIP 긴급 활용 예비 통장이 꼭 필요한 이유

세상 모든 일이 계획대로 흘러가면 좋겠지만 그렇지 못한 경우도 많습니다. 통장 시스템을 타이트하게 관리하다 보면 예측하지 못한 사고나 갑작스러운 목돈 지출이 발생할 때 통장 시스템이 붕괴될 수도 있습니다. 이때 예비 통장을 활용하면 기본 시스템을 망가뜨리지 않고 보호할 수 있습니다. 컴퓨터로 비유하면 일종의 버퍼 역할을 하는 셈입니다. 긴급 상황을 미리 대비한다는 측면에서도 꼭 필요한 통장이라고 할 수 있습니다.

- **막내 통장(투자) :** 무럭무럭 자라라는 의미에서 막내 통장이라고 이름 지었습니다. 이 책에서는 카카오뱅크 자유 적금 통장을 예로 들어 설명하지만, 투자 통장은 어디까지나 개인의 선택입니다. 적금이든 적립식 펀드든 본인이 원하는 상품에 가입하고 아빠 통장(수입 관리)에서 일정 기간마다 이체되도록 설정합니다.

자동으로 돈이 모이는 통장 시스템의 기본 원리

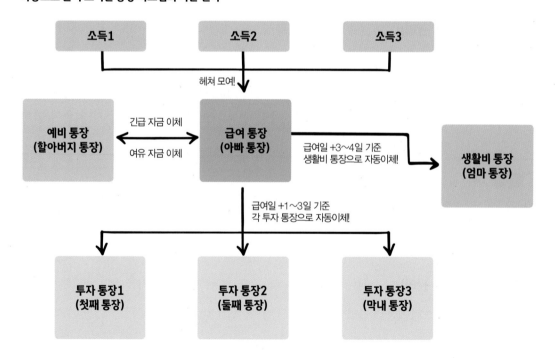

엑셀 재테크 사전 | 파킹 통장 비교하기

잠깐 목돈을 맡겨두는 용도로 활용하는 금융 상품 중에 파킹 통장이라는 것이 있습니다. 할아버지 통장이라고 이름 붙인 파킹 통장은 무엇일까요? 비상금이나 예비 자금 같은 것들을 일정 기간 보관해야 할 때가 있습니다. 한두 달 정도의 기간만 잠깐 보관하기 위해서 예금 상품에 가입하기도 애매합니다. 이때 잠깐 머무른다는 '주차(Parking)'의 의미를 사용해 일정 금액을 일정 기간(예금에 가입하기 애매한 기간)만 맡겨둘 수 있는 금융 상품을 통틀어 파킹 통장이라고 부릅니다.

구분		1금융권			2금융권		기타	
은행명		토스뱅크	카카오뱅크	케이뱅크	페퍼저축은행	대신저축은행	사이다뱅크	상상인저축은행
상품명		토스뱅크통장	세이프박스	플러스박스	페퍼룰루파킹통장	더드리고입출금통장	사이다뱅크입출금통장	뱅뱅뱅파킹통장369 정기예금
납입 방식		수시 입출금	수시 입출금	수시 입출금	수시 입출금	수시 입출금	수시 입출금	정기 예금
가입 한도		없음	1억 원	합산 최대 3억 원	2억 원	제한 없음	1억 원	10만 원 이상
부리 방식		일 단위	일 단위	일 단위	일 단위	일 단위	일 단위	월 복리
이자 지급일		3개월 단위	월 단위	월 단위	3개월 단위	월 단위	월 단위	만기 일시 지급
이자율	기본 금리	0.10%	1.10%	1.00%	0.50%	1.40%	1.20%	2.01%
	가산 금리	1.90%	0.00%	0.00%	1.50%	0.00%	0.00%	0.20%
	최대 금리	2.00%	1.10%	1.00%	2.00%	1.40%	1.20%	2.21%
우대 금리 조건		부수 거래 조건 없음		부수 거래 조건 없음	300만 원까지 2%, 300만 원 초과분 0.5% 적용	부수 거래 조건 없음	부수 거래 조건 없음	가입 기간에 따라 차등 금리
		잔고 1억 원까지 2%, 1억 원 초과분 0.1% 적용						해지 시 일 단위 금리 계산
기타		ATM/이체 수수료 면제	입출금 계좌와 연계(편한 관리)	1인 10계좌 개설 가능	ATM/이체 수수료(월 5회) 면제		ATM/이체 수수료 면제	분할 해지 가능(3회)
		만 17세 이상 가입 가능			GS25 편의점 ATM 수수료 면제		스마트 출금 기능	
		1인 1계좌						

▲ 각 은행별 발췌(2022년 3월 기준)

2단계 : 자동이체를 설정하자

'자동으로 돈이 모이는 통장 시스템'의 준비 단계는 끝났습니다. 중요한 단계는 지금부터입니다. 첫 번째로 할 일은 **투자용 지출 이체일 설정**입니다. 급여일을 기준으로 1~3일 간격을 두고 투자용 지출의 자동이체를 설정합니다. 일정한 날짜에 막내 통장으로 일정 금액이 이체될 수 있도록 합니다. 그런 다음 **고정 지출 이체일을 설정**합니다. 각종 공과금, 보험료, 관리비 등과 같은 항목입니다. 마찬가지로 급여일을 기준으로 1~2일 간격을 두고 자동이체를 설정합니다. 이렇게 하면 급여일을 기준으로 3일 정도면 적금과 같은 투자 지출과 공과금 등의 고정 지출이 모두 이체됩니다.

마지막으로 지출 통장, 이른바 **엄마 통장으로 일정액이 이체되도록 설정**합니다. 무작정 100만 원, 200만 원과 같은 식으로 이체하면 안 됩니다. 꼼꼼히 예산을 정한 후 이체해야 지출이 뒤죽박죽되는 실수를 줄일 수 있습니다. 예를 들어 한 달에 200만 원 정도를 변동 지출로 쓰는 사람이 갑자기 50만 원을 이체하면 어떻게 될까요? 적금을 해지해서 이체하거나 카드론을 받는 등의 경우가 발생할 수 있습니다. 지출 통장으로 처음 이체(입금)할 때는 현재 쓰는 지출 수준을 감안하여 금액을 정한 후 이체하는 것이 좋습니다. 그런 다음 매달 조금씩 지출 항목을 관리하면서 지출을 줄인다는 생각으로 이체합니다.

$TIP 현금 흐름표와 관련된 변동 지출 내역은 이 책의 054쪽을 참고하여 지출 수준을 확인해봅니다.

이렇게 아빠 통장에서 지출할 항목들이 모두 이체되면 남아 있는 잔액과 비정기적으로 들어오는 수입을 관리해야 합니다. 아빠 통장에 쌓이는 잔액을 그대로 두지 말고 그때그때 할아버지 통장(긴급 활용, 파킹 통장)으로 옮깁니다. 현금 흐름 관리가 잘 되면 할아버지 통장에 점점 돈이 쌓이는 것을 확인할 수 있습니다.

엑셀 재테크 사전 | **선택 설계로 현금 흐름 관리하기**

짧은 시일 안에 써야 할 금액을 제외하고는 아빠 통장의 잔액은 0원으로 만드는 것이 좋습니다. 목적이 있는 자금을 제외하고 아빠 통장의 잔액이 3개월치 소득을 넘어서면 추가로 투자 통장을 개설하는 것도 검토해봐야 합니다. 다시 말해 자동이체는 급여일을 기준으로 투자 지출, 고정 지출, 소비 지출순으로 이체하는 것이 핵심입니다. 이체 순서가 왜 중요하냐고 반박할 수도 있습니다. 예산이나 계획은 어디까지나 계획일 뿐이며 여러 가지 변수로 인해 약간의 오차가 발생하기 마련입니다. 결국 이 조정의 몫은 마지막에 남겨진 돈이 중요한 역할을 합니다. 따라서 예산 조정이 필요할 때 그 달의 저축액을 줄이느냐, 소비를 줄이느냐의 선택에서 '좀 더 나은 시스템을 통해 올바른 선택을 할 수 있도록 하겠다'는 의도로 이해하는 것이 좋습니다. 앞서 소개한 넛지 이론의 선택 설계의 요소를 집어넣어 활용하는 것입니다.

3단계 : 1~2개월 시운전을 해보자

시스템이 갖춰졌다면 일단 문제없이 돌아가는지, 혹시 돌아가면서 놓친 부분은 없는지, 추가로 발생하는 문제점은 없는지 테스트를 해봐야 합니다. 막상 실제로 시스템을 가동해보면 생각했던 것과 다른 결과가 발생할 수도 있고 미처 생각하지 못했던 문제점이 보일 수도 있기 때문입니다.

'자동으로 돈이 모이는 통장 시스템'을 완성하고 나면 특별히 신경 쓰지 않고 기계적으로 활용할 것입니다. 그러므로 처음 시작하는 한두 달 테스트 기간에는 시스템이 잘 돌아가는지, 문제는 없는지 면밀히 관찰해야 합니다. 시스템이 돌아가며 투자 지출, 고정 지출, 소비 지출, 파킹 통장순으로 자동이체가 끝난 후 아빠 통장(수입 통장)의 잔고가 다음 급여일까지 거의 제로가 되면 성공입니다.

이렇게 한 바퀴 돌고 나면 급여일부터 한 달간 모든 고정 지출이 자동으로 납부되고 생활비도

엑셀 개산기

재테크 원리

셀프 재무 분석

주식 투자

부동산

연말정산

노테와 노후

자동으로 소비 통장에 입금되므로 매일 통장을 확인할 필요도 없습니다. 한 달에 한두 번 통장의 자동화 시스템이 고장 없이 잘 돌아가고 있는지만 체크하면 됩니다.

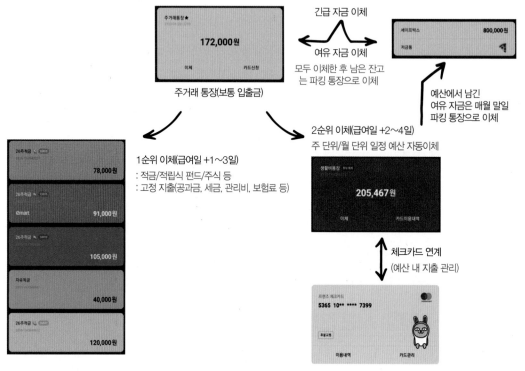

▲ 카카오뱅크를 활용한 통장 시스템 실천 사이클

4단계 : 체크카드로 선순환 사이클을 만들자

마지막으로 한 가지 할 일이 남았습니다. 바로 체크카드를 활용하는 것입니다. 지출 통장과 체크카드를 연동하여 개설합니다. 실물 카드를 넘어 간편 결제가 일상화된 요즘은 현금을 들고 다니는 사람들이 거의 없습니다. 이때 가장 조심해야 할 것이 신용카드의 남발입니다. 무분별한 신용카드 사용은 부자로 가는 시스템을 망가뜨리는 불안 요소입니다. '난 잘 관리할 수 있는데?'라고 호언장담하는 사람도 있지만 필자가 항상 이야기하는 것이 있습니다. **지출은 개인의 의지가 아니라 시스템으로 관리**하는 게 훨씬 효율적이라는 점입니다. 지름신과 매 순간 맞붙을 필요 없이 지름신과 만나지 않는 것이 훨씬 유리합니다.

신용카드가 소비 생활에 있어 가장 위험한 이유는 후불제라는 지불 방식입니다. 사용한 만큼 빚을 지느냐, 있는 돈 안에서 쓰느냐는 여러분이 생각하는 것보다 어마어마하게 큰 차이로 나타납니다. 직접 실천해보면 뼈저리게 느낄 수 있습니다. 재테크를 시작하는 왕초보가 돈의 속박에서 벗어나려면 악순환의 고리부터 과감히 끊어내는 용기가 필요합니다.

▲ 카카오뱅크 프렌즈 체크카드(출처 : https://www.kakaobank.com)

요즘 출시되는 체크카드는 간편 결제를 지원하고 할인 혜택도 많습니다. 특히 사용 혜택이 신용카드만큼 좋아져서 잘만 활용하면 지출 관리에 효과적입니다. 가끔 특정 혜택을 얻기 위해 불필요한 신용카드를 사용해야 할 수도 있습니다. 이때는 해당 신용카드를 별도로 관리하며, 자신이 감당할 수 있는 큰 금액의 지출 위주로 사용하는 것이 좋습니다.

4단계까지 마치면 기본적인 설정이 끝났습니다. 소비를 결정하는 배경을 만들어주는 것이 '선택 설계'입니다. 별다른 고민을 하거나 신경 쓰지 않아도 자연적으로 돈이 모이는 시스템을 만들어주면 됩니다. 이제부터 할 일은 돈이 모이는 시스템이 잘 돌아가는지, 고장 난 곳은 없는지 지켜보는 일뿐입니다. 시스템이 문제없이 돌아간다면 여러분은 어느새 부자의 삶을 살고 있을 것입니다.

SECTION 06

26주 풍차 돌리기 적금

자동으로 돈이 모이는 통장 시스템을 구축했다면 이제는 목돈을 만들어볼 차례입니다. 스마트폰만 있으면 누구나 가입할 수 있는 금융 상품을 이용해 소액으로 목돈을 만들 수 있는 재미있는 방법을 소개하겠습니다.

카카오뱅크 자유 적금+26주적금

카카오뱅크 자유 적금과 26주적금 상품을 활용해 단돈 1,000원으로 시작해서 1년 만에 1,000만 원을 모을 수 있는 시스템을 만들어보겠습니다. 조금만 부지런하면 지속적으로 목돈을 모을 수 있습니다. 카카오뱅크에 계좌가 있다면 재미있는 금융 상품을 찾아볼 수 있습니다. 그중에서도 목돈 만들기에 적합한 자유 적금 상품을 활용해보겠습니다.

▲ 카카오뱅크 자유 적금, 26주적금(출처 : 카카오뱅크 앱)

자유 적금

대부분의 사람이 목돈을 모으려고 할 때 가장 많이 활용하는 상품이 '적금'입니다. 하지만 매달 일정 금액을 필수로 납부해야 하는 적금 납입이 부담스러워 선뜻 시작하기 어려운 경우도 많습니다. 카카오뱅크 자유 적금은 가입 기간, 납입 금액, 납입 주기 등을 자유롭게 선택할 수 있습니다. 가입 기간은 최소 6개월부터 선택할 수 있고 납입 금액도 1,000원부터 월 300만 원 한도까지 상황에 맞게 납입할 수 있습니다. 납입 주기도 매일, 매주, 매월 단위로 자신이 원하는 대로 선택할 수 있는 것이 장점입니다.

엑셀 개산기

재테크 원리

셀프 재무 분석

주식 투자

부동산

암호화산

은퇴와 노후

26주적금

26주적금은 자유 적금의 변형으로, 가입 기간은 말 그대로 26주(6개월)로 짧은 편입니다. 납입 금액은 처음에 가입한 금액만큼 매주 증액되어 돈이 쌓이는 것이 가장 큰 특징입니다. 예를 들어 처음 1,000원을 가입했다면 1주에는 1,000원이 저축되고, 2주에는 2,000원, 3주에는 3,000원… 26주 차가 되면 2만 6,000원이 납입되는 형태입니다. 단, 중간에 납입 금액을 바꿀 수는 없습니다.

$ TIP 카카오뱅크 자유 적금과 26주적금을 활용한 시스템은 필자가 직접 도전해서 성공한 방법이기도 합니다. 이 두 적금을 활용하면 신경 쓰지 않아도 스스로 돈이 모이는 경험을 하게 될 것입니다.

엑셀로 26주 풍차 돌리기 적금 플랜 만들기

카카오뱅크 적금을 활용해 목돈 만들기에 도전해보겠습니다. 26주적금은 1,000원으로 시작하여 '26주+26주' 기간 동안 납입 금액을 증액하는 방식입니다. 26주적금 계산기 실습 파일의 각 셀에는 수식이 적용되어 있습니다.

[엑셀 파일 미리 보기]

실습 파일 2장\26주적금 계산기.xlsx

■ 카카오뱅크 26주적금으로 목돈 만들기

구분	적금1	적금2	적금3	적금23	적금24	적금25	적금26	총 납입액
납입 금액	1,000	1,000	1,000	1,000	1,000	2,000	3,000	
1주	1,000							1,000
2주	2,000	1,000						3,000
3주	3,000	2,000	1,000					6,000
4주	4,000	3,000	2,000					10,000
5주	5,000	4,000	3,000					15,000
6주	6,000	5,000	4,000					21,000
7주	7,000	6,000	5,000					28,000
8주	8,000	7,000	6,000					36,000
9주	9,000	8,000	7,000					45,000
10주	10,000	9,000	8,000					55,000
11주	11,000	10,000	9,000					66,000
12주	12,000	11,000	10,000					78,000
13주	13,000	12,000	11,000					91,000
14주	14,000	13,000	12,000					105,000
15주	15,000	14,000	13,000					120,000
16주	16,000	15,000	14,000					136,000
17주	17,000	16,000	15,000					153,000
18주	18,000	17,000	16,000					171,000

> 26주 동안 적금 26개를 돌리되, 마지막 25~26주 차는 납입 금액을 2,000원, 3,000원으로 설정합니다.

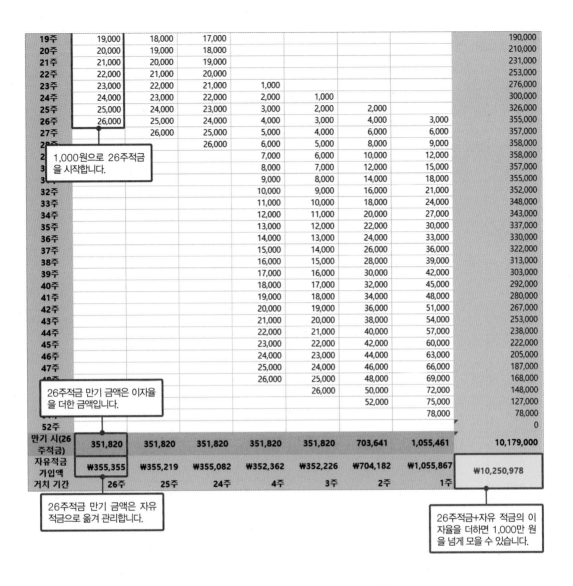

주								합계
19주	19,000	18,000	17,000					190,000
20주	20,000	19,000	18,000					210,000
21주	21,000	20,000	19,000					231,000
22주	22,000	21,000	20,000					253,000
23주	23,000	22,000	21,000	1,000				276,000
24주	24,000	23,000	22,000	2,000	1,000			300,000
25주	25,000	24,000	23,000	3,000	2,000	2,000		326,000
26주	26,000	25,000	24,000	4,000	3,000	4,000	3,000	355,000
27주		26,000	25,000	5,000	4,000	6,000	6,000	357,000
28주			26,000	6,000	5,000	8,000	9,000	358,000
29주				7,000	6,000	10,000	12,000	358,000
30주				8,000	7,000	12,000	15,000	357,000
31주				9,000	8,000	14,000	18,000	355,000
32주				10,000	9,000	16,000	21,000	352,000
33주				11,000	10,000	18,000	24,000	348,000
34주				12,000	11,000	20,000	27,000	343,000
35주				13,000	12,000	22,000	30,000	337,000
36주				14,000	13,000	24,000	33,000	330,000
37주				15,000	14,000	26,000	36,000	322,000
38주				16,000	15,000	28,000	39,000	313,000
39주				17,000	16,000	30,000	42,000	303,000
40주				18,000	17,000	32,000	45,000	292,000
41주				19,000	18,000	34,000	48,000	280,000
42주				20,000	19,000	36,000	51,000	267,000
43주				21,000	20,000	38,000	54,000	253,000
44주				22,000	21,000	40,000	57,000	238,000
45주				23,000	22,000	42,000	60,000	222,000
46주				24,000	23,000	44,000	63,000	205,000
47주				25,000	24,000	46,000	66,000	187,000
48주				26,000	25,000	48,000	69,000	168,000
49주					26,000	50,000	72,000	148,000
50주						52,000	75,000	127,000
51주							78,000	78,000
52주								0
만기 시(26주적금)	351,820	351,820	351,820	351,820	351,820	703,641	1,055,461	10,179,000
자유적금 가입액	₩355,355	₩355,219	₩355,082	₩352,362	₩352,226	₩704,182	₩1,055,867	₩10,250,978
거치 기간	26주	25주	24주	4주	3주	2주	1주	

1,000원으로 26주적금을 시작합니다.

26주적금 만기 금액은 이자율을 더한 금액입니다.

26주적금 만기 금액은 자유적금으로 옮겨 관리합니다.

26주적금+자유 적금의 이자율을 더하면 1,000만 원을 넘게 모을 수 있습니다.

납입 금액은 본인의 재정 상태에 맞춰 수정할 수 있습니다. 여기서는 1,000원으로 시작해 목돈을 만드는 계산기 사용법을 자세히 알아보겠습니다.

엑셀 계산기

재테크 원리

셀프 재무 분석

주식 투자

부동산

연말정산

원리와 노후

01 ❶ 26주적금을 활용할 예정이므로 [납입 금액] 입력 셀에 **1000**을 입력합니다. ❷ 앞으로 26주간 매월 납입할 금액이 자동으로 채워집니다.

구분	적금1	
납입 금액	1,000	❶ 입력
1주	1,000	
2주	2,000	
3주	3,000	
4주	4,000	
5주	5,000	
6주	6,000	
7주	7,000	
8주	8,000	
9주	9,000	
10주	10,000	❷
11주	11,000	
12주	12,000	
13주	13,000	
14주	14,000	
15주	15,000	
16주	16,000	
17주	17,000	
18주	18,000	
19주	19,000	
20주	20,000	
21주	21,000	
22주	22,000	
23주	23,000	
24주	24,000	
25주	25,000	
26주	26,000	

$ TIP 실습 파일의 '1주'부터 '26주'까지 입력 셀에는 수식이 적용되어 있습니다. [1주] 입력 셀에는 납입 금액 값이 적용되었고, [2주] 입력 셀에는 납입 금액+1주 값이, [3주] 입력 셀에는 납입 금액+2주 값이 적용되어 있습니다. 이때 납입 금액은 절대 참조($)로 적용됩니다.

카카오뱅크 26주적금 납입 금액은 1,000원, 2,000원, 3,000원, 5,000원, 1만 원 중 하나를 선택할 수 있습니다. 예를 들어 '1,000원'을 가입하면 26주 동안 매주 1,000원씩 증액되어 마지막 주에는 2만 6,000원을 납입해야 합니다.

02 26주 납입을 끝내면 총 납입액은 35만 1,000원이지만 0.23% 이자를 감안하여 만기 때 받을 수 있는 돈은 총 35만 1,820원이 됩니다. 납입 기간이 짧고 초기 납입 원금이 크지 않아서 이자 효과는 미비합니다.

구분	적금1
납입 금액	1,000
1주	1,000
2주	2,000
3주	3,000
4주	4,000
5주	5,000
6주	6,000
7주	7,000
8주	8,000
9주	9,000
10주	10,000
11주	11,000
12주	12,000
13주	13,000
14주	14,000
15주	15,000
16주	16,000
17주	17,000
18주	18,000
19주	19,000
20주	20,000
21주	21,000
22주	22,000
23주	23,000
24주	24,000
25주	25,000
26주	26,000
만기 시(26주적금)	351,820
자유적금 가입액	₩355,355
거치 기간	26주

전체 플랜이 1년(26주+26주)이므로 처음에 가입한 26주적금의 만기 금액을 그대로 놔두면 6개월간 방치됩니다. **만기가 돌아온 26주적금은 자유 적금으로 추가 납입하여 남은 기간 동안 부리되도록 합니다.** 26주적금+자유 적금(26주 거치)이 만기되면 1년 후 돌려받는 총액은 **35만 5,355원**이 됩니다.

만기 시(26주적금)	351,820
자유적금 가입액	₩355,355
거치 기간	26주

💰 **TIP** 자유 적금 가입액은 미래 가치 함수(=FV(이율/거치 기간, 거치 기간, 거치 금액,1))를 적용해 계산합니다. 정확한 계산식은 실습 파일(2장\26주적금 계산기.xlsx)의 [자유 적금 가입액] 입력 셀을 클릭해 확인합니다.

엑셀 계산기

재테크 원리

스마트 재무 분석

주식 투자

부동산

연말정산

은퇴와 노후

적금2~26 시작하기

다시 처음으로 돌아가서 적금1을 시작한 다음 주(2주 차)에 26주적금을 하나 더 가입합니다. 납입 금액은 동일하게 1,000원으로 시작합니다. 말 그대로 '카카오 26주 풍차 돌리기 적금'입니다. 이런 방식으로 3주, 4주, 5주~24주 차마다 1,000원으로 시작하는 26주적금을 추가로 가입합니다. 실습 파일 오른쪽 열(총 납입액)에 매주 총 얼마를 납입해야 하는지를 알 수 있습니다. 참고로 적금25, 적금26의 최초 납입 금액은 각각 2,000원, 3,000원입니다. 최종 목표한 1,000만 원을 달성하기 위해 현금 흐름이 개선되는 후반기에 추가 납입이 필요하기 때문입니다.

■ 카카오뱅크 26주적금으로 목돈 만들기

구분	적금1	적금2	적금3	적금4	적금5	적금6	적금23	적금24	적금25	적금26	총 납입액
납입 금액	1,000	1,000	1,000	1,000	1,000	1,000	1,000	1,000	2,000	3,000	
1주	1,000										1,000
2주	2,000	1,000									3,000
3주	3,000	2,000	1,000								6,000
4주	4,000	3,000	2,000	1,000							10,000
5주	5,000	4,000	3,000	2,000	1,000						15,000
6주	6,000	5,000	4,000	3,000	2,000	1,000					21,000
7주	7,000	6,000	5,000	4,000	3,000	2,000					28,000
8주	8,000	7,000	6,000	5,000	4,000	3,000					36,000
9주	9,000	8,000	7,000	6,000	5,000	4,000					45,000
10주	10,000	9,000	8,000	7,000	6,000	5,000					55,000
11주	11,000	10,000	9,000	8,000	7,000	6,000					66,000
12주	12,000	11,000	10,000	9,000	8,000	7,000					78,000
13주	13,000	12,000	11,000	10,000	9,000	8,000					91,000
14주	14,000	13,000	12,000	11,000	10,000	9,000					105,000
15주	15,000	14,000	13,000	12,000	11,000	10,000					120,000
16주	16,000	15,000	14,000	13,000	12,000	11,000					136,000
17주	17,000	16,000	15,000	14,000	13,000	12,000					153,000
18주	18,000	17,000	16,000	15,000	14,000	13,000					171,000
19주	19,000	18,000	17,000	16,000	15,000	14,000					190,000
20주	20,000	19,000	18,000	17,000	16,000	15,000					210,000
21주	21,000	20,000	19,000	18,000	17,000	16,000					231,000
22주	22,000	21,000	20,000	19,000	18,000	17,000					253,000
23주	23,000	22,000	21,000	20,000	19,000	18,000	1,000				276,000
24주	24,000	23,000	22,000	21,000	20,000	19,000	2,000	1,000			300,000
25주	25,000	24,000	23,000	22,000	21,000	20,000	3,000	2,000	2,000		326,000
26주	26,000	25,000	24,000	23,000	22,000	21,000	4,000	3,000	4,000	3,000	355,000
27주		26,000	25,000	24,000	23,000	22,000	5,000	4,000	6,000	6,000	357,000
28주			26,000	25,000	24,000	23,000	6,000	5,000	8,000	9,000	358,000
29주				26,000	25,000	24,000	7,000	6,000	10,000	12,000	358,000
30주					26,000	25,000	8,000	7,000	12,000	15,000	357,000
31주						26,000	9,000	8,000	14,000	18,000	355,000
32주							10,000	9,000	16,000	21,000	352,000
33주							11,000	10,000	18,000	24,000	348,000
34주							12,000	11,000	20,000	27,000	343,000
35주							13,000	12,000	22,000	30,000	337,000
36주							14,000	13,000	24,000	33,000	330,000
37주							15,000	14,000	26,000	36,000	322,000
38주							16,000	15,000	28,000	39,000	313,000
39주							17,000	16,000	30,000	42,000	303,000
40주							18,000	17,000	32,000	45,000	292,000
41주							19,000	18,000	34,000	48,000	280,000
42주							20,000	19,000	36,000	51,000	267,000
43주							21,000	20,000	38,000	54,000	253,000
44주							22,000	21,000	40,000	57,000	238,000
45주							23,000	22,000	42,000	60,000	222,000
46주							24,000	23,000	44,000	63,000	205,000
47주							25,000	24,000	46,000	66,000	187,000
48주							26,000	25,000	48,000	69,000	168,000
49주								26,000	50,000	72,000	148,000
50주									52,000	75,000	127,000
51주										78,000	78,000
52주											0

1,000원 적금이 큰 금액은 아니지만 주 차를 거듭할수록 총 납입액이 점점 늘어나는 것을 확인할 수 있습니다. 풍차 돌리기 적금의 특성상 초반에는 가벼운 마음으로 목돈 모으기를 시작할 수 있습니다. 하지만 본격적인 궤도에 오를수록 고비가 찾아옵니다. 이를 위해 **풍차 돌리기 적금을 시작하기 전에 여윳돈을 파킹 통장에 미리 넣어두면 목돈이 나가는 시점을 무사히 넘기는 데 도움**이 됩니다. 초반에 목돈이 들어가지 않는다고 방심하게 되면 중간 시점부터는 위기가 찾아올 수 있습니다. 이때가 풍차 돌리기 적금 시스템에 실패할 확률이 매우 높아지는 시기임을 알아두어야 합니다.

 엑셀 재테크 사전 | 한눈에 이해하는 26주 풍차 돌리기 적금 플랜

01 카카오뱅크 앱을 설치하고 회원 가입합니다.

02 카카오뱅크 자유 입출금 통장을 개설합니다.

03 일반 입출금 통장은 이율이 거의 없습니다. 자유 입출금 통장에 일정액 이상의 여유 자금을 넣어두는 것은 비효율적이므로 이왕이면 '세이프박스(여유 자금 파킹 통장)'를 개설해서 일정액 이상의 여유 자금을 넣어두면 좋습니다. 하루만 맡겨도 연 1.10%(세전) 금리가 적용됩니다.

04 1주 차에 26주적금과 자유 적금 통장을 1개씩 개설합니다. 자유 적금 통장 가입 시 저축 방식은 **자유적립식**, 최저 납입액은 **월 10만 원**, 만기는 **1년**으로 합니다.

05 매주 1개씩 26주적금을 추가 가입합니다. 처음부터 무리하지 않게 1,000원씩 가입하는 것을 추천합니다. 소액으로 목돈을 마련하는 습관을 들이는 것이 중요하기 때문입니다.

06 27주 차가 되었다면 적금1(26주적금)의 만기가 돌아올 것입니다. 만기 금액을 그대로 두면 이자가 쌓이지 않습니다. 04 단계에서 미리 가입해둔 자유 적금 통장으로 이체합니다. 그렇게 하면 목돈이 그대로 만기까지 부리됩니다.

07 05~06 단계를 제대로 수행하고 있는지 챙기면서 지출 관리를 병행합니다.

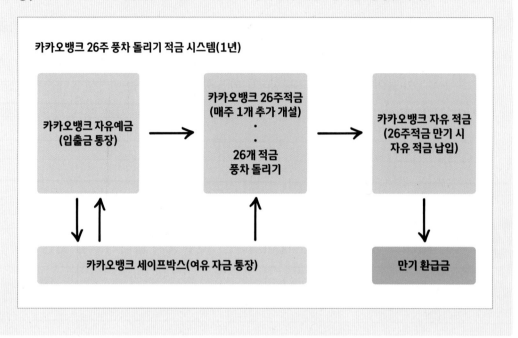

이렇게 1년(52주)이 지나면 약 1,000만 원이 통장에 들어와 있는 것을 확인할 수 있습니다. 사실 재테크를 시작하는 초보자가 목돈 모으기에 실패하는 가장 큰 이유는 습관의 문제입니다. 대부분 돈이 없어서 저축을 못하고 투자를 못한다고 생각하는데, 사실은 핑계인 경우가 많습니다. 26주적금 풍차 돌리기 플랜을 활용하면 적은 돈으로도 목돈을 마련할 수 있고, 크게 신경 쓰지 않고도 자동으로 돈이 모이는 경험을 할 수 있을 것입니다.

■ 카카오뱅크 26주적금으로 목돈 만들기

구분	적금1	적금2	적금3	적금4	적금5	적금6	적금23	적금24	적금25	적금26	총 납입액
납입 금액	1,000	1,000	1,000	1,000	1,000	1,000	1,000	1,000	2,000	3,000	
1주	1,000										1,000
2주	2,000	1,000									3,000
3주	3,000	2,000	1,000								6,000
4주	4,000	3,000	2,000	1,000							10,000
5주	5,000	4,000	3,000	2,000	1,000						15,000
6주	6,000	5,000	4,000	3,000	2,000	1,000					21,000
7주	7,000	6,000	5,000	4,000	3,000	2,000					28,000
8주	8,000	7,000	6,000	5,000	4,000	3,000					36,000
9주	9,000	8,000	7,000	6,000	5,000	4,000					45,000
10주	10,000	9,000	8,000	7,000	6,000	5,000					55,000

■ 카카오뱅크 26주적금으로 목돈 만들기

구분	적금1	적금2	적금3	적금4	적금5	적금6	적금23	적금24	적금25	적금26	총 납입액
납입 금액	1,000	1,000	1,000	1,000	1,000	1,000	1,000	1,000	2,000	3,000	
11주	11,000	10,000	9,000	8,000	7,000	6,000					66,000
12주	12,000	11,000	10,000	9,000	8,000	7,000					78,000
13주	13,000	12,000	11,000	10,000	9,000	8,000					91,000
14주	14,000	13,000	12,000	11,000	10,000	9,000					105,000
15주	15,000	14,000	13,000	12,000	11,000	10,000					120,000
16주	16,000	15,000	14,000	13,000	12,000	11,000					136,000
17주	17,000	16,000	15,000	14,000	13,000	12,000					153,000
18주	18,000	17,000	16,000	15,000	14,000	13,000					171,000
19주	19,000	18,000	17,000	16,000	15,000	14,000					190,000
20주	20,000	19,000	18,000	17,000	16,000	15,000					210,000
40주							18,000	17,000	32,000	45,000	292,000
41주							19,000	18,000	34,000	48,000	280,000
42주							20,000	19,000	36,000	51,000	267,000
43주							21,000	20,000	38,000	54,000	253,000
44주							22,000	21,000	40,000	57,000	238,000
45주							23,000	22,000	42,000	60,000	222,000
46주							24,000	23,000	44,000	63,000	205,000
47주							25,000	24,000	46,000	66,000	187,000
48주							26,000	25,000	48,000	69,000	168,000
49주								26,000	50,000	72,000	148,000
50주									52,000	75,000	127,000
51주										78,000	78,000
52주											0
만기 시 (26주적금)	351,820	351,820	351,820	351,820	351,820	351,820	351,820	351,820	703,641	1,055,461	10,179,000
자유적금 가입액	₩355,355	₩355,219	₩355,082	₩354,946	₩354,809	₩354,673	₩352,362	₩352,226	₩704,182	₩1,055,867	₩10,250,978
거치 기간	26주	25주	24주	23주	22주	21주	4주	3주	2주	1주	

 TIP 책 판면의 이유로 적금7~적금22, 21주~39주까지는 셀을 숨겼습니다. 해당 계산기는 실습 파일에서 그대로 확인할 수 있습니다.

X 엑셀 재테크 사전 │ 특판 예적금 비교하기

초저금리 기조에 따른 이자율 하락으로 적금 상품에 대한 인기가 예전 같지는 않습니다. 하지만 목돈을 모을 수 있는 대표 상품으로는 여전히 예적금이 대세입니다. 저금리 시대이지만 손품과 발품을 팔면 꽤 높은 이자율을 제공하는 상품을 찾을 수도 있습니다. 목돈 모으기에 도움이 되는 특판 예적금 상품을 간단히 소개해보겠습니다.

실습 파일 2장\특판 예적금.xlsx

특판 예금

■ 특판 예금 비교하기(2022. 03 기준)

구분		1금융권		
은행명		대구은행	카카오뱅크	케이뱅크
상품명		DGB주거래우대예금	카카오정기예금	코드K정기예금
계좌 개설 수		거치식	거치식	거치식
납입 방식		6~36개월	1~36개월	1~36개월
가입 기간		복리식	복리식	복리식
납입 금액		최저 100만 원	최저 100만 원	최저 1만 원
이자율	기본 금리	1.91%	2.00%	2.50%
	가산 금리	0.65%	0.00%	0.00%
	최대 금리	2.56%	2.00%	2.50%
우대 금리 조건		예금 최초 가입 고객 0.2% / 체크카드 신규 발급 0.2% / 모바일 뱅킹 가입 0.2%	부수 거래 조건 없음	부수 거래 조건 없음
기타		다소 복잡한 우대금리 조건 단점	해지 없이 중도 인출 2회 가능 / 만기 자동 연장 5회 가능	해지 없이 중도 인출 2회 가능

■ 만기 시뮬레이션

월 납입액	50,000,000	20,000,000	30,000,000
만기 시 예상 금액	₩51,280,000	₩20,400,000	₩30,750,000

특판 적금

■ 특판 적금 비교하기(2022. 03 기준)

구분		1금융권				
은행명		전북은행	신한은행	카카오뱅크	케이뱅크	케이뱅크
상품명		JB카드재테크적금	신한 안녕, 반가워 적금	26주적금	코드K자유적금	챌린지적금
계좌 개설 수		1인 1계좌	1인 1계좌	계좌 수 제한 없음	계좌 수 제한 없음	계좌 수 제한 없음
납입 방식		정액 적립식	정액 적립식	증액 적립식	자유 적립식	정액 적립식
가입 기간		12개월	12개월	26주(6개월)	1년~3년	30~200일
납입 금액		최대 50만 원	최대 50만 원	최대 1만 원(매주 가입 금액씩 증액)	최대 30만 원	목표 금액/기간에 따라 자동 설정
이자율	기본 금리	1.50%	1.40%	2.00%	2.40%	1.50%
	가산 금리	4.50%	3.00%	0.50%	0.00%	1.00%
	최대 금리	6.00%	4.40%	2.50%	2.40%	2.50%
우대 금리 조건		마케팅 동의 시 0.2% / JB신규 가입 우대 0.3% / JB카드 실적에 따라 최대 4.0% / (카드 최저 5백만 원 이상 사용)	4가지 조건 중 / 1개 달성시 2.0% / 2개 이상 달성시 3.0% / *신한은행 홈페이지 참조	26주 도전 성공 시 +0.5%	부조거래조건 없음	챌린지 성공 시 1.0%
기타		모바일 전용 상품	모바일 전용 상품		부분 중도 인출 가능(첫 회 납입 제외)	모바일 전용 상품

■ 만기 시뮬레이션

월 납입액	500,000	500,000	10,000(매주 납입/매주 증액)	300,000	247,148
만기 시 예상 금액	₩6,198,620	₩6,144,940	₩3,518,200	₩3,647,145	₩3,000,000
기타 혜택	-	-	-	-	16,114P

예금과 적금은 원금과 이자율이 다르므로 만기 예상액도 다릅니다. 다음 표를 참고하면 적금과 예금의 저축 기간과 저축액(원금), 이자율은 같으나 적금과 예금의 계산법이 다르므로 만기 예상액이 다르게 산출되는 것을 확인할 수 있습니다.

구분	적금	예금
기간	1년	1년
저축액(원금)	1,200만 원(월 100만 원)	1,200만 원
이자율	5.0%	5.0%
만기 예상액(세전)	**1,233만 원**	**1,261만 원**

▲ 적금과 예금 비교

구분	적금의 계산법	예금의 계산법
1회 차	원금×12개월×이자율	
2회 차	원금×11개월×이자율	
3회 차	원금×10개월×이자율	
4회 차	원금×9개월×이자율	
5회 차	원금×8개월×이자율	
6회 차	원금×7개월×이자율	원금×12개월×이자율
7회 차	원금×6개월×이자율	
8회 차	원금×5개월×이자율	
9회 차	원금×4개월×이자율	
10회 차	원금×3개월×이자율	
11회 차	원금×2개월×이자율	
12회 차	원금×1개월×이자율	
계	**합산한 이자율**	**이자율이 100% 부리**

▲ 적금과 예금 계산법

$ TIP 특판 예적금 소개는 실습 파일의 [특판 예금], [특판 적금] 탭에서 확인할 수 있습니다. 금리에 따라 만기 시뮬레이션이 다르고, 금리에 따라 이자율도 쉽게 변동됩니다. 최신 데이터를 확인하려면 저자 블로그(Samariain. com)를 확인합니다.

엑셀 계산기

재테크 원리

셀프 재무 분석

주식 투자

부동산

연말정산

은퇴와 노후

나만의 대출
계산기 만들기

재테크라고 하면 대부분 돈을 모으고 불리는 것으로만 인식하는 경우가 많습니다. 예금과 적금부터 펀드, 주식까지 돈을 불리는 데는 나름 많은 정보가 있지만 대출 지식은 상대적으로 부족합니다. 그래서 예금과 적금을 가입할 때는 꼼꼼하게 찾아보고 비교하지만 대출을 받을 때는 은행이 시키는 대로 따르기 일쑤입니다. 이번에는 안정성을 고려한 적정한 대출을 알아보기 위해 엑셀 함수를 활용한 대출 계산기를 활용해보겠습니다.

무리한 대출은 금물

웬만하면 대출을 받지 않는 것이 좋습니다. 만약 대출이 있다면 빨리 갚는 것이 재테크의 기본입니다. 대출이 있으면 대출 상환으로 인해 현금 흐름이 마이너스가 되기 쉽습니다. 현금 흐름이 악화되면 돈을 모으고 불리는 계획이 틀어집니다. 그렇다고 대출을 무조건 나쁜 것으로만 여기는 것은 곤란합니다.

일반적으로 대출은 재테크에 악영향을 끼칩니다. 하지만 대출을 적절히 활용하면 투자의 효율을 높이는 데 가장 유용한 방법이 되기도 합니다. 큰 비용이 드는 주택 구입 시에는 대출을 적절하게 활용하는 것이 좋습니다. 피치 못할 사정이 생겨 대출을 통해 부족 자금을 충당해야 하는 경우도 있습니다. 어차피 받을 대출이라면 가장 유리한 대출 플랜을 세우는 것이 현명합니다.

자신이 감당할 수 있는 크기의 적정한 대출

대출로 발생하는 문제는 그 사례를 일일이 열거하기 어려울 정도로 무수히 많습니다. 문제가 발생하는 이유를 살펴보면 대출 자체가 아니라 '빚'을 제대로 관리하지 못해 생기는 경우가 훨씬 많습니다.

가장 대표적인 경우가 자신이 감당할 수 없는 빚을 지는 경우입니다. 주택을 구입할 때 무리해서 대출을 받았지만 집값은 기대만큼 오르지 않고 대출 금리만 오른다면 근심은 깊어질 수밖에 없습니다. 이 같은 문제를 근본적으로 해결하기 위해서는 대출금 규모를 자신이 통제할 수 있는 수준 내로 조정해야 합니다.

안정성을 고려한 적정한 대출 규모는 자신의 소득이나 처한 상황에 따라 다릅니다. 일반적으로 **총부채 규모는 총자산의 40%를 넘지 않는 것**이 좋습니다. 총 대출 규모만큼 중요한 것이 매월 상환하는 대출 원리금의 규모입니다. 대출 상환액이 소득의 일정 수준을 넘어서면 현금 흐름에 문제가 발생할 확률이 급격히 높아집니다. 따라서 대출은 자신이 감당할 수 있는 규모로 계획해야 합니다.

💰 TIP   빚 관리하기

보통 빚이라고 하면 대출금 정도를 떠올립니다. 대출금이 없으면 빚이 전혀 없다고 착각합니다. 하지만 빚은 여러 형태로 존재합니다. 가장 대표적인 것이 신용카드입니다. 신용카드는 기본적으로 외상 거래이고 내가 사용한 금액은 언젠가는 갚아야 할 빚입니다. 자동차 할부나 무이자 할부 같은 것도 대표적인 빚의 한 종류입니다. 당장은 눈에 띄지 않지만 반드시 갚아야 하는 돈입니다. 따라서 빚을 관리하는 것만으로도 재테크의 절반은 성공한 셈입니다.

엑셀 계산기

재테크 원리

셀프 재무 분석

주식 투자

부동산

연말정산

은퇴와 노후

대출 종류 이해하기

엑셀로 대출 계산기를 만들기 전에 대출의 종류에 대해 간단히 알아보겠습니다. 대출은 상환 방식에 따라 크게 세 가지 형태로 구분합니다. 거치형, 이른바 **만기일시 상환 방식**과 분할해서 상환하는 분할 상환 방식이 있습니다. 이 중에서 분할 상환 방식은 다시 매월 동일한 원금을 갚아나가는 **원금균등 분할 상환 방식**과 매월 이자와 원금을 합쳐 동일한 금액을 갚아나가는 **원리금균등 분할 상환 방식**으로 구분합니다.

- **만기일시 상환 방식 :** 이자만 납입하다가 만기 시 원금을 일시에 상환하는 방식입니다. 매월 납입액에 대한 부담이 가장 적지만 만기 시 일시에 원금을 상환해야 하므로 상환 일정을 잘 계획해야 합니다. 상환 방식 중 부담해야 할 이자 총액이 가장 크다는 단점이 있습니다.

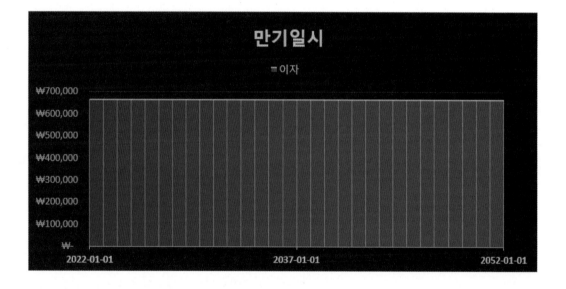

- **원금균등 분할 상환 방식 :** 만기까지 매월 일정한 원금을 상환하고 이자는 잔여 원금에 대하여 납입하는 상환 방식입니다. 초기에는 원리금 상환 부담이 있지만 기간이 지날수록 원금이 줄어 이자 부담이 줄어드는 효과가 있습니다. 원리금균등 분할 상환 방식에 비해 납입하는 이자의 총액이 적다는 장점도 있습니다.

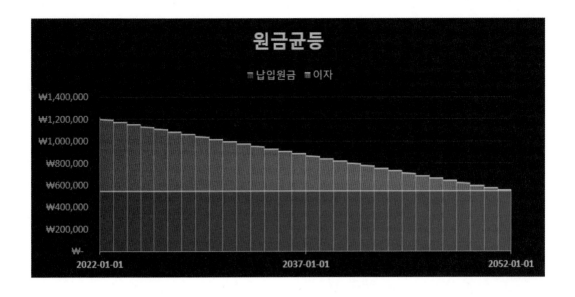

- **원리금균등 분할 상환 방식 :** 원금과 이자를 만기까지 일정한 금액으로 상환하는 방식입니다. 매월 동일한 금액을 상환하기 때문에 예산 관리가 쉽습니다.

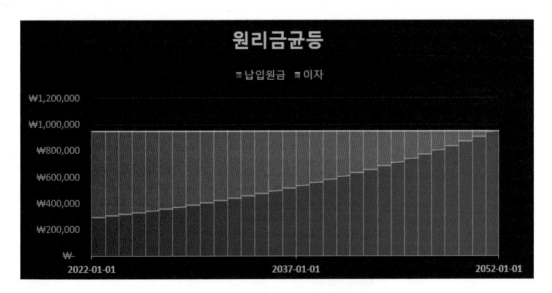

매월 납입하는 금액은 상환 방식에 따라 달라집니다. 납입 초기에는 원금균등 분할 상환 방식의 납입액이 가장 높고 원리금균등 분할 상환 방식, 만기일시 상환 방식순으로 납입금이 낮아집니다. 반대로 상환 만기가 가까워지면 초기 원금을 많이 상환하여 잔액이 얼마 남지 않은 원금균등 상환 방식의 납입액이 가장 적고, 만기일시 상환 방식의 납입액이 가장 높아집니다. 세

가지 상환 방식 중 어느 것이 좋고 나쁘다는 기준은 없습니다. 자신의 재무 상황과 앞으로의 현금 흐름을 예측해 대출 상환 방식을 결정하는 것이 좋습니다.

나만의 대출 계산기 만들기

대출 종류에 따른 대출 계산기를 만들어보겠습니다. 대출금은 동일하게 1억 원, 이자율은 연 3%, 상환 기간은 30년으로 가정했습니다.

실습 파일 2장\대출 계산기.xlsx

STEP 01 만기일시 상환 대출 계산기

만기일시 상환 방식의 대출은 가입 기간 동안 원금 납입 없이 이자만 불입하다가 만기 때 원금 전액을 일시에 상환하는 대출 방식입니다. 따라서 만기일시 상환 계산법은 아주 간단합니다. 대출 원금의 월 이자액을 계산하고 이를 매월 납입합니다. 대출 이자율이 연 3%이므로 월로 환산하면 0.25%이고, 대출 원금 1억 원에 이를 곱하면 매월 25만 원씩, 총 360회 이자를 납입하면 됩니다. 총 납입 이자는 9,000만 원, 총 납입 원리금은 1억 9,000만 원이 됩니다.

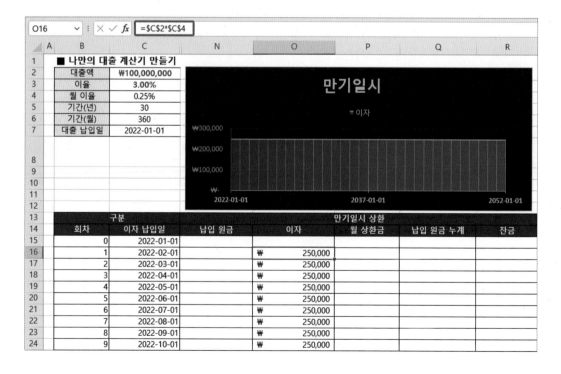

O376 | ▼ | : | × | ✓ | fx | =SUM(O16:O375)

	A	B	C	N	O	P	Q	R
364		349	2051-02-01		₩　250,000			
365		350	2051-03-01		₩　250,000			
366		351	2051-04-01		₩　250,000			
367		352	2051-05-01		₩　250,000			
368		353	2051-06-01		₩　250,000			
369		354	2051-07-01		₩　250,000			
370		355	2051-08-01		₩　250,000			
371		356	2051-09-01		₩　250,000			
372		357	2051-10-01		₩　250,000			
373		358	2051-11-01		₩　250,000			
374		359	2051-12-01		₩　250,000			
375		360	2052-01-01	₩　100,000,000	₩　250,000			
376				₩　100,000,000	₩　90,000,000	₩　1		

STEP 02　원금균등 상환 대출 계산기

원금균등 분할 상환 방식의 대출은 가입 기간 동안 매월 동일한 원금을 갚아나가는 방식입니다. 가입 초기에는 이자가 많아 원리금 납입 규모가 가장 크지만, 원금을 갚는 속도가 가장 빨라서 후반부로 갈수록 이자액이 줄어 원리금 납입 규모가 빠르게 줄어드는 특징이 있습니다.

월 상환액은 납입 원금과 이자를 더한 금액으로 결정되는데, 원금은 매월 똑같이 납입하므로 대출 원금을 납입 회차로 나눈 금액을 동일하게 납입한다고 생각하면 됩니다. 대출 원금은 1억 원, 납입 횟수는 총 360회이므로 이를 나누면 매월 27만 7,778원을 원금으로 납입합니다.

다음으로 이자를 계산합니다. 매월 27만 7,778원씩 대출 원금이 줄어들게 되므로 줄어든 대출 원금에 월 이자율을 곱한 금액이 그 달에 납입할 이자가 됩니다. 이렇게 계산하면 첫 달 납입할 원리금은 52만 7,778원이지만 다음 달은 700원가량 줄어든 52만 7,083원, 이렇게 10회 차가 되면 거의 6,000원가량 원리금 상환액이 줄어드는 것을 확인할 수 있습니다. 총 납입 이자는 4,512만 5,000원, 총 납입 원리금은 1억 4,512만 5,000원이 됩니다.

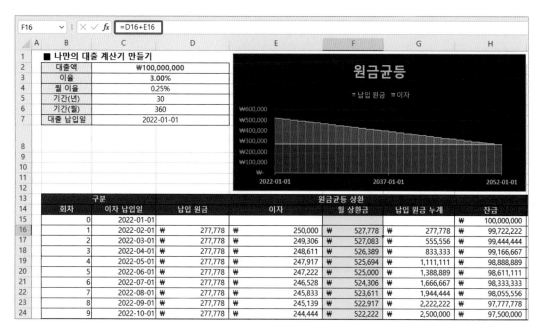

| F16 | ⌄ | : | × | ✓ | fx | =D16+E16 |

	A	B	C	D	E	F	G	H
1		■ 나만의 대출 계산기 만들기						
2		대출액	₩100,000,000					
3		이율	3.00%					
4		월 이율	0.25%					
5		기간(년)	30					
6		기간(월)	360					
7		대출 납입일	2022-01-01					

원금균등

■납입 원금 ■이자

	A	B	C	D	E	F	G	H
13			구분			원금균등 상환		
14		회차	이자 납입일	납입 원금	이자	월 상환금	납입 원금 누계	잔금
15		0	2022-01-01					₩ 100,000,000
16		1	2022-02-01	₩ 277,778	₩ 250,000	₩ 527,778	₩ 277,778	₩ 99,722,222
17		2	2022-03-01	₩ 277,778	₩ 249,306	₩ 527,083	₩ 555,556	₩ 99,444,444
18		3	2022-04-01	₩ 277,778	₩ 248,611	₩ 526,389	₩ 833,333	₩ 99,166,667
19		4	2022-05-01	₩ 277,778	₩ 247,917	₩ 525,694	₩ 1,111,111	₩ 98,888,889
20		5	2022-06-01	₩ 277,778	₩ 247,222	₩ 525,000	₩ 1,388,889	₩ 98,611,111
21		6	2022-07-01	₩ 277,778	₩ 246,528	₩ 524,306	₩ 1,666,667	₩ 98,333,333
22		7	2022-08-01	₩ 277,778	₩ 245,833	₩ 523,611	₩ 1,944,444	₩ 98,055,556
23		8	2022-09-01	₩ 277,778	₩ 245,139	₩ 522,917	₩ 2,222,222	₩ 97,777,778
24		9	2022-10-01	₩ 277,778	₩ 244,444	₩ 522,222	₩ 2,500,000	₩ 97,500,000

| E376 | ⌄ | : | × | ✓ | fx | =SUM(E16:E375) |

	A	B	C	D	E	F	G	H
364		349	2051-02-01	₩ 277,778	₩ 8,333	₩ 286,111	₩ 96,944,444	₩ 3,055,556
365		350	2051-03-01	₩ 277,778	₩ 7,639	₩ 285,417	₩ 97,222,222	₩ 2,777,778
366		351	2051-04-01	₩ 277,778	₩ 6,944	₩ 284,722	₩ 97,500,000	₩ 2,500,000
367		352	2051-05-01	₩ 277,778	₩ 6,250	₩ 284,028	₩ 97,777,778	₩ 2,222,222
368		353	2051-06-01	₩ 277,778	₩ 5,556	₩ 283,333	₩ 98,055,556	₩ 1,944,444
369		354	2051-07-01	₩ 277,778	₩ 4,861	₩ 282,639	₩ 98,333,333	₩ 1,666,667
370		355	2051-08-01	₩ 277,778	₩ 4,167	₩ 281,944	₩ 98,611,111	₩ 1,388,889
371		356	2051-09-01	₩ 277,778	₩ 3,472	₩ 281,250	₩ 98,888,889	₩ 1,111,111
372		357	2051-10-01	₩ 277,778	₩ 2,778	₩ 280,556	₩ 99,166,667	₩ 833,333
373		358	2051-11-01	₩ 277,778	₩ 2,083	₩ 279,861	₩ 99,444,444	₩ 555,556
374		359	2051-12-01	₩ 277,778	₩ 1,389	₩ 279,167	₩ 99,722,222	₩ 277,778
375		360	2052-01-01	₩ 277,778	₩ 694	₩ 278,472	₩ 100,000,000	₩ 0
376				₩ 100,000,000	₩ 45,125,000	₩ 0		

STEP 03 원리금균등 상환 대출 계산기

마지막으로 원리금균등 분할 상환 방식의 대출을 계산해보겠습니다. 원리금균등 상환 대출은 가입 기간 동안 매월 동일한 원리금을 갚아나가는 방식입니다. 가입 초기부터 마지막까지 매월 납입해야 하는 상환액이 동일하여 자금 흐름 관리 측면에서 매우 편리합니다. 대부분의 장기 대출이 이러한 방식으로 실행되고 있습니다. 단, 초기에는 원금보다 이자 비중이 높아 원금을 갚는 속도가 원금균등 상환 방식에 비해 느리기 때문에 총 납입액이 높다는 것이 단점입니다.

계산법은 원금균등 상환 방식과 마찬가지로 원금과 이자를 합하여 월 상환액이 결정되는데,

매월 동일한 원리금을 납입하는 방식이기 때문에 원금과 이자 비중이 달라집니다. 이때 엑셀 PMT 함수를 활용하면 간단히 대출 원리금을 계산할 수 있습니다. 함수 기본 수식은 다음과 같습니다.

=PMT(이자율, 상환 기간, [대출 원금], 0, 0)

대출 상환액을 구해야 하므로 현재 대출 원금은 PV(현재 가치)로 입력합니다. 현재 1억 원이라는 목돈을 받고, 이것을 미래에 매월 상환해야 하는 계산법으로 이해하면 쉽습니다. 이렇게 계산하면 매월 원리금 상환액은 42만 1,604원이 됩니다. 총 납입 이자는 원금균등 상환보다 많은 5,177만 원, 총 납입 원리금은 1억 5,177만 원이 됩니다.

간편하게 원리금을 계산해도 되지만 경우에 따라서는 납입 원금과 이자만 따로 계산해야 하는 경우도 있습니다. 이때 원금은 PPMT 함수, 이자만 구하고 싶다면 IPMT 함수를 활용해서 산출합니다.

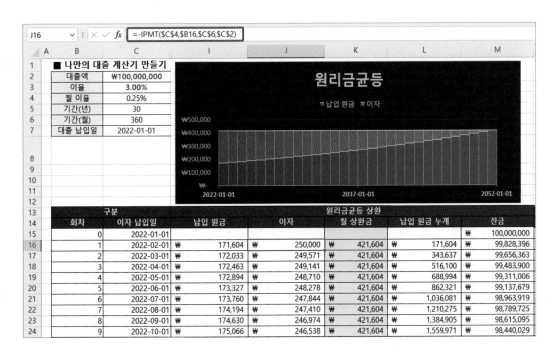

J376	▼	:	×	✓	fx	=SUM(J16:J375)						

⊿	A	B	C		I		J		K		L		M
364		349	2051-02-01	₩	409,159	₩	12,445	₩	421,604	₩	95,431,173	₩	4,568,827
365		350	2051-03-01	₩	410,182	₩	11,422	₩	421,604	₩	95,841,355	₩	4,158,645
366		351	2051-04-01	₩	411,207	₩	10,397	₩	421,604	₩	96,252,563	₩	3,747,437
367		352	2051-05-01	₩	412,235	₩	9,369	₩	421,604	₩	96,664,798	₩	3,335,202
368		353	2051-06-01	₩	413,266	₩	8,338	₩	421,604	₩	97,078,064	₩	2,921,936
369		354	2051-07-01	₩	414,299	₩	7,305	₩	421,604	₩	97,492,363	₩	2,507,637
370		355	2051-08-01	₩	415,335	₩	6,269	₩	421,604	₩	97,907,698	₩	2,092,302
371		356	2051-09-01	₩	416,373	₩	5,231	₩	421,604	₩	98,324,071	₩	1,675,929
372		357	2051-10-01	₩	417,414	₩	4,190	₩	421,604	₩	98,741,486	₩	1,258,514
373		358	2051-11-01	₩	418,458	₩	3,146	₩	421,604	₩	99,159,943	₩	840,057
374		359	2051-12-01	₩	419,504	₩	2,100	₩	421,604	₩	99,579,447	₩	420,553
375		360	2052-01-01	₩	420,553	₩	1,051	₩	421,604	₩	100,000,000	-₩	0
376				₩	100,000,000	₩	51,777,452	₩	1				

엑셀 함수 사전 │ PPMT 함수와 IPMT 함수

PMT 함수는 대출금 상환 시 매달 상환해야 할 금액(원리금)이 얼마인지 계산할 때 사용합니다. 이때 PPMT 함수를 사용하면 상환할 원리금(원금+이자) 중에서 원금이 얼마인지 계산할 수 있습니다. IPMT 함수를 사용하면 이자만 계산할 수 있습니다. 결과적으로 PPMT 함수로 계산한 원금과 IPMT 함수로 계산한 이자를 더하면 PMT 함수로 구한 원리금과 같은 금액이 됩니다(PPMT+IPMT=PMT).

PPMT 함수

이자율과 납입 회차(총 지급 횟수), 현재 가치를 계산하여 매월 상환해야 할 원리금과 이자를 계산합니다.

> 함수 기본 수식 =PPMT(Rate, Per, Nper, Pv, [Fv], [Type])
> - Rate : 기간별 이자율(고정 금리)
> - Per : 납입 회차
> - Nper : 총 납입 기간 수
> - Pv : 현재 가치(현재 시점의 현금 잔액)
> - Fv : 미래 가치를 말하며 미래 시점에 남아 있는 현금 잔액(생략 가능)
> - Type : 납입 시점을 나타내며 0은 기간 말, 1은 기간 초(생략 가능)

IPMT 함수

이자율과 납입 회차(총 지급 횟수), 현재 가치를 계산하여 원리금 중에서 이자만 계산합니다. 즉, 고정 금리(Rate)가 적용되는 대출(Pv)을 받아서 정해진 기간(Nper) 동안 상환해야 할 때 매 기간 상환해야 할 원리금(원금+이자) 중에서 이자가 얼마인지 계산합니다.

> **함수 기본 수식 =IPMT(Rate, Per, Nper, Pv, [Fv], [Type])**
> - Rate : 기간별 이자율(고정 금리)
> - Per : 납입 회차
> - Nper : 총 납입 기간 수
> - Pv : 현재 가치(현재 시점의 현금 잔액)
> - Fv : 미래 가치를 말하며 미래 시점에 남아 있는 현금 잔액(생략 가능)
> - Type : 납입 시점을 나타내며 0은 기간 말, 1은 기간 초(생략 가능)

엑셀 계산기

재테크 관리

셀프 재무 분석

주식 투자

부동산

연말정산

알쓸신잡

나의 재무 상태 진단하기

나만의 재무제표 작성과 현금 흐름표 작성에 대해 알아보았습니다(048쪽~052쪽). 이번에는 앞서 작성한 내용을 토대로 나의 재무 상태가 어떠한지 점검해보겠습니다.

현금 흐름표로 재무 상태 진단하기

실습 파일 2장\재무 상태표.xlsx

금융 자산의 부채 만기 구조를 통해 체크해야 할 주요 항목으로는 유동성, 부채 적정성, 저축 적정성, 보장 자산 적정성 등이 있습니다. 앞서 직접 정리한 현금 흐름표(052쪽)를 활용해도 좋고 실습 파일을 열어 현금 흐름을 한 번 더 정리해봐도 좋습니다.

(단위:만 원,%)

자산 구분		금액	비중
현금성 자산	현금(입출금 통장)	200	15.9%
	유동성(3개월 내 만기)	300	7.1%
	유동성(3~6개월)	-	0.0%
	기타(6~12개월)	-	0.0%
투자 자산	예/적금	1,000	5.9%
	연금	-	5.9%
	주식/펀드	1,000	0.0%
	기타	-	0.0%
부동산	자가 주택		65.2%
	임차 보증금	20,000	0.0%
	기타	-	0.0%
사용 자산	자동차	2,000	65.2%
	골동품	-	0.0%
	기타	-	0.0%
기타 자산	그 외	-	65.2%
자산 계		24,500	100.0%

(단위:만 원,%)

부채 구분		금액	비중
단기	마이너스 통장	500	4.2%
	신용대출	200	1.7%
	카드론	-	0.0%
	할부금	300	2.5%
	현금 서비스	-	0.0%
	기타	-	0.0%
장기	주택 담보 대출	-	0.0%
	전세금 대출	10,000	83.3%
	오토론	-	0.0%
	리스/렌탈	1,000	8.3%
	기타	-	0.0%
부채 계		12,000	100.0%
순자산		12,500	

▲ 현금 흐름표

먼저 금융 자산 부채 현황을 자산과 부채로 구분하여 정리합니다. 다음 항목을 참고하여 자산 (현금성 자산, 투자 자산, 부동산, 사용 자산, 기타 자산)을 정리하고, 부채(단기, 장기)를 정리합니다.

			(단위:만 원,%)			
자산 구분	자산		부채 구분	부채	
	금액	비중		금액	비중
수시 입출금	200	0.8%	단기 부채	500	4.2%
3개월 미만	300	1.2%	신용대출	200	1.7%
3~6개월	-	0.0%	카드론	-	0.0%
6개월~1년	-	0.0%	할부금	300	2.5%
예/적금	1,000	4.1%	현금 서비스	-	0.0%
연금	-	0.0%	기타	-	0.0%
주식/펀드	1,000	4.1%	부동산 대출	-	0.0%
부동산	20,000	81.6%	전세금 대출	10,000	83.3%
사용 자산	2,000	8.2%	오토론	-	0.0%
기타 자산	-	0.0%	리스/렌탈	1,000	8.3%
합계	24,500	100.0%	합계	12,000	100.0%

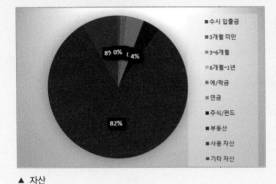

▲ 자산

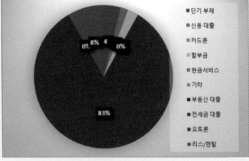

▲ 부채

현금 흐름 분석하기

현금 흐름표를 토대로 자산과 부채의 비율을 확인했다면 이제는 수입과 지출의 수치 차를 통해
재무 상태를 점검해봅니다.

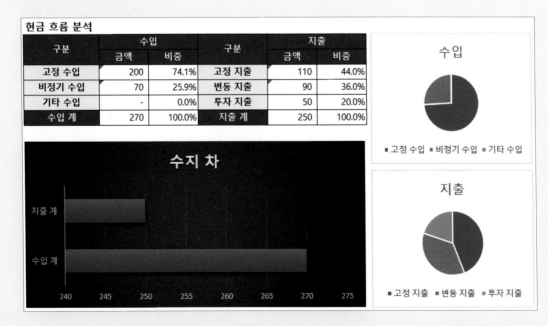

현금 흐름 분석

구분	수입		구분	지출	
	금액	비중		금액	비중
고정 수입	200	74.1%	고정 지출	110	44.0%
비정기 수입	70	25.9%	변동 지출	90	36.0%
기타 수입	-	0.0%	투자 지출	50	20.0%
수입 계	270	100.0%	지출 계	250	100.0%

- **유동성 :** 단기적인 현금 흐름에 문제가 생겼을 때 이를 대처할 수 있는지 판단하는 지표입니다. 통상적으로 **고정 지출을 포함한 월평균 지출액의 3~6개월치 정도의 액수**는 바로 현금화할 수 있는 유동 자산에 보유하고 있는 것이 좋습니다. 유동성에 문제가 있다면 갑작스러운 사고로 수입이 끊기거나 목돈이 들어갈 경우 기존에 유지하고 있던 저축이나 투자 시스템이 붕괴되는 위험에 노출될 수 있습니다.

- **부채 적정성 :** 현재 자산에서 부채 비율이 적정한지, 현금 흐름상에서 부채 상환액으로 인한 현금 흐름 위험 부담은 어떠한지를 분석하여 판단합니다. 주요 지표로는 자산 내 부채 비중을 말하는 총부채 비율과 현금 흐름상에서 대출 관련 지출 비율을 의미하는 소비자 부채 비율, 주거 관련 부채 비율 등이 있습니다. 보통 **총부채 비율은 40%가 넘으면 과하다고 판단**할 수 있습니다. 주거 관련 부채를 포함한 **총 대출 상환액은 총소득의 28% 이내에서 관리**하는 것을 추천합니다. 예를 들어 총부채 비율이 너무 높거나 현금 흐름상에서 소득 대비 대출 상환액 지출 비중이 과도한 경우 잠재적 리스크가 될 수 있으므로 적정 수준에서 관리하는 것이 좋습니다. 저축 비율은 소득 내에서 저축이나 투자 관련 자산으로 지출되는 비율을 의미합니다. 재무적으로 다른 항목에 큰 문제가 없다면 **저축 비율은 높을수록 유리**합니다.

- **보장 자산 적정성 여부 :** 보장 자산이란 말 그대로 리스크 관리를 위한 보험이나 관련 지출을 말합니다. 이때 저축성 보험이나 연금 상품 등은 보장성 비용에서 제외하면 됩니다. 해당 보험 내에 리스크 보장이 결합되어 있는 경우에는 해당 리스크 보험료는 보장성 비용에 포함합니다. 관련 비용을 합쳐 **소득의 10~12%가 넘어가면 과도한 보험료로 인한 가계 성장성을 저해**할 수 있으므로 보험 리모델링을 고려해보는 것이 좋습니다. 이 책의 CHAPTER 06에서 보험 리모델링 방법을 참고합니다.

개인 재무 상태 분석 요약표

재무 비율 종류	적정성 판단 기준	목표치
유동성		
비상 예비 자금	(변동 지출 + 고정 지출 − 소득세)/ 12개월×3개월 또는 12개월×6개월	소득원에 따라 3개월 또는 6개월
부채 적정성		
소비자 부채 비율	소비자 부채 상환 금액이 순소득의 20% 이내	순소득의 20% 이내
주거 관련 부채 비율	주거 관련 비용이 총소득의 28% 이내	총소득의 28% 이내
총부채 비율	총부채 비용이 총소득의 36% 이내	총소득의 36% 이내
총자산 대비 총부채 비율	총자산 대비 총부채 비율이 40% 이내	총부채가 총자산의 40% 이내
순자산	순자산이 매년 증가 또는 감소 여부	매년 순자산 증가
저축의 적정성		
저축 비율	총소득의 20% 이상~30% 이내	총소득의 20% 이내

엑셀 계산기

재테크 원리

셀프 재무 분석

주식 투자

부동산

연말정산

은퇴와 노후

CHAPTER 03

엑셀로
주식 투자
고수되기

왜 다들 종잣돈을 말할까

재테크를 처음 시작하는 모든 사람들은 목돈, 즉 종잣돈을 모아야 한다는 것을 압니다. 그러나 '주식이나 코인에 투자하면 큰돈을 더 빨리 모을 수 있을 텐데…'라는 생각을 하기도 합니다. 짧은 시간 안에 높은 수익률을 올릴 수 있는 주식 투자에 성공해봤다면 긴 시간을 들여 종잣돈을 모으는 것에 회의적일 수 있습니다. 하지만 반드시 긴 시간을 들여 종잣돈을 마련해야 하는 이유가 있습니다.

돈을 끌어당기는 힘

뉴턴(Newton, Sir Isaac)의 '만유인력의 법칙'은 질량이 큰 물체가 질량이 작은 물체를 끌어당기는 힘에 대해 말합니다. 지구의 중력을 설명하는 대표적인 물리학 법칙이 돈에도 똑같이 적용됩니다. 종잣돈을 모아야 하는 이유 중 첫 번째는 만유인력의 법칙처럼 **돈에도 중력이 있기 때문입**니다. 소위 '돈이 돈을 번다'라는 말을 합니다. 큰돈은 더 많은 돈을 끌어당기는 중력이 실제로 존재하기 때문에 생겨난 말입니다.

눈덩이 효과

누구나 겨울에 눈사람을 만들어본 적이 있을 것입니다. 작은 눈덩이와 큰 눈덩이 중 어떤 것이 더 빨리 커질까요? 투자의 원리를 설명할 때 자주 사용되는 '눈덩이 효과'를 통해 종잣돈 모으기에 대해 살펴보겠습니다.

> 💰 **TIP** **눈덩이 효과(스노우볼 효과, Snowball Effect)**
>
> 눈사람을 만들 때처럼 작은 눈덩이를 굴리고 뭉치면 어느새 커지는 것을 투자에 빗대어 말한 용어입니다. 초기에는 적은 원금일지라도 이자에 이자가 붙어서 나중에는 큰 자산이 되는 현상을 말하며, 세계적인 투자자 워렌 버핏(Warren Buffett)이 복리 효과를 설명하기 위해 사용하였습니다.

돈을 눈이라고 가정해보겠습니다. 처음에는 작은 눈덩이를 눈이 쌓인 언덕 위로 굴리는 과정이 필요합니다. 이 과정은 고되고 힘듭니다. 힘겹게 눈 덮인 언덕을 오르지만 눈덩이의 크기는 생각만큼 커지지 않는 것 같습니다. 가파른 언덕을 오르는 길은 지루하고 지치기도 합니다. 실제로 이 단계에서 종잣돈 모으기를 포기하는 사람이 많습니다.

1년, 2년을 묵묵히 언덕 위로 눈덩이를 굴리다 보면 어느새 눈덩이의 크기가 커지고 단단해집니다. 이것을 투자 인생의 '변곡점'이라고 합니다. 인생을 바꿀 수 있는 지점에 도달한 것입니다. 크고 단단한 눈덩이는 종잣돈입니다. 인생에서 '투자를 통해 큰돈을 모을 수 있느냐 없느냐'는 이 종잣돈을 '얼마나 크고 빠르게 달성하느냐'에 따라 결정됩니다.

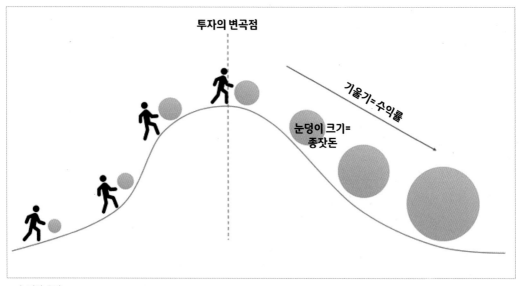

▲ 눈덩이 효과

다음으로 할 일은 눈덩이를 언덕 아래로 굴리는 것입니다. 눈덩이를 언덕 아래로 굴리는 과정은 앞서 눈덩이를 언덕 위로 굴리며 올라갔던 것과 같습니다. 언덕 위에서 아래로 굴러가는 눈덩이의 크기가 클수록(돈의 크기), 언덕의 기울기가 가파를수록(수익률의 크기) 눈덩이는 빠른 속도로 커집니다. 같은 종잣돈이라도 이왕이면 더 많은 액수의 돈(큰 눈덩이)이 유리하다는 것도 이 때문입니다. 언덕의 기울기가 가파르되, 눈덩이가 잘 굴러갈 수 있는 안정적인 길을 찾는 능력과 안목은 '언덕을 오르며 쌓아온 재테크 실력'에 의해 판가름납니다.

종잣돈을 모으는 과정은 단순히 돈만 모으는 것이 아닙니다. 재테크 지식과 능력을 키우는 준비 기간이라고 생각해야 합니다. 힘겨운 과정을 거쳐 종잣돈이라는 눈덩이를 가지고 언덕 위에 섰을 때, 눈덩이를 잘 굴려 안정적으로 키워나갈 수 있는 길을 찾을 수 있기 때문입니다.

눈덩이의 크기도 적당하고 안정적인 길을 찾았다면 이제부터는 올라올 때보다 훨씬 적은 힘으로도 눈덩이가 굴러갑니다. 여기에 시간이라는 가치가 더해지면서 훨씬 커다란 눈덩이로 불어납니다. 일정 크기 이상으로 커진 눈덩이는 더 이상 힘을 쓸 필요도 없이 스스로 알아서 크기를 키우며 굴러가는 단계로 진입합니다. '돈이 스스로 돈을 번다'는 말이 현실이 되는 것입니다. 이것이 바로 돈의 복리 효과이며 돈의 중력 원리입니다.

엑셀 재테크 사전 | 종잣돈을 만드는 시기의 중요성

재테크에서 가장 중요한 시기는 언제일까요? 아무것도 없는 '無'에서 적은 돈을 차곡차곡 모아 종잣돈을 만들어가는 출발점, 즉 '종잣돈을 만드는 시기'라고 할 수 있습니다. 돈이 돈을 벌어들여 경제적 자유를 얻는 것도 종잣돈을 만드는 시기를 성실하고 지혜롭게 보낸 사람만이 향유할 수 있는 혜택입니다. 종잣돈을 얼마나 빨리, 더 많이 모으느냐의 시작 시점에 따라 모이는 돈의 크기 역시 큰 차이가 납니다. 이왕이면 종잣돈 모으는 것을 최대한 일찍, 최대한 빨리, 최대한 절실하게 시작해야 하는 이유입니다.

종잣돈을 모을까, 주식에 투자할까

엑셀 계산기

재테크 원리

셀프 재무 분석

주식 투자

부동산

연말정산

은퇴와 노후

재테크를 하다 보면 주변에서 한두 마디씩 거듭니다. '종잣돈, 그거 언제 모아? 주식 투자 한번이면 금방 모을 텐데'라고 말입니다. 대부분의 사람들은 기다리는 것을 싫어하고, 남들보다 뒤처지는 상황을 싫어합니다. 아무개가 주식 투자로 큰돈을 벌었다더라, 이번에 외제차도 뽑았다더라, 서울 어디에 아파트를 샀다더라 등 주변의 이야기로 인해 조급함이 생기기도 합니다. 이런 상황에서 택시비, 외식비를 줄이고 사고 싶은 것을 참아가며 돈을 모으다 보면 '나도 폼 나게 주식이나 코인으로 목돈 마련하고 싶다!'는 생각을 할 수도 있습니다. 종잣돈 모으는 일이야 꼭 시간을 들이지 않더라도 주식 투자 하나로 해결할 수도 있을 것 같다는 유혹에 빠집니다. 그런데 과연 그럴까요?

긴 시간이 걸리는 종잣돈 마련과 짧은 시간의 주식 투자를 비교해서 살펴보겠습니다. 가장 먼저 이 두 가지는 실패 확률에서 다릅니다. **종잣돈 마련은 실패 확률이 거의 없습니다.** 실패 확률이 0%이기 때문에 그 기간에 따른 기회 손실도 없습니다. 반면 **주식 투자는 실패 확률이 매우 높습니다.** '난 성공 확률이 더 높은데?'라고 반박하는 사람도 있겠지만, 통계적으로 일반 투자자가 전문 투자자와의 게임에서 이길 확률은 훨씬 낮을 수밖에 없습니다.

	종잣돈 모으기	주식 투자(코인 투자)
실패 확률	거의 없음	매우 높음
기회 손실	거의 없음	매우 높음
성공 여부	꾸준함 중요	외부 변수 많음

매력적으로 보이는 주식 투자

재테크 초보자가 주식 투자를 통해 목돈을 마련하는 과정은 크게 두 가지로 구분합니다. 먼저 '손실이 나는 경우'입니다. 어렵게 시작한 목돈 모으기가 원점으로 돌아가거나, 마이너스 상태가 되는 것입니다. 이 과정에서 재테크 초보자는 조급함 때문에 악순환에 빠집니다. 결국 돈이 스트레스의 원인이 되고 자책과 허망함이 반복되다 보면 재테크 포기자 즉, '재포자' 신세로 전락합니다.

적은 확률이지만 '수익이 나는 경우'도 있습니다. 수익은 얻었지만 아직 큰돈을 굴려 수익을 내는 단계가 아니기 때문에 수익률에 비해 수익의 크기가 만족스럽지 않습니다. 이 과정에서는 한두 번의 성공 경험으로 인한 자만심과 더 큰 욕심으로 대출을 받아 주식 투자에 뛰어드는 사람이 많습니다. 안정적이지 못한 투자로 인해 더 큰 손실이라도 보게 되면 헤어나올 수 없는 절망감에 빠질 수 있습니다. 철저한 재테크 마인드로 차곡차곡 쌓아가는 습관보다 자극적 투자 방법으로 돈을 굴리는 방식에 익숙해지면 지출 통제도 쉽지 않습니다. 때때로 큰 수익을 올리기도 하지만 다시 실패를 맛보는 과정이 반복되면서 재테크 생활은 점점 황폐해집니다. 조금 과장해서 설명했지만 필자가 주변의 수많은 사람을 관찰하며 겪은 생생한 결과이기도 합니다.

차근차근 종잣돈 모으기

종잣돈을 마련하는 과정을 살펴보겠습니다. 처음부터 차곡차곡 종잣돈을 모읍니다. 인고의 시간이 필요하지만 이 과정에서 자연스럽게 현금 흐름 관리와 지출 통제 기술, 습관이 쌓입니다. 수익률보다는 꾸준함이 성패를 좌우하기 때문에 계획대로 꾸준히 실천한다면 목표 기간 안에 안정적으로 목돈을 마련할 수 있습니다. 돈을 관리하는 능력도 자연스럽게 습득하게 되고 이후에도 안정적인 투자를 할 수 있게 됩니다. 이러한 안정적 투자는 돈의 중력을 이용한 복리 효과를 극대화해가면서 돈을 빠르게 불려나가는 과정을 거치게 됩니다. 초기에는 다소 느리게 보일 수 있습니다. 하지만 돈을 굴리는 과정과 그동안 쌓인 경험이 시너지가 되면서 장기적으로는 훨씬 더 빠르게 돈을 모을 수 있게 됩니다.

엑셀로 종잣돈의 원리 이해하기

엑셀을 활용해 지금까지 이야기한 내용을 쉽게 검증해보겠습니다. 가장 먼저 종잣돈과 시간 가치를 활용한 자산의 변화에 대해 알아보겠습니다. 앞서 눈덩이의 크기가 클수록, 내리막의 경사가 급할수록, 굴리는 시간이 길수록 눈덩이의 크기가 더 커진다고 설명했습니다.

[엑셀 파일 미리 보기]

STEP에 따른 종잣돈 원리를 계산합니다.

실습 파일 3장\종잣돈 계산하기.xlsx

STEP 01. 종잣돈 계산하기(종잣돈 1억 원을 가진

구분	1년	2년	3년	4년	5년	10년	15년	20년	30년	40년	50년
1%	101,000,000	102,010,000	103,030,100	104,060,40	105,101,005	110,462,213	116,096,896	122,019,004	134,784,892	148,886,373	164,463,182
2%	102,000,000	104,040,000	106,120,800	108,243,216	110,408,080	121,899,442	134,586,834	148,594,740	181,136,158	220,803,966	269,158,803
3%	103,000,000	106,090,000	109,272,700	112,550,881	115,927,407	134,391,638	155,796,742	180,611,123	242,726,247	326,203,779	438,390,602
4%	104,000,000	108,160,000	112,486,400	116,985,856	121,665,290	148,024,428	180,094,351	219,112,314	324,339,751	480,102,063	710,668,335
5%	105,000,000	110,250,000	115,762,500	121,550,625	127,628,156	162,889,463	207,892,818	265,329,771	432,194,238	703,998,871	1,146,739,979
6%	106,000,000	112,360,000	119,101,600	126,247,696	133,822,558	179,084,770	239,655,819	320,713,547	574,349,117	1,028,571,794	1,842,015,427
7%	107,000,000	114,490,000	122,504,300	131,079,601	140,255,173	196,715,136	275,903,154	386,968,446	761,225,504	1,497,445,784	2,945,702,506
8%	108,000,000	116,640,000	125,971,200	136,048,896	146,932,808	215,892,500	317,216,911	466,095,714	1,006,265,689	2,172,452,150	4,690,161,251
9%	109,000,000	118,810,000	129,502,900	141,158,161	153,862,395	236,736,367	364,248,246	560,441,077	1,326,767,847	3,140,942,005	7,435,752,008
10%	110,000,000	121,000,000	133,100,000	146,410,000	161,051,000	259,374,246	417,724,817	672,749,995	1,744,940,227	4,525,925,557	11,739,085,288
15%	115,000,000	132,250,000	152,087,500	174,900,625	201,135,719	404,555,774	813,706,163	1,636,653,739	6,621,177,196	26,786,354,623	108,365,744,158
20%	120,000,000	144,000,000	172,800,000	207,360,000	248,832,000	619,173,642	1,540,702,157	3,833,759,992	23,737,631,380	146,977,156,797	910,043,815,000

STEP 02. 종잣돈 액수에 따른 자산 변화 알아보기(종잣돈 1억 원을 가진 A씨와 5천만 원을 가진 B씨의 수익률과 시간 가치에 따른 자산 변화(수익률을 연5% 동일)

구분	1년	2년	3년	4년	5년	10년	15년	20년	30년	40년	50년
A씨	105,000,000	110,250,000	115,762,500	121,550,625	127,628,156	162,889,463	207,892,818	265,329,771	432,194,238	703,998,871	1,146,739,979
B씨	52,500,000	55,125,000	57,881,250	60,775,313	63,814,078	81,444,731	103,946,409	132,664,885	216,097,119	351,999,436	573,369,989

FV 함수를 활용해 미래 가치를 계산합니다.

STEP 03. 종잣돈 1억 원 마련을 위한 소요 기간 계산하기(매년 3% 수익률로 꾸준히 목돈을 모은 A씨 종잣돈 마련 계획)

구분	1년	2년	3년	4년	5년	10년	1억 원 만들기 소요 기간
월 100만 원	12,360,000	25,090,800	38,203,524	51,709,630	65,620,919	141,693,548	7.4년
월 200만 원	24,720,000	50,181,600	76,407,048	103,419,259	131,241,837	283,387,097	3.9년
월 300만 원	37,080,000	75,272,400	114,610,572	155,128,889	196,862,756	425,080,645	2.6년

STEP 04. 주식 투자를 활용한 종잣돈 마련 시기 계산하기(한 해는 10%, 한 해는 -5% 수익률로 목돈을 모은 B씨의 종잣돈 마련 계획)

구분	1년	2년	3년	4년	5년	10년	1억 원 만들기 소요 기간
월 100만 원	13,200,000	23,940,000	39,534,000	48,957,300	67,053,030	130,968,791	7.8년
월 200만 원	26,400,000	47,880,000	79,068,000	97,914,600	134,106,060	261,937,582	4.2년
월 300만 원	39,600,000	71,820,000	118,602,000	146,871,900	201,159,090	392,906,372	2.5년

수익률에 따라 1억 원 만들기 소요 기간을 확인합니다.

STEP 01 종잣돈 계산하기

앞서 스노우볼 이론에서 눈덩이의 크기는 종잣돈의 크기, 언덕의 경사도는 수익률, 시간은 투자 기간을 의미한다고 하였습니다. 다음 표에서 확인할 수 있듯이 똑같은 돈이라고 하더라도 수익률이 클수록, 투자 기간이 길수록 자산의 가치는 급격하게 불어납니다. 예를 들어 **1억 원**이라는 종잣돈을 **5%** 경사도 언덕에서 **30년간** 굴렸다면 눈덩이의 크기는 **4억 3,000만 원** 정도가 될 것입니다. 투자 기간을 10년 늘리면 자산의 크기는 7억 원 정도로 불어납니다. 연간 수익률을 1%만 높일 수 있다면 5억 7,000만 원 정도로 자산의 크기가 커짐을 알 수 있습니다.

STEP 01. 종잣돈 계산하기(종잣돈 1억 원을 가진 A씨 수익률과 시간 가치에 따른 자산 변화)									
구분	1년	2년	3년	4년	5년	10년	15년	20년	50년
1%	101,000,000	102,010,000	103,030,100	104,060,401	105,101,005	110,462,213	116,096,896	122,019,004	164,463,182
2%	102,000,000	104,040,000	106,120,800	108,243,216	110,408,080	121,899,442	134,586,834	148,594,740	269,158,803
3%	103,000,000	106,090,000	109,272,700	112,550,881	115,927,407	134,391,638	155,796,742	180,611,123	438,390,602
4%	104,000,000	108,160,000	112,486,400	116,985,856	121,665,290	148,024,428	180,094,351	219,112,314	711,668,335
5%	105,000,000	110,250,000	115,762,500	121,550,625	127,628,156	162,889,463	207,892,818	265,329,771	1,146,739,979
6%	106,000,000	112,360,000	119,101,600	126,247,696	133,822,558	179,084,770	239,655,819	320,713,547	1,842,015,427
7%	107,000,000	114,490,000	122,504,300	131,079,601	140,255,173	196,715,136	275,903,154	386,968,446	2,945,702,506
8%	108,000,000	116,640,000	125,971,200	136,048,896	146,932,808	215,892,500	317,216,911	466,095,714	4,690,161,251
9%	109,000,000	118,810,000	129,502,900	141,158,161	153,862,395	236,736,367	364,248,246	560,4	수익률 1% 상승 시
10%	110,000,000	121,000,000	133,100,000	146,410,000	161,051,000	259,374,246	417,724,817	672,1	
15%	115,000,000	132,250,000	152,087,500	174,900,625	201,135,719	404,555,774	813,706,163	1,636,653,739	108,365,744,158
20%	120,000,000	144,000,000	172,800,000	207,360,000	248,832,000	619,173,642	1,540,702,157	3,833,759,992	910,043,815,000

$ TIP 종잣돈을 계산할 때는 미래 가치 함수(=FV(수익률, 기간, 현재의 돈))를 사용합니다. 미래 가치 함수의 사용법은 이 책의 029쪽을 참고합니다.

STEP 02 종잣돈 액수에 따른 자산 변화 알아보기

종잣돈 액수(크기)의 차이에 따른 자산 변화를 계산해보겠습니다. 수익률은 매년 **5%**로 동일하다고 가정했을 때 1억 원의 종잣돈으로 시작한 A씨의 50년 후 자산은 약 11억 5,000만 원입니다. 반면 5,000만 원의 종잣돈으로 시작한 B씨의 자산은 약 5억 7,000만 원입니다. 5,000만 원 차이로 재테크를 시작해서 5억 원이 넘는 자산 차이가 발생함을 알 수 있습니다. 이제는 종잣돈을 하루라도 빨리, 더 많이 모아야 한다는 말을 조금은 이해할 수 있을 것입니다.

STEP 02. 종잣돈 액수에 따른 자산 변화 알아보기(종잣돈 1억 원을 가진 A씨와 5천만 원을 가진 B씨의 수익률과 시간 가치에 따른 자산 변화(수익률 연5% 동일))									
구분	1년	2년	3년	4년	5년	10년	15년	20년	50년
A씨	105,000,000	110,250,000	115,762,500	121,550,625	127,628,156	162,889,463	207,892,818	265,329,771	1,146,739,979
B씨	52,500,000	55,125,000	57,881,250	60,775,313	63,814,078	81,444,731	103,946,409	132,664,885	573,369,989

STEP 03 종잣돈 1억 원 마련을 위한 소요 기간 계산하기

종잣돈을 마련할 때 가장 궁금한 '소요 기간'을 계산해보겠습니다. 투자 기간을 산출하기 위해 NPER 함수를 활용해보겠습니다. 예를 들어 매월 100만 원씩, 연 3% 수익률로 종잣돈 모으기에 도전한다고 가정하면 엑셀에 다음과 같이 입력합니다.

=NPER(0.03,-12000000,,100000000,1)

안정적인 저축을 통해 종잣돈을 모은다면 월 100만 원씩, 3% 수익률 기준으로 약 7.4년이 소요됩니다. 하지만 200만 원씩 저축하면 그 기간은 3.9년으로 줄어듭니다. 월 저축액 규모에 따라 기간이 빠르게 단축됨을 알 수 있습니다. 종잣돈 마련 시기에 왜 허리띠를 조이라고 하는지 알 수 있는 대목입니다. 월 저축액이 늘어날수록 1억 원이라는 종잣돈을 마련할 수 있는 기간은 짧아지고 부자가 될 수 있는 시점은 더 빨리 오는 것입니다.

STEP 03. 종잣돈 1억 원 마련을 위한 소요 기간 계산하기(매년 3% 수익률로 꾸준히 목돈을 모은 A씨 종잣돈 마련 계획)							
구분	1년	2년	3년	4년	5년	10년	1억 원 만들기 소요 기간
월 100만 원	12,360,000	25,090,800	38,203,524	51,709,630	65,620,919	141,693,548	7.4년
월 200만 원	24,720,000	50,181,600	76,407,048	103,419,259	131,241,837	283,387,097	3.9년
월 300만 원	37,080,000	75,272,400	114,610,572	155,128,889	196,862,756	425,080,645	2.6년

STEP 04 주식 투자를 활용한 종잣돈 마련 시기 계산하기

주식 투자를 통해 종잣돈을 마련하는 사례도 계산해보겠습니다. 변동성이 큰 투자 종목이니만큼 한 해는 10%의 높은 수익률을 달성하고, 또 한 해는 -5% 손실이 났다고 가정하여 계산합니다. 초반에는 저축보다 빠른 듯하지만 10년이 지난 시점에 결산해보면 오히려 자산의 크기가 더 적은 것을 확인할 수 있습니다. 종잣돈이라고 할 수 있는 1억 원 만들기의 소요 기간 역시 시점에 따라 차이는 있지만 평균적으로 **꾸준히 저축하는 것에 비해 큰 메리트가 없음**을 알 수 있습니다.

STEP 04. 주식 투자를 활용한 종잣돈 마련 시기 계산하기(한 해는 10%, 한 해는 -5% 수익률로 목돈을 모은 B씨의 종잣돈 마련 계획)							
구분	1년	2년	3년	4년	5년	10년	1억 원 만들기 소요 기간
월 100만 원	13,200,000	23,940,000	39,534,000	48,957,300	67,053,030	130,968,791	7.8년
월 200만 원	26,400,000	47,880,000	79,068,000	97,914,600	134,106,060	261,937,582	4.2년
월 300만 원	39,600,000	71,820,000	118,602,000	146,871,900	201,159,090	392,906,372	2.5년

많은 사람들이 '꾸준히 저축해서 종잣돈을 만드는 것보다 주식 투자를 해서 큰돈을 벌라!'고 말합니다. 물론 이런 방식으로 크게 성공한 사람도 분명 존재합니다. 하지만 앞의 엑셀 계산을 통해서도 알 수 있듯이 주식 투자로 큰돈을 버는 것은 일반적인 상황이 아니라는 현실을 직시해야 합니다. 종잣돈을 모으는 데에는 기본 저축이 가장 중요하다는 것을 기억해야 합니다.

재테크를 하다 보면 궁금한 것들이 있습니다. 한 달에 50만 원씩 저축하면 1억 원 모으기까지 얼마나 걸릴까? 1억 원 대출을 매월 30만 원씩 갚아나가면 대출을 모두 상환하는 데 걸리는 기간은 얼마일까? 단순히 생각하면 어려울 것 없는 계산 같지만 수익률이나 이자율의 개념이 더해지면 머릿속이 복잡해집니다. 이때 엑셀의 NPER 재무 함수를 활용합니다.

NPER 함수(투자 기간 또는 상환 기간)

NPER 함수는 Number of Periods의 약자입니다. 매달 대출금을 상환할 때 상환 기간이 얼마나 되는지 계산합니다. 목표 금액을 모으기 위해 매달 일정액을 저축하면 **기간이 얼마나 걸리는지 계산할 때**도 사용하는 함수입니다.

> **함수 기본 수식 =Nper(Rate, Pmt, Pv, [Fv], [Type])**
> - Rate : 기간별 이율(이자율)
> - Pmt : 기간별 납입액
> - Pv : 현재 가치(현재 시점의 현금 잔액)
> - Fv : 생략 가능, 미래 가치를 말하며 미래 시점에 남아 있는 현금 잔액
> - Type : 납입 시점

인수 선택 요소

- Pv(현재 가치, 앞으로 납입할 일련의 금액이 갖는 현재 가치의 총합)를 생략하면 0으로 간주합니다. Pmt 인수를 반드시 포함해야 합니다(Fv도 동일).
- Pmt를 생략하면 Pv, Fv 인수 중 하나를 반드시 포함해야 합니다.
- Type은 납입 시점을 나타내는 숫자입니다. 기간 말은 0, 기간 초는 1, 생략하면 0으로 간주합니다.

성공의 경험이 곧 자산이다

종잣돈을 흔히 '돈의 씨앗(Seed Money)'이라고 부릅니다. 이외에도 투자를 위한 기초 공사, 부자가 되는 첫걸음, 재테크의 기본 시스템 등 종잣돈을 표현하는 수식어는 많습니다. 그만큼 여러 번 강조해도 지나치지 않는 재테크의 핵심입니다.

종잣돈 만들기는 결코 쉽지 않습니다. 대다수의 사람들이 재테크에 실패하는 이유도 종잣돈 만들기에 실패하기 때문입니다. 100만 원 모으는 것은 어렵지 않게 도전할 수 있습니다. 200만 원, 300만 원도 몇 달을 참고 아끼면 모을 수 있습니다. 하지만 1,000만 원 만들기는 만만치 않습니다. 한 달에 100만 원씩 열 달을 아끼고 기다려야 모을 수 있는 금액입니다. 고액 연봉자라면 모를까 저축 한번 제대로 안 해본 사람이 한 달에 100만 원씩 저축한다는 것 자체가 매우 어려운 일입니다. 한 달이 아니라 일 년 가까이 사고 싶은 것, 먹고 싶은 것을 참으며 실천한다는 것은 대단한 인내와 끈기를 요구합니다. 작심삼일이라고 처음 한두 달은 허리띠 졸라매기에 성공하지만 돈이 모이는 속도는 더디기만 하고 그 기간이 길어질수록 지치기 마련입니다. 상당한 인내심과 통제력이 동반되어야 가능합니다. 하물며 종잣돈 1억 원을 만든다는 것은 정말 어려운 일입니다.

절실함과 치열함으로 이 과정을 성공적으로 마치면 어떻게 될까요? 통장의 종잣돈 자릿수만큼 내 인생에서의 성취감 역시 쌓이게 될 것입니다. 이러한 성공의 경험은 이후 이어질 경제 생활에서 큰 자산이 될 것은 분명합니다. 안정적 목돈과 재테크 실력을 갖추는 데 충분히 노력했다면 종잣돈 마련을 위해 투자한 2~3년 기간의 기회비용은 충분히 만회할 수 있습니다.

엑셀 개산기

재테크 원리

셀프 재무 분석

주식 투자

부동산

연말정산

은퇴와 노후

SECTION 02

투자의 기본, 주식 적정 가치 계산하기

코로나19 이후 잇따른 상승장으로 인해 주식에 대한 관심이 높아졌습니다. 최근에는 스마트폰으로 미국 주식에 직접 투자하기도 합니다. 그런데 '주린이'의 상당수가 검증되지 않은 소문, 일명 '지라시'에 의존해서 덜컥 투자를 하기도 합니다. 이번에는 주식 투자의 기본을 알자는 의미에서 가치 투자 방법과 엑셀을 활용한 주식 투자 계산기를 만들어보겠습니다.

애플 전성시대, 애플 주식의 적정 가치는?

주식의 적정 가치를 계산하기 위해 애플(Apple)사를 활용해보겠습니다. 애플은 아이폰과 아이패드, 맥북 등 우리에게 친숙한 하드웨어 기기와 iOS, macOS 등의 소프트웨어를 설계, 디자인하는 기업입니다. 애플은 1976년에 만들어진 미국의 IT 기업이지만 미국뿐만 아니라 한국에서도 애플 주식에 투자하는 사람이 많습니다. 기업의 가치를 주가로 평가해볼 때 가장 중요하게 작용하는 '숫자'를 통해 애플의 기업 가치를 살펴보겠습니다.

▲ 애플 브랜드 로고(ⓒApple)

$ TIP 해당 내용은 가치 투자의 기본 원리를 설명하기 위해 특정 시점의 애플 주가와 실적을 기준으로 산출해보는 실습입니다. 시점에 따라 차이가 있을 수 있으며, 책 내용을 이해하는 데 참고용으로만 활용하도록 합니다.

애플 주식 이해하기

애플의 기업 가치를 평가하기 위해 애플 주가를 알아보겠습니다. 주식 시장 시세와 금융 뉴스를 확인할 수 있는 인베스팅닷컴(https://kr.investing.com)에 접속합니다. [웹사이트 검색]에 애플을 검색한 후 애플 기업 정보와 주가를 찾아봅니다.

Investing.com	웹사이트 검색			Q
나의 최근 검색	애플 입력하여 검색			
▦ AAPL	애플	주식 - 나스닥		☆⁺
인기 검색				
▦ GIPR	Generation Income Properties Inc	주식 - 나스닥		☆⁺
▦ AAPL	애플	주식 - 나스닥		☆⁺
⌗ 089860	롯데렌탈	주식 - 서울		☆⁺
▦ APPS	Digital Turbine Inc	주식 - 나스닥		☆⁺
⌗ 000720	현대건설	주식 - 서울		☆⁺

▲ 인베스팅닷컴(출처 : https://kr.investing.com)

검색을 마치고 나면 화면 중앙에 애플(AAPL)의 주가 그래프와 간단한 정보가 나타납니다. 왼쪽 상단에 애플(Apple)이 아닌 'AAPL'로 표시되는 것은 증권사의 '티커(Ticker, 종목 코드)'입니다. 해외 주식을 접하다 보면 우리에게 익숙한 회사명이나 브랜드명이 아닌 티커가 표시되는 것을 확인할 수 있습니다. 따라서 주요 기업의 티커를 익혀두는 것이 좋습니다.

▲ 주식 현황과 티커(출처 : https://www.istockphoto.com)

종목 코드, 티커(Ticker)란 주식 거래를 위한 시스템에서 종목명을 쉽게 찾을 수 있도록 하는 알파벳 약자를 의미합니다. 긴 종목명을 짧게 축약했기 때문에 입력하기 쉽습니다.

미국 주식의 경우 주로 종목 코드가 알파벳으로 이루어져 있는 것이 특징입니다. 뉴욕 증시 (NYSE)의 경우 주로 알파벳 세 자리까지, 나스닥(NASDAQ)의 경우 다섯 자리까지 사용하기도 합니다.

대표적인 종목의 티커로는 구글(GOOGL), 테슬라(TSLA), 애플(AAPL), 아마존(AMZN), 스타벅스(SBUX) 등이 있습니다.

우리나라 주식 시장에도 티커가 존재합니다. 다만 우리나라에서는 알파벳 대신 여섯 자리 숫자로 이루어진 종목 코드를 사용합니다. 대표적인 국내 주식 종목 코드로는 삼성전자 (005930), SK하이닉스(000660), 네이버(035420), 카카오(035720) 등이 있습니다.

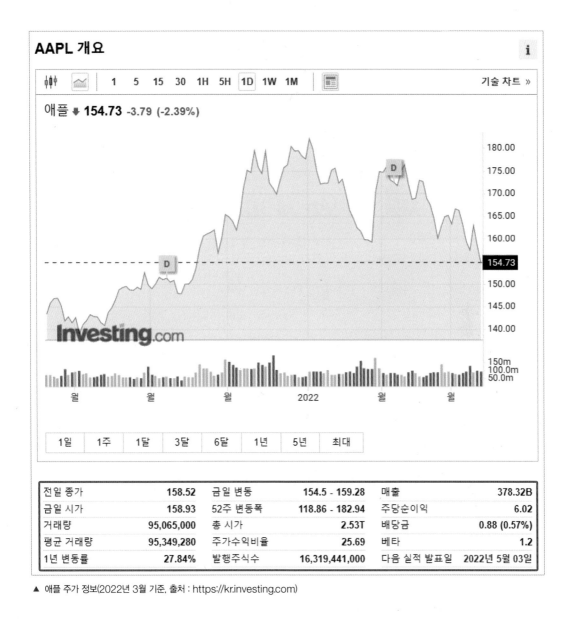

AAPL 개요						i

애플 ⬇ **154.73** -3.79 (-2.39%)

전일 종가	158.52	금일 변동	154.5 - 159.28	매출	378.32B
금일 시가	158.93	52주 변동폭	118.86 - 182.94	주당순이익	6.02
거래량	95,065,000	총 시가	2.53T	배당금	0.88 (0.57%)
평균 거래량	95,349,280	주가수익비율	25.69	베타	1.2
1년 변동률	27.84%	발행주식수	16,319,441,000	다음 실적 발표일	2022년 5월 03일

▲ 애플 주가 정보(2022년 3월 기준, 출처 : https://kr.investing.com)

애플의 시가 총액은 2022년 3월 기준 2.53조 달러, 우리나라 돈으로 대략 3천조 원이 넘습니다. 총 발행 주식 수는 약 164억 주에 달하고 평균 거래량도 어마어마한 것을 확인할 수 있습니다. 차트를 통해 주식의 변동을 살펴볼 수 있습니다. 1년 수익 변동률을 참고하여 투자에 적정한지 참고할 수도 있습니다.

$ TIP 미국에는 1조 달러 클럽이 있습니다. 시가 총액 1조 달러 이상을 가진 기업들을 말합니다. 해당 기업은 애플(2조 5천 억 달러) 외에 마이크로소프트(2조 3천 억 달러), 아마존(1조 5천 억 달러), 구글(1조 5천 억 달러), 테슬라(1조 146억 달러)입니다. 이 기업은 모두 자국 내 주식 시장뿐 아니라 전 세계 주식 시장에서 집중적인 관심을 받고 있습니다.

주식 투자는 특정 기업에 나의 돈을 직접 투자하는 행위를 말합니다. 앞서 애플이란 기업에 대해 간략히 알아본 것처럼 해당 기업 혹은 브랜드가 어떤 철학과 가치를 갖고 운영되는지 확인합니다. 이것이 나의 관심사와 맞는지 등을 꼼꼼히 따져보고 살펴보는 것이 투자의 시작이라고 할 수 있습니다.

주식의 적정 가치를 알아보는 세 가지 방법

올바른 주식 투자를 위한 기본적인 가치 평가 방식에 대해 알아보겠습니다. 주식의 대표적인 가치 평가 방법 세 가지를 기준으로 간략히 설명해보겠습니다.

PER(Price Earning Ratio)

주식 투자를 한다면 가장 많이 들어보았을 용어입니다. 일명 'PER(퍼)'라고 부르며 '주가÷주당 순이익(EPS)'으로 주가 수익 비율을 계산합니다. 여기서 EPS(Earning Per Share)는 '주당 순이익'으로 해당 기업의 순이익을 총 주식 수로 나눈 값을 말합니다. 이 의미는 '현재 해당 기업의 주가 수준이 벌어들이는 이익의 몇 배 정도인가'로 해석할 수 있습니다.

예를 들어 어떤 기업의 시가 총액이 10만 원인데, 벌어들이는 이익이 1만 원이라고 가정해보겠습니다. 주가를 이익으로 나눈 PER은 10이 됩니다. 다시 말해 PER이 '10'인 기업은 향후 '10년' 정도의 기간이면 '현재 기업의 가치를 벌어들이겠구나' 혹은 '원금 회수가 가능하겠구나'라고 해석할 수 있는 것입니다.

PER = 주가(P) ÷ 주당 순이익(EPS)

주가(1만 원) ÷ 주당 순이익(1,000원) = 10

PER은 당연히 낮을수록 좋습니다. 물론 이 계산이 절대적인 투자 지표는 아닙니다. 주식 투자를 할 때 PER이 여러 종목의 상대적 수익 가치를 나타내므로 투자 결정 시 유용하게 활용할 수 있는 평가법으로 이해합니다.

PBR(Price Book-value Ratio)

주가 순자산 비율을 말합니다. '주가÷주당 순자산(BPS)'으로 계산합니다. 여기서 BPS(Book-value Per Share)는 '주당 순자산'으로, 해당 기업의 순자산을 주식 수로 나누어 계산합니다. 쉽게 말해 어떤 기업의 주가가 순자산(자본금과 자본 잉여금, 이익 잉여금의 합계)에 비해 1주당 몇 배로 거래되고 있는지 측정하는 지표라고 할 수 있습니다.

PBR = 주가(P) ÷ 주당 순자산(BPS)

주가(1만 원) ÷ 주당 순자산(1만 원) = 1

의미를 해석해보면 어떤 회사의 장부상 가치라고 할 수 있습니다. 회사를 청산한다고 가정했을 때 남는 자산이 있을 수 있습니다. 예를 들어 건물이나 현금, 지적재산권 같은 것들을 정리해서 주주들에게 보상해줄 수 있습니다. 따라서 PBR은 재무 내용 면에서 주가를 판단하는 척도가 됩니다.

PBR이 '1'이라고 하면 특정 시점의 그 기업의 청산 가치와 현재 주가가 같다는 의미가 됩니다. 다시 말해 그 기업이 당장 망한다고 해도 현재 주가 정도는 보장받을 수 있으므로 안전하다고 볼 수 있습니다. 따라서 PBR의 기준치는 '1'입니다. 1보다 크면 고평가, 1보다 작으면 저평가되어 있다고 말합니다.

PSR(Price Sales Ratio)

주가 순매출 비율을 말합니다. '주가÷주당 순매출(SPS)'로 계산합니다. 여기서 SPS(Sales Per Share)는 주당 순매출액이므로 순매출액을 주식 수로 나눈 값으로 이해합니다.

PSR = 주가(P) ÷ 주당 순매출(SPS)

주가(1만 원) ÷ 주당 순매출(10만 원) = 10

이 지표는 매출만 고려할 뿐 회사 전체 비용 구조에 대해서는 고려하지 않습니다. 영업 이익률이 높은 회사는 그렇지 않은 회사에 비해 평가 절하될 수 있습니다. 그러므로 다른 재무 비율과 함께 사용하여 일종의 '보완 투자 지표'로 활용한다는 점을 기억해야 합니다.

열셀 개산기

재데크 원리

샘프 재무 분석

주식 투자

부동산

연말정산

은퇴와 노후

엑셀로 애플 주가의 적정 가치 계산하기

앞서 소개한 세 가지 기준을 참고하여 애플 주식의 적정 가치를 계산해보겠습니다.

실습 파일 3장\애플 주가 적정 가치.xlsx

STEP 01 PER(Price Earning Ratio) 계산하기

가장 먼저 애플의 PER(주가 수익 비율)을 계산해보겠습니다. 다음 표는 애플의 2020년 3분기
실적(공시 자료)입니다. 평소 관심 있는 상장 회사가 있다면 다양한 공시 자료를 활용하여 기업
의 가치 평가를 해볼 수 있습니다.

구분	2020년 3분기	증감	
	실적	전년 동기 대비	전분기 대비
매출액	597	10.9%	2.4%
영업 이익	131	13.4%	1.9%
세전 이익	131	10.3%	−0.3%
순이익	113	12.0%	0.0%

▲ US Non-GAAP 기준, Apple, Bloomerg 참고(단위 : 억 달러, 출처 : https://www.apple.com/kr/newsroom/2020/07/
apple-reports-third-quarter-results)

공시 자료에 따르면 2020년 3분기 애플의 순이익은 113억 달러입니다. 연간으로 환산하면 448
억 달러이며, 한화로 환산하면 약 54조 원에 달하는 액수입니다.

$$\text{PER = 주가(P)} \div \text{주당 순이익(EPS)}$$

PER을 계산하려면 주당 순이익(EPS)을 알아야 합니다. 총 순이익을 알고 있으니 총 주식 수
를 계산하여 주당 순이익을 계산해보겠습니다. 애플의 2020년 3분기 실적을 토대로 주가
의 적정 가치를 계산하는 방식이므로 2020년 4분기 당시의 총 발행 주식 수(약 165만 주,
16,530,166,000주), 현재 주가 153.49달러로 실습합니다.

01 [순이익] 입력 셀에 **=11300000000*4**를 입력합니다.

STEP 01. PER을 활용해 애플 주식의 적정 가치 계산하기	
순이익	=11300000000*4 X 4분기
총 주식 수	입력
EPS(Earning Per Share)	
현재 주가	
PER	
※ 참고 : 평균 15~20, 2019년 애플의 Per 20~24 수준	

02 [총 주식 수] 입력 셀에 **16530166000**을 입력합니다.

STEP 01. PER을 활용해 애플 주식의 적정 가치 계산하기	
순이익	45,200,000,000$ X 4분기
총 주식 수	16,530,166,000 입력
EPS(Earning Per Share)	
현재 주가	
PER	
※ 참고 : 평균 15~20, 2019년 애플의 Per 20~24 수준	

💲 **TIP**   이번 실습에 입력하는 정보는 이 책의 141쪽에서 소개한 인베스팅닷컴에서 확인할 수 있는 애플의 기업 정보입니다. 날마다 현재 주가가 달라질 수 있으므로 주식 투자하려는 시점에 맞춰 입력합니다.

03 ❶ [EPS(Earning Per Share)] 입력 셀에 **=C3/C4**를 입력해 순이익÷총 주식 수를 계산합니다. ❷ EPS는 2.7달러가 계산된 것을 확인할 수 있습니다.

STEP 01. PER을 활용해 애플 주식의 적정 가치 계산하기	
순이익	45,200,000,000$ X 4분기
총 주식 수	16,530,166,000
EPS(Earning Per Share)	=C3/C4 ❶ 입력
현재 주가	
PER	
※ 참고 : 평균 15~20, 2019년 애플의 Per 20~24 수준	

STEP 01. PER을 활용해 애플 주식의 적정 가치 계산하기	
순이익	45,200,000,000$ X 4분기
총 주식 수	16,530,166,000
EPS(Earning Per Share)	2.7$ ❷
현재 주가	
PER	
※ 참고 : 평균 15~20, 2019년 애플의 Per 20~24 수준	

엑셀 계산기

재테크 원리

샐프 재무 분석

주식 투자

부동산

엑믈정산

재테크 노하

04 ❶ [현재 주가] 입력 셀에 **153.49**를 입력하고 ❷ [PER] 입력 셀에 **=C6/C5**를 입력해 현재 주가÷EPS를 계산합니다. ❸ PER은 56.1이 계산된 것을 확인할 수 있습니다.

STEP 01. PER을 활용해 애플 주식의 적정 가치 계산하기	
순이익	45,200,000,000$ X 4분기
총 주식 수	16,530,166,000
EPS(Earning Per Share)	2.7$
현재 주가	153$ ❶ 입력
PER	=C6/C5 ❷ 입력
※ 참고 : 평균 15~20, 2019년 애플의 Per 20~24 수준	

STEP 01. PER을 활용해 애플 주식의 적정 가치 계산하기	
순이익	45,200,000,000$ X 4분기
총 주식 수	16,530,166,000
EPS(Earning Per Share)	2.7$
현재 주가	153$
PER	56.1 ❸
※ 참고 : 평균 15~20, 2019년 애플의 Per 20~24 수준	

PER은 해당 기업의 수익 창출 수준을 가늠하는 비교 지표입니다. 보통 우리나라 주식 시장의 PER은 12~20 정도가 일반적인데, 미국 주식도 비슷한 수준입니다. 그렇다면 시장 전반의 PER을 비교해봤을 때 애플의 PER은 56이므로 상당히 높은 수준임을 알 수 있습니다.

시장 전반과의 비교뿐만 아니라 좀 더 세부적으로 동일 산업군, 경쟁 기업 등과 같이 카테고리를 나누어 비교해보면 더 유용한 인사이트를 얻을 수 있습니다. 마지막으로 해당 기업의 과거 특정 시점과 비교하는 방법도 유용합니다. 예를 들어 애플의 2019년도 PER은 20 수준이었습니다. 전년 대비 수익성 면에서만 평가한다면 '전년 대비 다소 고평가되어 있구나'라고 평가할 수도 있습니다.

필자가 PER 계산으로 이야기하고 싶은 것은 '특정 주식이 고평가되어 있다, 저평가되어 있다' 등이 아닙니다. 적어도 이러한 가치 평가를 통해 **기업 상황과 시장 흐름을 정확히 인식하고 자신의 주관을 가지고 투자를 진행**해야 한다는 것입니다.

PBR(Price Book-value Ratio) 계산하기

PBR(주가 순자산 비율)도 계산해보겠습니다. '주가÷주당 순자산(BPS)'으로 계산해야 하므로 순자산 수준을 알아야 합니다. 자산의 현재 상황을 알 수 있는 애플 재무 상태표를 참고해보겠습니다. 다음 표를 보면 2019년도 말 기준으로 애플의 총자산은 약 3,385억 달러, 총부채는 약 2,480억 달러로 순자산 총계(자본 총계)는 905억 달러입니다. 원화로 환산 시 109조 원에 달합니다.

구분	2018	2019
유동 자산 총계	1,313	1,628
현금 및 현금성 자산	663	1,006
매출 채권	232	229
재고 자산	40	41
비유동 자산 총계	2,344	1,757
순 유형 자산	413	3,738
기타 비유동 자산	223	3,298
자산 총계	3,657	3,385
유동 부채 총계	1,160	1,057
매입 채권	538	446
단기 차입금	208	162
기타 유동 부채	414	448
비유동 부채 총계	1,426	1,423
장기 차입금	937	918
기타 비유동 부채	489	505
부채 총계	2,586	2,480
보통주 자본금/주식 발행 초과금	402	452
이익 잉여금	704	459
자본 총계	1,071	905
부채 및 자본 총계	3,657	3,385

▲ US Non-GAAP 기준, Apple, Bloomerg 참고(단위 : 억 달러, 출처 : https://www.apple.com/kr/newsroom/2020/07/apple-reports-third-quarter-results)

PBR = 주가(P) ÷ 주당 순자산(BPS)

PBR을 계산하려면 주당 순자산(BPS)을 알아야 합니다. 순자산을 알고 있으니 총 주식 수를 계산하여 주당 순자산을 계산해보겠습니다. 같은 기준으로 총 발행 주식 수는 약 165만 주, 현재 주가는 153.49달러로 진행합니다. **STEP 01** 계산과 마찬가지로 순자산 총액을 총 주식 수로 나누면 주당 순자산(BPS)이 됩니다. 이것을 현재 주가로 나누면 PBR 결괏값이 됩니다.

01 [순자산] 입력 셀에 **=90488000000**을 입력합니다.

STEP 02. PBR을 활용해 애플 주식의 적정 가치 계산하기	
순자산	90488000000 〈 입력

02 [총 주식 수] 입력 셀에 **16530166000**을 입력합니다.

STEP 02. PBR을 활용해 애플 주식의 적정 가치 계산하기	
순자산	90,488,000,000$
총 주식 수	16,530,166,000 〈 입력
BPS(Book-value Per Share)	
현재 주가	
PBR	
※ 참고 : 기준 1	

03 ❶ [BPS(Book-value Per Share)] 입력 셀에 **=G3/G4**를 입력해 순자산÷총 주식 수를 계산합니다. ❷ BPS는 5.5달러가 계산된 것을 확인할 수 있습니다.

STEP 02. PBR을 활용해 애플 주식의 적정 가치 계산하기	
순자산	90,488,000,000$
총 주식 수	16,530,166,000
BPS(Book-value Per Share)	=G3/G4 ❶ 입력
현재 주가	
PBR	
※ 참고 : 기준 1	

STEP 02. PBR을 활용해 애플 주식의 적정 가치 계산하기	
순자산	90,488,000,000$
총 주식 수	16,530,166,000
BPS(Book-value Per Share)	5.5$ ❷
현재 주가	
PBR	
※ 참고 : 기준 1	

04 ❶ [현재 주가] 입력 셀에 **153.49**를 입력하고 ❷ [PBR] 입력 셀에 **=G6/G5**를 입력해 현재 주가÷BPS를 계산합니다. ❸ PBR은 28.0이 계산된 것을 확인할 수 있습니다.

STEP 02. PBR을 활용해 애플 주식의 적정 가치 계산하기	
순자산	90,488,000,000$
총 주식 수	16,530,166,000
BPS(Book-value Per Share)	5.5$
현재 주가	153$ ❶ 입력
PBR	=G6/G5 ❷ 입력
※ 참고 : 기준 1	

STEP 02. PBR을 활용해 애플 주식의 적정 가치 계산하기	
순자산	90,488,000,000$
총 주식 수	16,530,166,000
BPS(Book-value Per Share)	5.5$
현재 주가	153$
PBR	28.0 ❸
※ 참고 : 기준 1	

애플의 주당 순자산 비율(PBR)은 28에 달하는 것을 알 수 있습니다. 앞서 PBR의 기준을 '1'이라고 설명했습니다. 애플과 같은 IT 기업은 공장과 같은 유형 자산 비중이 크지 않기 때문에 PBR이 중요한 척도는 아닙니다. 반면 조선, 철강, 건설 등 대규모 인프라 기반의 산업군의 경우에는 재무 안전성을 판단하는 데 매우 중요한 지표로 활용하기도 합니다. 이러한 점을 염두에 두고 투자에 활용하도록 합니다.

마지막으로 PSR(주가 순매출 비율)도 계산해보겠습니다. '주가÷주당 순매출(SPS)'로 계산해야 하므로 순매출을 알아야 합니다. 다음 표를 보면 애플의 2020년 실적 전망치에서 매출액 항목은 2,731억 달러에 달하는 것을 알 수 있습니다. 이것을 총 주식 수로 나누어 주당 순매출(SPS)을 계산하고, 다시 현재 주가로 나누어 PSR을 계산합니다. 참고로 PSR은 적정 기준을 세우기가 쉽지 않으므로 보통 동종 업계 비교 지표로만 활용한다는 것을 기억합니다.

구분	연간	
	2019	2020
매출액	2,560	2,731
증가율	−2.20%	−5.10%
순이익	552	569
증가율	−7.20%	3.00%
EBITDA	745	780
증가율	−7.20%	4.60%
EPS	2.97	3.24
증가율	−0.37%	9.10%
BPS	5.09	3.64
증가율	−9.60%	−28.50%

▲ US Non-GAAP 기준, Apple, Bloomerg 참고(단위 : 억 달러, 출처 : https://www.apple.com/kr/newsroom/2020/07/apple-reports-third-quarter-results)

01 [총매출] 입력 셀에 **=273100000000**을 입력합니다.

STEP 03. PSR을 활용해 애플 주식의 적정 가치 계산하기		
총매출	273100000000 [입력]	
총 주식수		
SPS(Sales Per Share)		
현재 주가		
PSR		

02 [총 주식 수] 입력 셀에 **16530166000**을 입력합니다.

STEP 03. PSR을 활용해 애플 주식의 적정 가치 계산하기		
총매출	273,100,000,000$	
총 주식 수	16,530,166,000	입력
SPS(Sales Per Share)		
현재 주가		
PSR		

03 ❶ [SPS(Sales Per Share)] 입력 셀에 **=J3/J4**를 입력해 총매출÷총 주식 수를 계산합니다. ❷ SPS는 16.5달러가 계산된 것을 확인할 수 있습니다.

STEP 03. PSR을 활용해 애플 주식의 적정 가치 계산하기		
총매출	273,100,000,000$	
총 주식수	16,530,166,000	
SPS(Sales Per Share)	=J3/J4	❶ 입력
현재 주가		
PSR		

STEP 03. PSR을 활용해 애플 주식의 적정 가치 계산하기		
총매출	273,100,000,000$	
총 주식수	16,530,166,000	
SPS(Sales Per Share)	16.5$	❷
현재 주가		
PSR		

04 ❶ [현재 주가] 입력 셀에 **153.49**를 입력하고 ❷ [PSR] 입력 셀에 **=J6/J5**를 입력해 현재 주가÷SPS를 계산합니다. ❸ PSR은 9.3이 계산된 것을 확인할 수 있습니다.

STEP 03. PSR을 활용해 애플 주식의 적정 가치 계산하기		
총매출	273,100,000,000$	
총 주식수	16,530,166,000	
SPS(Sales Per Share)	16.5$	
현재 주가	153$	❶ 입력
PSR	=J6/J5	❷ 입력

STEP 03. PSR을 활용해 애플 주식의 적정 가치 계산하기		
총매출	273,100,000,000$	
총 주식수	16,530,166,000	
SPS(Sales Per Share)	16.5$	
현재 주가	153$	
PSR	9.3	❸

엑셀 재테크 사전 | PSR 계산할 때 유의할 점

PSR(주가 순매출 비율)을 계산할 때 적정 기준이 없다는 것을 항상 기억해야 합니다. 보통 동종 업계와의 비교 지표로만 활용하므로 어떤 수치가 적정하다는 정답은 없습니다.

기업	상장 이후 Sales Multiples		2020년 및 2021년 Sales Multiples	
	상장 연도	상장 연도+1	2020E	2021E
아마존(AMZN US)	9.8	28.0	3.5	3.0
알파벳(GOOGL US)	16.1	19.8	6.5	5.3
페이스북(FB US)	12.4	17.7	7.2	5.7
알리바바(BABA US)	16.9	12.5	7.7	5.9
넷플릭스(NFLX US)	1.6	5.1	7.5	6.3
부킹홀딩스(BKNG US)	16.1	0.2	6.4	4.0
텐센트(700 HK)	7.6	10.7	7.8	6.4
우버(UBER US)	4.0	4.0	4.0	2.8
평균	10.6	12.3	**6.3**	**4.9**

▲ 미국 플랫폼 기업 PSR Valuation(출처 : 2020년 4월 27일 기준, Bloomberg, 삼성증권 참조(단위 : 배))

해당 표는 미국의 주요 플랫폼 기업의 예측 PSR을 분석한 참고 자료입니다. 마찬가지로 2020E 기준을 보면 애플처럼 미국 내 주요 플랫폼(동종 업계) 기업의 평균 PSR의 수준을 확인할 수 있습니다. 산업군 평균은 6.3이며, 2021E 예측도 확인할 수 있습니다. 앞서 애플의 PSR은 9.3으로 계산되었습니다. 이것은 동종 산업군에 비해 높은 수준으로 판단할 수 있습니다.

가치 평가보다 꾸준한 관심 가지기

우리에게 친숙한 애플이라는 기업의 실적을 토대로 주식 투자할 때 알아두면 좋은 가치 투자 방법에 대해 알아보았습니다. 주식의 적정 가치를 계산하는 법을 알았으니 바로 투자에 뛰어드는 것이 옳은 선택일까요? 주식의 가치 평가를 잘한다고 해서 높은 수익을 내는 것은 아닙니다.

주식 투자는 타고난 투자 감각과 정보력, 심리 등 여러 가지 항목이 복합적으로 작용하여 수익이라는 결과로 나타납니다. 만약 여러분이 어떤 종목에 투자하겠다고 마음먹었다면 장기간 꾸준히 관심을 갖고 관찰하는 과정이 선행되어야 합니다. 투자를 실행할 때는 누군가의 조언이나 검증되지 않은 소문 및 정보가 아닌 냉철한 머리로 분석하고 직접 판단하는 지혜가 필요합니다.

엑셀 개산기

재테크 원리

셀프 재무 분석

주식 투자

부동산

연말정산

은퇴와 노후

종목 선정 시 알아두면 유용한 계산법

주식 투자할 때 가장 중요한 것이 종목 선정입니다. 대부분의 초보 투자자는 일명 '지라시' 정보에 의존하여 종목을 선정합니다. 워렌 버핏 같은 투자의 대가들은 기업을 매수하듯 주식을 매수하라고 충고하지만 초보 투자자 입장에서는 말처럼 쉬운 일이 아닙니다. 그럼에도 불구하고 가장 기본적인 지표 몇 가지 정도는 체크한 후 투자를 실행해야 합니다. 적어도 매수하지 말아야 할 주식을 매수하는 실수를 줄일 수 있기 때문입니다. 이번에는 앞서 소개한 주식 적정 가치를 계산하는 세 가지 기준 외에 추가로 알아두면 좋은 계산법을 알아보겠습니다.

ROE(Return On Equity, 자기 자본 이익률)

ROE(Return On Equity)는 순이익을 자기 자본 총액으로 나눈 지표입니다. 해당 기업이 자기 자본을 활용해 어느 정도의 이익을 올리고 있는지 알아볼 수 있습니다. 기업의 자금이 얼마나 효율적으로 운영되고 있는지 알 수 있는 ROE 계산법을 수식으로 표현하면 다음과 같습니다.

엑셀 개선기

재테크 원리

셀프 재무 분석

주식 투자

부동산

엑셀정산

은퇴와 노후

$$\text{ROE} \atop \text{(자기 자본 이익률)}$$

= 순이익 ÷ 자기 자본

= 순이익 마진율 × 자산 회전율 × 재무 레버리지

= (당기 순이익 ÷ 매출액) × (매출액 ÷ 총자산) × (총자산 ÷ 자기 자본)

간단히 ROE를 계산해보겠습니다. 주가와 매출액, 당기 순이익, 총자산, 자기 자본 비율을 넣어 ROE를 계산합니다. 매출액(100억 원)÷총자산(100억 원)×자기 자본 비율(60.0%)로 계산하면 16.7%를 결괏값으로 확인할 수 있습니다.

ROE 계산기

주가	1만 원
매출액	100억 원
당기 순이익	10억 원
총자산	100억 원
자기 자본 비율	60.0%
ROE	**16.7%**

※ ROE=순이익÷자기 자본 총액

이해를 돕기 위해 가상의 종목표를 준비했습니다. A부터 E까지 총 다섯 개의 종목이 있고 거래량, 주가, 시가 총액 등으로 PER, PBR, ROE, ROA를 계산해보았습니다. 이 예시를 기준으로 각 지표의 특성을 알아보겠습니다.

종목	거래량(건)	주가(원)	시가 총액(원)	PER	PBR	ROE	ROA
A전자	200만	5만	1,000억	10.0	1.0	14.3%	10.0%
B화학	70만	10만	700억	12.5	0.6	7.0%	4.7%
C바이오	100만	7만	700억	8.8	0.9	13.3%	10.0%
D자동차	130만	120만	1,560억	17.1	1.3	9.1%	7.6%
E철강	100만	10만	1,000억	11.1	0.7	9.0%	6.0%

💰 **TIP** 실습 파일(3장\주식 평가법2.xlsx)을 열어 세부 항목을 확인할 수 있습니다. 실제 표는 영업 이익률부터 배당 수익률, 매출액, 당기 순이익, 영업 이익, EPS, 배당금, 부채 비율, 총자산, 자기 자본까지 기입되어 있습니다. 각 셀을 클릭해 수식을 확인합니다.

ROE는 당연히 높을수록 좋습니다. 표에서 다섯 개의 종목 중에 ROE가 가장 높은 종목은 A 전자 주식임을 알 수 있습니다. 다른 주요 지표가 나쁘지 않은 상황에서 ROE가 지속적으로 증가하거나 상승하는 것은 좋은 시그널이라고 할 수 있습니다.

ROA(Return On Assets, 자산 수익률)

ROA(Return On Assets)는 기업의 순이익을 총자산으로 나눈 지표로, 해당 기업이 총자산 규모에 비해 얼마나 많은 이익을 올리고 있는지 확인합니다. 결론적으로 자기 자본뿐만 아니라 외부 자금을 포함한 총자산을 얼마나 효율적으로 운영하고 있는지 확인할 수 있습니다. 순이익이 동일할 경우 자산 운용의 효율성이 높은 기업이 어디인지 평가할 때 유용합니다. ROA는 통상적으로 외부 자본 운용 비율이 높은 금융주일 때 가장 중요하게 보아야 합니다. ROA 계산법을 수식으로 표현하면 다음과 같습니다.

ROA(총자산 이익률) = 총자산 회전율 × 매출액 순이익률

= (매출액 ÷ 총자산) × (순이익 ÷ 매출액)

간단히 ROA를 계산해보겠습니다. ROA는 순이익을 총자산으로 나누어야 합니다. 순이익(10억 원)÷총자산(100억 원)을 계산하면 10%의 결괏값을 확인할 수 있습니다.

ROA 계산기

주가	1만 원
매출액	100억 원
당기 순이익	10억 원
총자산	100억 원
자기 자본 비율	60.0%
ROE	**10.0%**

※ ROA=순이익÷총자산 총액

종목	거래량(건)	주가(원)	시가 총액(원)	PER	PBR	ROE	ROA
A전자	200만	5만	1,000억	10.0	1.0	14.3%	10.0%
B화학	70만	10만	700억	12.5	0.6	7.0%	4.7%
C바이오	100만	7만	700억	8.8	0.9	13.3%	10.0%
D자동차	130만	120만	1,560억	17.1	1.3	9.1%	7.6%
E철강	100만	10만	1,000억	11.1	0.7	9.0%	6.0%

표에서 A전자와 C바이오 종목의 ROA가 높은 것을 확인할 수 있습니다. 통상적으로 자기 자본보다 총자산의 크기가 크기 때문에 ROE보다 ROA가 작지만, 그 폭은 차이가 있음을 알 수 있습니다. A전자가 C바이오와 같은 ROA임에도 ROE는 더 높은 것을 확인할 수 있습니다.

영업 이익률

영업 이익률은 매출액을 영업 이익으로 나눈 지표입니다. ROE, ROA와 달리 일반 기업 내에서도 흔히 사용하고 있어 매우 익숙한 용어입니다. 영업 이익률은 특정 기업의 수익성을 나타내는 척도라고 할 수 있습니다. 이때 영업 이익은 매출 총이익에서 영업비를 공제하여 계산합니다.

수익성을 평가하는 지표가 영업 이익률만 있는 것은 아니지만 기업이 순수하게 영업 활동을 통해 얻는 수익을 기초로 수익성을 평가한다는 데 큰 의미가 있습니다. 예를 들어 당기 순이익이 높더라도, 영업 활동에서 손실이 나고 회사가 가지고 있던 자산 일부를 처분해서 경상 이익이 난 것이라고 한다면 수익률이 높다고 해서 수익성이 높다고 판단할 수 없습니다. 영업 이익률 계산법을 수식으로 표현하면 다음과 같습니다.

영업 이익률 = 영업 이익 ÷ 매출액

영업 이익률을 간단히 계산해보면 영업 이익(5억 원)÷매출액(100억 원)이므로 영업 이익률은 5.0%입니다.

영업 이익률 계산기

주가	1만 원
매출액	100억 원
당기 순이익	10억 원
영업 이익	5억 원
경상 이익	5억 원
영업 이익률	5.0%

※ 영업 이익률=영업 이익÷매출액

종목	거래량(건)	주가(원)	시가 총액(원)	영업 이익률	배당 수익률	매출액(원)	당기 순이익(원)	영업 이익(원)	EPS	배당금(원)
A전자	200만	5만	1,000억	6.7%	4.0%	1,200억	100억	80억	5,000	2,000
B화학	70만	10만	700억	5.0%	3.0%	1,000억	56억	50억	8,000	3,000
C바이오	100만	7만	700억	8.8%	2.9%	800억	80억	70억	8,000	2,000
D자동차	130만	120만	1,560억	5.8%	1.7%	1,200억	91억	70억	7,000	2,000
E철강	100만	10만	1,000억	4.5%	6.0%	1,100억	90억	50억	9,000	6,000

표에서 A전자와 D자동차의 매출액은 같지만 영업 이익이 10억 원 차이가 납니다. D자동차의 영업 이익이 더 낮습니다. 영업 이익은 단순 지표로 판단하지 않으며, 기업의 다른 주요 지표가 좋은 상황에서 영업 이익률이 꾸준히 증가하는 추세를 보인다면 좋은 시그널로 판단할 수 있습니다.

배당 수익률

주식 시장에서 투자자들이 좋아하는 종목 중 하나는 배당금을 받을 수 있는 종목입니다. 배당금은 기업이 일정 기간 영업 활동으로 벌어들인 이익금 중의 일부를 주주에게 되돌려주는 금액을 말합니다. 이러한 배당금이 있는 주식을 배당 주식, 배당금의 수익률이 높은 종목을 '배당주'라고 부릅니다. 지금처럼 은행 금리가 낮은 상황에서는 예금보다 배당 수익률이 높은 배당주 투자에 관심을 가지기도 합니다.

배당 수익률은 주식 시장 전체에서 수익성 정도를 파악하거나 종목 간 수익성을 비교하는 데 활용합니다. 배당 수익률을 계산하려면 개별 종목의 1주당 배당금을 주가로 나누어 계산합니다. 배당 수익은 기업 실적에 따라 그때그때 달라지므로 평균 배당 수익률로 나타냅니다. 평균 배당 수익률은 다시 단순 평균 배당 수익률과 가중 평균 배당 수익률로 구분하여 표현하기도 합니다. 배당 수익률 계산법을 수식으로 표현하면 다음과 같습니다.

배당 수익률 = 배당금 ÷ 주가

배당 수익률을 간단히 계산해보면 배당금(1,000원)÷주가(1만 원)이므로 배당 수익률은 10.0% 입니다.

배당 수익률 계산기

주가	1만 원
매출액	100억 원
당기 순이익	10억 원
영업 이익	5억 원
배당금	1,000원
배당 수익률	**10.0%**

※ 배당 수익률=배당금÷주가

종목	거래량(건)	주가(원)	시가 총액(원)	영업 이익률	배당 수익률	매출액(원)	당기 순이익(원)	영업 이익(원)	EPS	배당금(원)
A전자	200만	5만	1,000억	6.7%	4.0%	1,200억	100억	80억	5,000	2,000
B화학	70만	10만	700억	5.0%	3.0%	1,000억	56억	50억	8,000	3,000
C바이오	100만	7만	700억	8.8%	2.9%	800억	80억	70억	8,000	2,000
D자동차	130만	120만	1,560억	5.8%	1.7%	1,200억	91억	70억	7,000	2,000
E철강	100만	10만	1,000억	4.5%	6.0%	1,100억	90억	50억	9,000	6,000

엑셀 계산기

재테크 원리

샘플 재무 분석

주식 투자

부동산

일반결산

은퇴와 노후

표에서 A전자와 E철강 종목이 4% 이상의 높은 배당 수익률을 유지하고 있는 것을 확인할 수 있습니다. 배당 수익률 면에서만 본다면 E철강 종목이 가장 우수합니다. 하지만 주가와 시가 총액, 영업 이익률을 고려해봐야 합니다. 다른 종목 지표도 좋은 상태에서 은행 이자율보다 2% 이상 높은 배당 수익을 실현할 수 있는 A전자도 괜찮은 투자 종목이 될 수 있습니다.

부채 비율

부채 비율은 기업의 외부 자본 의존도가 어느 정도인지 확인할 수 있는 지표입니다. 기업도 가계와 마찬가지로 과도한 부채는 기업의 건전성을 해칩니다. 따라서 기업의 부채 역시 자기 자본 이하로 관리되는 것이 바람직합니다. 부채 비율은 100% 이하가 적정하고 부채 비율이 높을수록 재무 구조 역시 불건전해지기 때문에 채무 불이행 위험에 빠질 수 있습니다. 부채 비율 계산법을 수식으로 표현하면 다음과 같습니다.

부채 비율 = 부채 총액(총자산) ÷ 자기 자본 총액

종목	시가 총액(원)	영업 이익률	매출액(원)	당기 순이익 (원)	영업 이익 (원)	부채 비율	총자산(원)	자기 자본(원)
A전자	1,000억	6.7%	1,200억	100억	80억	43%	1,000억	700억
B화학	700억	5.0%	1,000억	56억	50억	50%	1,200억	800억
C바이오	700억	8.8%	800억	80억	70억	33%	800억	600억
D자동차	1,560억	5.8%	1,200억	91억	70억	20%	1,200억	1,000억
E철강	1,000억	4.5%	1,100억	90억	50억	50%	1,500억	1,000억

해당 표에서 부채 비율로만 본다면 D자동차가 가장 안정적인 기업 운영을 한다고 판단할 수 있습니다. 다만, 부채 비율이 너무 적다는 것은 다르게 보면 자기 자본 비율이 높다는 뜻으로 이해할 수 있습니다. 이것은 너무 보수적인 운영으로 인해 성장성이나 자기 자본 수익률 측면을 마이너스 요소로 볼 수 있는 부분입니다.

엑셀 개산기

재테크 원리

셀프 재무 분석

주식 투자

부동산

연말정산

월급와 노후

SECTION 04

리스크에도 가격이 있다

주식 시장을 도박판과 비교하는 경우가 많습니다. 돈과 욕망이라는 에너지로 유지되고 불확실성이 지배하는 세계라는 점에서 비슷하다고 볼 수 있습니다. 하지만 주식은 도박, 투기와는 전혀 다른 속성을 가지고 있습니다. 이번에는 주식 투자에 있어 리스크의 가격 즉, 리스크 프리미엄의 개념에 대해 알아보고 엑셀을 활용하여 계산해보겠습니다.

투자 vs 도박, 그리고 투기

투자(Investment), 도박(Gambling), 투기(Speculation)는 위험을 수반하는 거래라는 점에서 비슷한 특성을 가지고 있습니다. 하지만 몇 가지 다른 특징이 있습니다. 돈을 벌고자 하는 공통된 목적 외에 각각 다른 특징을 살펴보고 올바른 투자 방법을 생각해봅니다.

기대 수익

기대 수익 관점에서 투자는 **장기적**으로 **플러스(+)의 수익**을 기대하면서 **자금을 투하**하는 경제 활동을 의미합니다. 실제로 긴 시간을 두고 부동산, 주식, 채권 등 주요 투자 시장은 모두 지속적인 우상향 트렌드로 움직여 왔습니다. 지난 200년간 미국 주식 시장의 평균 상승률은 10%를 상회했습니다. 우리나라의 종합 주가 시장 또한 최근 30년간 약 30배 이상 성장했습니다. 이 같은 상승률이 가능한 이유에는 주식 시장 이면에 실물 경제의 주축인 '기업'이 존재하기 때문입니다. 투자자는 기업에 투자하고 그 기업은 또 다시 생산 활동을 통해 매출을 끌어올립니다. 이렇게 올라간 매출로 인해 경제 시장은 활기를 띱니다.

반면 도박의 장기적인 기대 수익률은 0%(Zero)입니다. 말 그대로 아무리 오랜 시간 도박 시장에 참여한다고 해도 새로운 판돈을 가진 참여자가 투입되지 않는 이상 시장 전체의 크기는 늘어나지 않습니다. 한쪽이 득을 보면 반드시 다른 한쪽이 손해를 보는 제로섬(Zero-sum) 게임입니다. 순화해서 표현한 것이 제로섬일 뿐, 실제 현실 속 카지노에는 딜러 마진(Dealer Margin)이 존재합니다. 거대한 카지노는 이 작은 마진으로 운영되므로, 결국 이것을 제하고 나면 장기적으로 마이너스(-)의 수익 세계라고 할 수 있습니다.

리스크 관리

리스크 관리 관점에서 투자라는 활동은 **철저한 분석과 노력에 따라 리스크를 줄일 수 있습니다.** 투자의 고수는 실제 투자를 하기 전에 기업과 종목 선택에 많은 시간과 노력을 기울입니다. 투자의 대가로 불리는 워렌 버핏 역시 한 번 투자한 주식은 믿고 가지만, 신규 투자 종목 선정에 있어서는 까다롭기로 유명합니다. 이처럼 투자라는 행위 이면에는 '가치 분석과 철저한 기술적 분석을 통해 상대적으로 우월한 투자 자산을 선별하는 행위'가 가능하다는 특징이 있으며 이 같은 노력을 통해 상대적으로 리스크를 줄일 수 있습니다. 물론 투자라는 행위 역시 리스크에서 완전히 자유로울 수는 없습니다. 하지만 리스크를 상대적으로 적게 가지고 수익률을 극대화할 수 있는 여러 방법이 존재합니다.

한편 도박은 100% 운에 맡겨야 합니다. 물론 나름대로 동전 던지기에도 비법이 있다며 자신만의 이론을 펼칠 수는 있습니다. 그것은 어디까지나 본인의 개인적 감각과 경험에서 비롯되었을 것입니다. 즉, 객관적으로 가치를 판단할 수 없다는 말입니다.

리스크와 수익률의 상관관계

투자라는 행위는 리스크와 수익률이 함께 반응하는 플러스(+)의 상관관계를 갖습니다. 투자의 기본 원리라고 불리는 '하이 리스크! 하이 리턴!(High Risk! High Return!)'처럼 높은 위험을 보유할 때 높은 기대 수익률을 가질 수 있습니다. 이러한 시장 논리는 우리 일상생활에서 쉽게 찾아볼 수 있습니다.

쉽게 설명해보겠습니다. A와 B라는 투자안이 있습니다. A와 B는 모두 1억 원을 맡겨두면 1년 뒤 10%의 수익을 돌려주겠다고 약속합니다. 다만 일이 잘못되어 원하는 결과를 얻지 못할 위험이 있고, 이 경우에는 10% 수익이 아니라 −10% 손실이 발생할 위험이 있다고 가정해보겠습니다. 이러한 위험이 발생할 확률을 A는 10%, B는 30%라고 한다면 대부분 같은 수익을 얻는다는 가정 하에 위험 발생률이 낮은 A를 선택합니다. 이번에는 C와 D의 투자안이 있습니다. 각각 20%로 위험이 발생할 확률은 같지만 C의 기대 수익률은 10%, B의 기대 수익률은 8%라고 해보겠습니다. 같은 위험도라면 당연히 2%라도 높은 기대 수익률을 가진 C를 선택하게 될 것입니다. 당연한 이야기 같지만 이러한 시장의 지배 원리가 모여 수많은 투자 결정이 이루어집니다. 이를 통해 투자 시장에는 자연스럽게 기대 수익률이 높아질수록 리스크도 높아지는 시장 환경이 형성됩니다.

엑셀 재테크 사전 │ 투자가 도박과 다른 점

1 투자는 장기적으로 플러스(+)의 수익을 기대하면서 자금을 투하하는 경제 활동을 의미한다.
2 투자 행위는 리스크를 줄이거나 관리할 수 있다.
3 투자 행위는 리스크가 늘어나면 기대 수익률도 늘어나는 상관관계를 가진다.

더 큰 위험을 부담했을 때 얻을 수 있는 추가 수익, 이것을 리스크의 가격 즉, 전문 용어로 '리스크 프리미엄'이라고 부릅니다.

투기는 다를까?

필자는 투기를 도박과 투자의 중간 정도로 생각합니다. 투전판은 아니지만 투자 시장이라는 게임의 판만 바뀌었을 뿐 도박하듯 베팅하는 것은 투기라고 할 수 있습니다. 허황된 대박을 꿈꾸며 그 배후에 가려진 위험에는 눈을 감은 채 운과 감에 의존해 베팅하는 것은 카지노에서 게임을 하는 것과 크게 다를 바가 없습니다. 따라서 올바른 재테크, 종잣돈 모으기를 시작한다면 도박과 투기가 아닌 투자를 통해 자산을 모을 것을 권합니다.

리스크 프리미엄 이해하기

보통 위험 자산에 투자함으로써 얻게 되는 추가 수익을 '리스크 프리미엄(Risk Premium, 위험의 가격)'이라고 합니다. 리스크 프리미엄을 활용해 위험 자산의 기대 수익률을 구하는 공식을 정리하면 다음과 같습니다.

위험 자산의 기대 수익률 = 무위험 자산의 수익률 + 리스크 프리미엄

이 수식을 활용해 리스크 프리미엄의 의미를 풀어보겠습니다. 여기서 무위험 자산이란 국채나 예금 같은 안전 자산을 말합니다. 결론적으로 안전 자산에 투자하는 대신 위험이 있는 자산에 투자했을 때 얻을 수 있는 추가적 보상이 바로 리스크 프리미엄이라고 정의할 수 있습니다. 간단히 계산하면 다음 표와 같습니다.

리스크 프리미엄 계산기

주가	1만 원
주당 순이익(Earning Per Share)	1,000원
PER	10.0
기대 수익률	7.2%
무위험 자산 이자율	3.0%
리스크 프리미엄	**4.2%**

※ 리스크 프리미엄=기대 수익률−무위험 자산 이자율

문제는 시장의 수많은 투자안의 위험 크기가 모두 다르고 리스크에 대한 보상도 모두 다르다는 것입니다. 이러한 위험의 가격을 알아보기 위한 계산법을 정리하면 다음과 같습니다.

리스크 프리미엄 = 베타 × (개별 주식의 기대 수익률 − 무위험 자산의 수익률)

베타 계수로 투자 전략 준비하기

주식 투자에 서툰 재테크 초보자라면 여기 등장하는 '베타 계수'에 주목해야 합니다. 주식 시장에서 개별 주식 또는 펀드의 평가 척도로 많이 사용되는 것 중 하나가 베타 계수입니다. 베타 계수는 시장 전체의 변화 정도와 비교해 해당 자산이 얼마나 민감하게 반응하는지 나타내는 척도입니다. 예를 들어 베타 계수 '1'을 기준으로 특정 자산의 베타 값이 1보다 크면($\beta > 1$) 시장 전체 평균치보다 더 민감하게 반응한다는 의미입니다. 반대로 베타가 1보다 작으면($\beta < 1$) 상대적으로 둔감하다는 뜻입니다.

쉽게 말해 베타 값이 1보다 클수록 변동성이 높다는 의미입니다. 투자에서 위험의 크기는 곧 변동성의 폭을 의미하므로, 베타 계수가 크면 위험도 크고 베타 계수가 작으면 위험도 작다는 의미로 해석할 수 있습니다.

베타 값이 높다는 것은 기대 수익률 역시 크다고 할 수 있습니다. 왜냐하면 주식 시장이 10% 상승했을 때 베타가 1인 주식은 주식 시장과 비슷하게 10% 상승하지만, 베타가 2인 주식은

20% 상승할 것이기 때문입니다. 반대로 주식 시장이 10% 하락한다면 해당 주식은 20% 하락할 위험이 존재하는 것도 간과해서는 안 됩니다. 결국 베타 값이 크다는 것은 리스크 역시 크다는 것이고, 이것은 '하이 리스크! 하이 리턴!'의 법칙으로 설명할 수 있습니다.

이 같은 원리를 적절하게 응용하여 투자 전략을 준비할 수 있습니다. **주가 상승기에는 상대적으로 베타 값이 높은 주식이나 펀드에 투자**하고 **주가 하락기에는 상대적으로 베타 값이 낮은 주식 또는 펀드에 투자**하는 방법만으로도 수익률을 좀 더 올릴 수 있습니다.

CASE STUDY 리스크 프리미엄 계산하기

실전 예제와 엑셀을 활용해 주가 변동에 따른 리스크 프리미엄을 계산해보겠습니다.

> A라는 기업의 주가가 1만 원이고 주당 순이익(EPS)이 1,000원이라고 가정했을 때
>
> ❶ **PER(주가÷EPS)을 계산해 해당 주식이 수익을 내는 데 걸리는 시간**을 확인한다.
>   앞서 PER은 기업이 현재 수익을 유지한 채 해당 주식이 수익을 내는 데 걸리는 시간을 의미한다고 했으므로 PER에 따라 해당 주식의 가치를 모두 얻을 수 있는 기간을 찾을 수 있다.
> ❷ PER에서 나온 결괏값으로 **연평균 기대 수익률을 환산**한다.
> ❸ 그런 다음 기대 수익률에서 **무위험 자산 이자율(3%)을 뺀 리스크 프리미엄을 계산**한다.

[엑셀 파일 미리 보기]

실습 파일 3장\리스크 프리미엄.xlsx

	A	B	C	D	E	F
1						
2	주가 변동에 따른 리스크 프리미엄(위험의 가격)의 변화					
3	주가	주당 순이익	PER	기대 수익률	무위험 자산 이자율	리스크 프리미엄
4	₩8,000	₩1,000	8.0	9.1%	3.0%	6.1%
5	₩10,000	₩1,000	10.0	7.2%	3.0%	4.2%
6	₩12,000	₩1,000	12.0	5.9%	3.0%	2.9%
7	₩15,000	₩1,000	15.0	4.7%	3.0%	1.7%
8						

> RATE 함수로 기대 수익률을 계산합니다.

> 기대 수익률에서 무위험 자산 이자율을 빼면 리스크 프리미엄을 계산할 수 있습니다.

> 주가÷주당 순이익으로 PER을 계산합니다.

> 주가 변동을 입력합니다. 여기서는 3%로 기입했습니다.

STEP 01 **PER 계산하기**

주가와 주당 순이익을 가지고 PER을 계산해보겠습니다.

01 ❶ 실습 파일을 불러와 첫 번째 [PER] 입력 셀에 **=A4/B4**를 입력합니다. 즉, 주가÷주당 순이익을 계산합니다. ❷ 첫 번째 PER은 8.0인 것을 확인할 수 있습니다.

주가	주당 순이익	PER	기대 수익률	무위험 자산 이자율	리스크 프리미엄
₩8,000	₩1,000	=A4/B4 ❶ 입력			0.0%
₩10,000	₩1,000				0.0%
₩12,000	₩1,000				0.0%
₩15,000	₩1,000				0.0%

주가	주당 순이익	PER	기대 수익률	무위험 자산 이자율	리스크 프리미엄
₩8,000	₩1,000	8.0 ❷			0.0%
₩10,000	₩1,000				0.0%
₩12,000	₩1,000				0.0%
₩15,000	₩1,000				0.0%

02 나머지 [PER] 입력 셀은 채우기 핸들을 드래그해 값을 채웁니다. 각각 10.0, 12.0, 15.0으로 계산됩니다.

주가	주당 순이익	PER	기대 수익률	무위험 자산 이자율	리스크 프리미엄
₩8,000	₩1,000	8.0			0.0%
₩10,000	₩1,000	10.0			0.0%
₩12,000	₩1,000	12.0	채우기 핸들 드래그		0.0%
₩15,000	₩1,000	15.0			0.0%

투자 원금을 이익으로 회수할 수 있는 기간이 8년~15년 정도가 될 것이라는 의미입니다. 앞서 CASE로 제시한 1만 원 주가를 가진 A기업의 PER은 10년입니다.

STEP 02 기대 수익률 계산하기

PER(투자 원금을 이익으로 회수할 수 있는 기간)을 계산했으니, RATE 함수를 이용해 기대 수익률을 계산합니다.

=RATE(연수, 현재 주가, 미래 주가)

01 ❶ 첫 번째 [기대 수익률] 입력 셀에 **=RATE(C4,,-A4,A4*2,)**를 입력합니다. ❷ 첫 번째 기업의 연평균 기대 수익률은 9.1%인 것을 확인할 수 있습니다.

주가	주당 순이익	PER	기대 수익률	무위험 자산 이자율	리스크 프리미엄
₩8,000	₩1,000	8.0	=RATE(C4,,-A4,A4*2,) ❶ 입력		9.1%
₩10,000	₩1,000	10.0			0.0%
₩12,000	₩1,000	12.0			0.0%
₩15,000	₩1,000	15.0			0.0%

주가	주당 순이익	PER	기대 수익률	무위험 자산 이자율	리스크 프리미엄
₩8,000	₩1,000	8.0	9.1% ❷		9.1%
₩10,000	₩1,000	10.0			0.0%
₩12,000	₩1,000	12.0			0.0%
₩15,000	₩1,000	15.0			0.0%

💰 **TIP** 수식 중간에 쉼표가 두 개 들어가는 부분은 PMT 인수 부분입니다. 해당 항목은 미래 가치를 기준으로 계산하므로 PMT 인수는 생략합니다. 0으로 입력해도 되나 보통 비우고 계산합니다.

02 나머지 [기대 수익률] 입력 셀은 채우기 핸들을 드래그해 값을 채웁니다. 각각 7.2%, 5.9%, 4.7%로 계산됩니다.

주가	주당 순이익	PER	기대 수익률	무위험 자산 이자율	리스크 프리미엄
₩8,000	₩1,000	8.0	9.1%		9.1%
₩10,000	₩1,000	10.0	7.2%	채우기 핸들 드래그	7.2%
₩12,000	₩1,000	12.0	5.9%		5.9%
₩15,000	₩1,000	15.0	4.7%		4.7%

엑셀 함수 사전 │ RATE 함수(내재 수익률, 요구 수익률) 활용하기

해당 투자안의 연평균 수익률은 얼마나 될까?, 모 기업의 연평균 성장률은 얼마일까?
이러한 질문에 대한 답을 구할 때 사용하는 재무 함수로 RATE 함수가 있습니다. 금융 상품의 수익률, 이자율 계산에 널리 사용됩니다.

> **함수 기본 수식 =RATE(Nper, Pmt, [Pv], [Fv], [Type])**
> - Nper : 총 납입 기간(시간, 횟수)
> - Pmt : 정기적으로 투자하는 금액
> - Pv : 최초 납입금(원금)
> - Fv : 만기 시 금액(수익금)
> - Type : 납입 시점

인수 선택 요소

- Pv(현재 가치, 앞으로 납입할 일련의 금액이 갖는 현재 가치의 총합)를 생략하면 0으로 간주합니다. Pmt 인수를 반드시 포함해야 합니다(Fv도 동일).
- Pmt를 생략하면 Pv, Fv 인수 중 하나를 반드시 포함해야 합니다.
- Type은 납입 시점을 나타내는 숫자입니다. 기간 말은 0, 기간 초는 1, 생략하면 0으로 간주합니다.

무위험 자산 이자율(주가 변동)을 기준으로 리스크 프리미엄을 계산해보겠습니다.

01 ❶ 앞서 무위험 자산 이자율은 3%로 설정했으므로 [무위험 자산 이자율] 입력 셀에 **3%**를 입력합니다. ❷ 기대 수익률에서 무위험 자산 이자율을 빼면 위험의 가격, 즉 해당 종목의 리스크 프리미엄이 됩니다.

주가	주당 순이익	PER	기대 수익률	무위험 자산 이자율	리스크 프리미엄
₩8,000	₩1,000	8.0	9.1%	3.0%	6.1% ❷
₩10,000	₩1,000	10.0	7.2% ❶입력	3.0%	4.2%
₩12,000	₩1,000	12.0	5.9%	3.0%	2.9%
₩15,000	₩1,000	15.0	4.7%	3.0%	1.7%

앞서 A기업의 연평균 기대 수익률은 7.2%인 것을 확인했습니다. 무위험 자산 이자율을 3%라고 가정한다면 A기업에 투자하는 투자자가 부담한 위험에 대한 대가, 즉 리스크 프리미엄은 4.2%(기대 수익률−무위험 이자율)라고 할 수 있습니다.

리스크 프리미엄 판단하기

리스크 프리미엄(위험의 가격)을 아는 것이 왜 중요할까요? 리스크 프리미엄의 가치가 주가에 따라 수시로 변동되기 때문입니다. 다음 표는 다른 변수가 동일하다는 가정 하에 주가 변동에 따른 리스크 프리미엄의 변화를 계산해둔 것입니다.

주가	주당 순이익	PER	기대 수익률	무위험 자산 이자율	리스크 프리미엄
₩8,000	₩1,000	8.0	9.1%	3.0%	6.1%
₩10,000	₩1,000	10.0	7.2%	3.0%	4.2%
₩12,000	₩1,000	12.0	5.9%	3.0%	2.9%
₩15,000	₩1,000	15.0	4.7%	3.0%	1.7%

표처럼 주식의 다른 변수가 동일하다는 가정 하에 만약 주가가 1만 2,000원으로 올랐다면 PER은 12가 되고 리스크 프리미엄은 2.9% 수준으로 떨어지게 되는 것을 알 수 있습니다. 즉, 위험

부담에 따른 대가가 적어진 것입니다. 이것은 해당 주식의 매력도가 떨어졌다는 것을 의미합니다. 이른바 1만 원일 때보다 고평가되어 있다고 할 수 있습니다. 반대로 주가가 내려 8,000원이 된다면 PER은 8이 되고 같은 원리로 리스크 프리미엄은 6.1%로 증가하게 되는 것을 확인할 수 있습니다. 1만 원일 때보다 저평가되어 있다고 할 수 있습니다.

A기업 주식의 기대 수익률 = 3.0%(무위험 자산 수익률) + 4.2%(리스크 프리미엄)

같은 조건에서 주가가 상승하면 기대 수익률이 하락해 리스크 프리미엄이 작아지고,

반대로 주가가 하락하면 기대 수익률이 상승해 리스크 프리미엄은 커진다.

이 같은 원리로 리스크 프리미엄이 갑자기 높아지면 주가는 큰 폭으로 떨어지게 됩니다. 예를 들어 주식 시장이 연일 신고가를 경신하면서 고점에 다다르게 되면 리스크 프리미엄은 현격하게 줄어들게 됩니다. 리스크의 가격이 떨어졌으니 주식의 매력도는 예전에 비해 떨어집니다. 그럼에도 불구하고 과열된 투자 열기로 인해 주가는 당분간 고공 행진하게 됩니다. 위험의 가치를 모르는 묻지마 투자자들은 하나둘 주식 시장으로 몰려드는 것이 현실 속 투자 세계입니다. 이른바 높을 때 사고, 쌀 때 파는 악순환의 반복에 빠지게 되는 것입니다.

최근 시장 금리가 상승한다는 기사들이 자주 등장하고 있습니다. 참고로 리스크 프리미엄의 계산식을 보면 무위험 자산의 수익률이 상승하면 리스크 프리미엄 역시 줄어들게 되는 특성을 알 수 있습니다. 재테크 초보자라도 '기준 금리가 오르면 주식 시장에 안 좋다'라는 말은 한 번쯤 들어보았을 것입니다. 이것 역시 리스크 프리미엄과 관련이 깊습니다.

리스크 프리미엄을 미리 계산해둔다면 주식을 살 때와 팔 때를 미리 파악할 수 있습니다. 또한 자신의 투자 기준을 통해 종목을 선정할 수도 있습니다.

엑셀 계산기

재테크 원리

쉽고 재무 분석

주식 투자

부동산

연말정산

은퇴와 노후

CHAPTER 04

엑셀로
부동산
고수되기

부동산 고수로 가는 법

KB경영연구소가 발행한 2021년 〈한국 부자 보고서〉에 따르면 금융 자산 10억 원 이상을 보유한 부자의 수가 2020년 말 기준으로 39만 3,000명이라고 합니다. 이것은 2019년 말 35만 4,000명 대비 3만 9,000명이 증가한 수치로, 전년 대비 10.9%의 증가율을 보입니다. 특히 부자의 총자산 중 부동산 자산이 59%를 차지하여 부동산 자산 비중이 매우 높게 형성된 것을 확인할 수 있습니다.

부동산 전성시대

부자(富者)는 재물이 많아 살림이 넉넉한 사람을 의미합니다. 같은 조사에서 '현재 자신이 부자'라고 생각하는 비율은 '총자산 100억 원 이상' 계층에서 가장 높게(63.2%) 나타났습니다. 불과 10여년 만에 부자의 기준이 10배 가량 높아진 것입니다. 한편 우리나라 부자들의 총자산 구성을 보면 부동산의 비중이 점점 커지고, 금융 자산은 낮아지는 것을 확인할 수 있습니다. 금융 자산 투자에 소홀했다기보다 고가 아파트를 위시한 부동산 가치 상승이 그 영향일 것으로 판단됩니다. 부동산은 우리나라 국민들의 대표 자산이자 재테크에서 뗄 수 없는 핵심 투자처라는 사실은 부인할 수 없습니다.

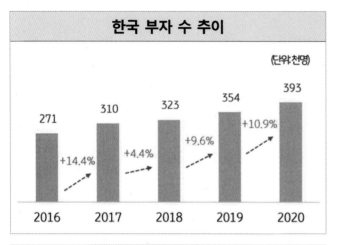

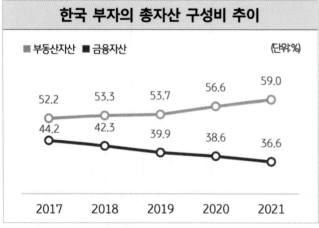

▲ 〈한국 부자 보고서(2021년)〉(출처 : KB경영연구소)

부자들의 부동산 투자법

부자들의 부동산 투자에는 어떤 특별한 것이 있을까요? 그리고 부동산 초보자와는 무엇이 다를까요? 가장 큰 차이점은 경험의 유무입니다. 자수성가형 부자 중 하루아침에 부자가 된 사람은 거의 없습니다. 그들은 투자 기회를 찾아 계속 도전하고 수없이 시행착오를 겪어 큰 수익을 얻었을 것입니다. 부자는 일반인이나 부동산 초보자보다 훨씬 많은 경험치를 가지고 있습니다. 부동산을 전혀 모르던 사람도 전월세 임대차 계약이나 매매 계약을 진행해보면 부동산 계약의 전문가가 됩니다. 양도 소득세를 한 번이라도 내본 사람이라면 세무사 수준의 부동산 세법 전문가가 되기도 합니다. 이렇듯 부동산 계약과 투자 경험은 그 자체만으로도 커다란 자산이고 경쟁력이 됩니다.

두 번째 차이점은 남다른 숫자 감각입니다. 부자는 경험을 통한 나름의 노하우로 정확하게 수익을 예측할 수도 있습니다. 투자 과정에서 발생할 수 있는 다양한 변수를 예상하여 수익의 변화와 리스크를 고려합니다. 필자가 만나본 사람 중에는 수많은 투자 경험을 통해 초인적인 직감으로 수익을 수치화하는 분도 있었습니다. 그러나 이것은 부동산 초보자에게는 불가능한 이야기이므로 여기서는 부자들이 어떻게 부동산을 평가하고 의사결정을 하는지 알아보겠습니다.

일반 투자자의 수익률 vs 부동산 고수의 수익률

부동산 투자 시 가장 궁금한 것은 수익률입니다. 수익률은 크게 총 수익률, 자기 자본 수익률, 내부 수익률(평균 수익률)로 구분하여 수치화할 수 있습니다.

총 수익률

총 수익률은 매매 차익이나 임대 수익이 발생했을 때 부동산의 총 투자금 대비 수익을 비율로 나타낸 수치를 말합니다. 예를 들어 5억 원에 매입한 부동산을 1년 후 6억 원에 팔았다면 매매 차익은 1억 원입니다. 양도 소득세나 기타 비용을 뺀 순이익이 5,000만 원이라고 한다면 총 수익률은 다음과 같습니다.

부동산 총 수익률 = 순이익 ÷ 총 투자금

5,000만 원 ÷ 5억 원 = 10%

부동산에서 발생한 순이익을 총 투자금으로 나눈 수치이므로, 5억 원을 투자해서 5,000만 원의 순이익을 얻었으니 수익률은 10%가 됩니다. 가장 단순한 계산법이자 일반 투자자들이 흔하게 사용하는 부동산 수익률 지표입니다.

자기 자본 수익률

자기 자본 수익률은 부동산 투자에서 레버리지(Leverage)를 감안한 수익률을 말합니다. 예를 들어 5억 원 중 2억 5,000만 원은 대출을 활용했다면 순수하게 투자한 내 돈(자기 자본)은 2억 5,000만 원이 됩니다. 자기 자본 2억 5,000만 원에 대출이라는 레버리지를 활용해서 5억 원의 자산을 취득했고, 기타 비용(5,000만 원)과 대출 이자 등(1,000만 원)을 차감한 후 4,000만 원의 순수익을 얻었다면 자기 자본 수익률은 다음과 같습니다.

자기 자본 수익률 = 순이익 ÷ 자기 자본 투자금
4,000만 원 ÷ 2억 5,000만 원 = 16%

총 순이익의 크기만 따지자면 5억 원을 모두 자기 자본으로 투자한 경우가 높지만, 실제 투여된 자기 자본 대비 수익률은 레버리지 2억 5,000만 원을 활용한 경우가 16%로 더 높습니다. 이른 바 투입 비용 대비 수익률이라는 기준으로 보면 대출을 활용하는 것이 오히려 가성비 높은 투자안이 될 수 있다는 의미입니다. 일반 투자자는 투자금이 부족할 때 어쩔 수 없이 대출을 활용하는 것이라 생각합니다. 그러나 부동산 고수는 상황에 따라 일부러 레버리지를 활용하기도 합니다.

> **💰 TIP 레버리지(Leverage) 투자**
>
> 내 돈(자기 자본)으로만 투자하는 것에 비해 타인 자본, 즉 대출을 활용하는 것이 더 높은 수익률로 이어지는 효과를 레버리지(Leverage)라고 합니다. 이때 타인 자본(대출)을 활용하는 것은 수익률을 극대화하는 아주 유용한 전략이지만 그 대가로 대출 이자를 지불해야 합니다. 그러므로 레버리지 투자를 계획한다면 대출 이자를 충분히 감당할 수 있는 수준에서 활용하는 것이 좋습니다. 투자에 따른 손실도 레버리지가 되므로 리스크 관리가 필수입니다. 한편 부동산 투자로 높은 수익을 얻는 사람들은 리스크 관리와 대출 이자를 감안한 수익 효과를 정확히 계산하여 레버리지를 적극 활용합니다. 이것은 투자 고수가 하는 투자 방식으로 부동산 초보자는 무리하게 레버리지를 활용하지 않는 것이 좋습니다.

대출액 비율	자금 조달		대출 이자	자기 자본 수익			기대 수익률	표준 편차
	자기 자본	대출액	3%	상황A	상황B	평균기대수익		
0%	500,000,000원	원	원	50,000,000원	30,000,000원	40,000,000원	8.0%	2.0%
30%	350,000,000원	150,000,000원	4,500,000원	45,500,000원	25,500,000원	35,500,000원	10.1%	2.9%
50%	250,000,000원	250,000,000원	7,500,000원	42,500,000원	22,500,000원	32,500,000원	13.0%	4.0%
80%	100,000,000원	400,000,000원	12,000,000원	38,000,000원	18,000,000원	28,000,000원	28.0%	10.0%

내부 수익률로 알아보는 부동산 수익률 계산법

부동산 고수는 절대 수익금에 시간 가치를 더해 수익률을 분석합니다. 앞의 사례에서 기간을 늘렸을 때 매년 5,000만 원의 시세 상승이 예상된다고 가정해보겠습니다. 1년이 지난 시점에 원래 계획대로 매도하는 것(투자안A)이 유리할지, 3년 후 매도하는 것(투자안B)이 유리할지 계산해보겠습니다. 여기에 대출을 활용할 경우 연간 이자 비용이 1,000만 원씩 발생할 것이므로, 1년 후에 매도하는 것(투자안C)과 3년 후 매도하는 것(투자안D)까지 계산해보겠습니다.

구분	투자안A	투자안B	투자안C	투자안D
총투자금	500,000,000원	500,000,000원	500,000,000원	500,000,000원
자기 자본	500,000,000원	500,000,000원	250,000,000원	250,000,000원
대출			250,000,000원	250,000,000원
투자 기간	1.0년	3.0년	1.0년	3.0년
매도 시 금액	600,000,000원	700,000,000원	600,000,000원	700,000,000원
매매 차익	100,000,000원	200,000,000원	100,000,000원	200,000,000원
세금 및 부대 비용 등	50,000,000원	50,000,000원	50,000,000원	50,000,000원
대출 이자			10,000,000원	30,000,000원
순이익	50,000,000원	150,000,000원	40,000,000원	120,000,000원

네 가지 투자안이 복잡해 보이지만 위와 같은 표로 정리해보면 답을 찾을 수 있습니다. 또한 여기에 시간 가치를 고려한다면 더 정확한 투자 결정을 내릴 수 있습니다.

구분	투자안A	투자안B	투자안C	투자안D
총 수익률	10.0%	30.0%	8.0%	24.0%
자기 자본 수익률	10.0%	30.0%	16.0%	48.0%

각 투자안의 수익률을 분석한 표를 참고해봅니다. 총 수익률로만 보면 투자안B가 현명한 투자처럼 보입니다. 하지만 자기 자본 수익률을 본다면 투자안D가 높은 수익을 달성할 수 있습니다. 그러나 여기에 투자 기간(시간 가치)을 더하면 결과가 달라집니다. 수익률을 복리로 할인하여 계산을 진행해봅니다. 이렇게 산출된 결괏값을 부동산 내부 수익률(IRR : Internal Rate of Return)이라고 합니다. 말 그대로 어떤 투자안을 통해 기대할 수 있는 연평균 수익률을 의미하며, 장기 투자를 결정할 때 매우 유용하게 활용할 수 있습니다.

구분	투자안A	투자안B	투자안C	투자안D
총 수익률	10.0%	30.0%	8.0%	24.0%
자기 자본 수익률	10.0%	30.0%	16.0%	48.0%
연평균 수익률	10.0%	9.1%	8.0%	7.4%
연평균 자기 자본 수익률	10.0%	9.1%	16.0%	14.0%

투자 기간을 고려한 각 투자안의 연평균 수익률을 확인해봅니다. 흥미로운 점은 투자안C가 시간 가치를 고려했을 때 최고의 수익성 보여준다는 것입니다. 이처럼 똑같은 투자 대상도 어떤 시선으로 바라보는가에 따라 전혀 다른 결과가 나타날 수도 있습니다.

 TIP 내부 수익률은 RATE 함수를 사용합니다. 부동산 수익률 계산법을 확인하고 싶다면 실습 파일(4장\부동산 수익률.xlsx)을 열어 RATE 함수를 참고합니다.

엑셀 함수 사전 | RATE 함수(내부 수익률) 활용하기

RATE 함수는 이자율을 계산할 때 사용하는 재무 함수입니다. 어떤 금융 상품에 가입했는데 이 상품의 평균 이자율이 궁금할 때, 혹은 대출이나 신용카드 할부금의 이자율을 알아보는 데 활용할 수 있습니다. 또한 어떤 선택을 위한 판단 도구로도 활용합니다. 예를 들어 목돈이 필요하여 여러 금융사에서 대출을 받기로 결정했습니다. 돈을 빌리는 입장에서는 가능한 적은 비용이 드는 대출을 이용하는 것이 유리합니다. 이때 내부 수익률을 구하는 RATE 함수를 사용할 수 있습니다.

> **함수 기본 수식 =RATE(Nper, Pmt, [Pv], [Fv], [Type])**
> - **Nper** : 총 투자 기간(시간, 횟수)
> - **Pmt** : 정기적 현금 흐름(월세 수익, 기타 지출)
> - **Pv** : 현재 가치(투자 원금)
> - **Fv** : 미래 가치(매도 시점 자산 가치)
> - **Type** : 납입 시점

 TIP 인수 선택 요소는 이 책의 169쪽을 참고하세요.

엑셀 재테크 사전 │ **부동산 투자 기회비용 분석하기**

부동산 투자 수익률에 대한 이야기는 책 한 권으로 부족합니다. 앞서 부동산 내부 수익률에 대해 살펴보았는데, 용국 씨의 예를 통해 시간에 따른 수익과 부동산 투자 기회 비용을 분석해보겠습니다.

예시로 알아보는 부동산 투자

10년 전 용국 씨는 서울에 있는 4억 원의 85㎡ 아파트 구입을 위해 자기 자본 2억 원에 대출 2억 원을 받았습니다. 취등록세 등 관련 비용으로 1,000만 원을 지출했고 매년 재산세로 50만 원을 부담해왔습니다. 대출 금리는 4%, 20년 원리금균등 분할 상환 조건으로 대출을 상환했습니다. 그렇게 10년이 지나 현재 집값은 두 배 상승해 8억 원이 되었습니다. 그렇다면 현재 용국 씨의 부동산 투자는 과연 이득일까요, 손해일까요? 부동산 매매 시점의 재무 상태와 10년 후의 재무 상태를 알아보겠습니다. 자산과 부채로 나누어 계산합니다.

자산		부채	
아파트	4억 원	담보 대출	2억 원
		순자산	2억 원

▲ 최초 부동산 매입 시점 재무 상태

자산		부채	
아파트	8억 원	담보 대출(잔액)	1억 1,970만 원
		순자산	6억 8,030만 원

▲ 10년 후 부동산 매도 시점 재무 상태

단순하게 생각해보면 집값이 4억 원에서 8억 원으로 뛰었으니 무조건 이득이라고 생각할 수 있습니다. 하지만 몇 가지 고려하지 못한 요소가 존재합니다. 바로 투자 기간과 기회비용입니다.

실패하지 않으려면 기회비용을 고려하자

실패하지 않는 부동산 투자를 원한다면 시간이라는 기회비용을 고려해야 합니다. 용국 씨의 사례처럼 똑같이 100%의 자산 가치가 상승했다고 가정해보겠습니다. 용국 씨는 10년이라는 시간이 소요되었으므로 이를 연평균 수익률로 환산하면 매년 7.2%씩 상승한 것과 같습니다. 단순히 계산해봐도 나쁘지 않은 투자 수익이라고 판단할 수 있습니다. 그런데 동일하게

100% 자산 가치 상승 시 20년의 시간이 걸린다면 어떨까요? 수익률은 매년 3.5%씩 상승한 것과 같으므로 결코 성공적인 투자로 평가하기는 힘듭니다. 여기에는 2억 원의 대출 원리금으로 지불한 매월 120만 원가량의 대출 상환 비용과 각종 세금 등의 부대 비용은 전혀 고려하지 않은 것도 감안해야 합니다. 만약 아파트를 매매하지 않고 이 비용을 다른 곳에 투자했다면 다른 수익을 낼 수도 있었을 것입니다. 이를 경제 용어로 기회비용이라고 합니다. 그렇다면 용국 씨가 아파트를 구입하지 않고 다른 곳에 투자했다면 어떤 모습이었을까요?

자산		부채	
투자 자산(A안)	3억 5,817만 원	담보 대출(잔액)	-
대출 원리금 재투자	1억 9,945만 원	순자산	5억 8,762만 원
관리 비용 재투자	3,000만 원		

▲ 대출 원리금 및 관리 비용 재투자 시 재무 상태

최초 아파트를 매수하기 위해 지출한 비용을 연평균 6% 정도 수익을 얻을 수 있는 다른 투자 안에 사용했다고 가정해보겠습니다. 최초 2억 원의 가치는 약 3억 5,817만 원, 매월 지불했던 대출 원리금의 총액은 약 2억 원가량이 되어 있을 것입니다. 여기에 취등록세, 매년 발생하는 재산세 등을 모두 합친 금액의 재투자 비용 약 3,000만 원 등을 모두 합하면 약 5억 8,762만 원가량의 금융 자산을 보유하고 있을 것으로 예상할 수 있습니다.

지출		10년 후 가치
대출 원리금	2억 1,570만 원	2억 9,460만 원
취득 시 비용	1,000만 원	1,791만 원
재산세 총액	500만 원	895만 원
계		3억 2,146만 원

자산		부채	
전세 보증금	2억 원	부채	0원
금융 자산	3억 2,146만 원	순자산	5억 2,146만 원

▲ 10년 후 재무 상태(부동산 투자를 하지 않았을 때)

물론 이 예시는 가정이지만 같은 원리로 최초 매수한 아파트가 두 배가 되는데 12년 이상의 시간이 걸리거나, 아파트 매도 시 양도 소득세 폭탄이라도 맞게 된다면 부동산 투자가 오히려 실패한 투자가 될지도 모를 일입니다. 투자에는 정답이 없습니다. 올바른 선택을 위한 시야와 가치관을 갖고 투자에 임하느냐, 남들이 하니까 나도 주먹구구식 투자를 하느냐는 것에는 큰 차이가 있습니다.

부동산 가치 제대로 이해하기

필자가 부동산 투자를 처음 시작하고 가장 궁금했던 것이 있습니다. '주식처럼 부동산 가치를 정확히 평가할 수 있는 방법은 없을까?'입니다. 부동산의 정확한 가치를 평가하면 투자 시 좀 더 유리한 결정을 내릴 수 있습니다. 하지만 부동산은 시장 거래 가격(실거래가)에 의존한 데이터이므로 초보자가 정확한 가치를 평가하기에는 어려울 수 있습니다.

부동산 가치가 중요한 이유

부동산 투자를 고려하고 있다면 투자하고자 하는 부동산의 가치를 알고 있어야 합니다. 앞서 CHAPTER 03에서 다룬 주식 가치 투자처럼 부동산의 정확한 가치를 평가할 수 있다면 좀 더 유리한 입장에서 투자할 수 있습니다. 요즘에는 많은 사람이 부동산 투자에 관심을 갖습니다. KB실거래가, 네이버 부동산, 호갱노노 등 웹사이트나 스마트폰 앱을 이용하면 초보자도 실제 거래 금액 등의 정보를 쉽게 얻을 수 있습니다. 하지만 부동산 정보는 호가나 기존 거래 내역(한

달 전)에 의존한 데이터이므로 실제 가치를 완벽하게 반영하지 못합니다. 게다가 거래 사례가 많지 않거나 희소성 있는 부동산의 가치 평가는 초보자에게는 어려운 일입니다. 부동산 가격이 어떻게 형성되고 어떠한 가치로 평가되는지 기본 원리와 방법을 익혀야만 부동산 보는 눈을 한 단계 업그레이드할 수 있습니다.

부동산 가치를 평가하는 세 가지 방법

부동산 가치를 정확히 평가하려면 객관적인 평가 기준이 있어야 합니다. 여기서는 시장에서 가장 많이 사용하는 부동산 가치 평가 방법 세 가지를 소개합니다. 이 방법은 부동산 고수들이 부동산의 가치를 평가할 때 사용하는 대표적 방식이므로 꼭 익혀두도록 합니다.

비용 접근법

첫 번째로 알아볼 부동산 가치 평가 방법은 비용 접근법입니다. 일명 원가법이라고도 불리는 이 방식은 해당 부동산을 짓기 위해 혹은 조달하기 위해 들어가는 예상 비용을 근거로 부동산의 가치를 산정하는 계산법입니다. 일종의 '제조 원가'를 기준으로 부동산 가치를 계산하는 것입니다. 예를 들어 평가하고 싶은 부동산과 똑같은 건물(집)을 짓기 위해 '땅값으로 3억 원, 건축비로 2억 원, 기타 비용으로 5,000만 원 정도 든다'고 가정해봅시다. 이렇게 나열한 조달 비용을 모두 합친 해당 부동산의 가치는 5억 5,000만 원이 됩니다. 오래된 건물이라면 시간 가치에 따른 감소분, 즉 감가를 적용하여 더 정확한 가치를 구하기도 하지만 여기서는 단순하게 제조 원가를 기준으로 부동산 가치를 계산합니다.

비용 접근법 : 제조 원가에 의한 부동산 가치 평가

5억 5,000만 원 =

건물 가치(2억 원) + 땅의 가치(3억 원) + 기타 비용(5,000만 원) − 감가상각

거래 사례 비교법

거래 사례 비교법은 시장성의 원리를 따르는 평가 방식으로써 시장 접근법이라고도 합니다. 이 방식은 일반 투자자에게 매우 익숙하고 보편적인 방식입니다. 일반적으로 부동산 투자 시 가장 많이 참고하는 자료가 주변 시세 혹은 실거래가입니다. 예를 들어 최근 동일한 단지에 유사한 매물이 거래된 사례가 있는지, 얼마에 거래되었는지, 바로 옆에 있는 단지의 비슷한 매물 시세는 얼마인지 등의 정보를 종합하여 부동산 가치를 판단합니다.

거래 사례 비교법을 실행하려면 가장 먼저 유사한 거래 사례나 부동산의 정보를 수집해야 합니다. 이때 위치적 유사성, 물건의 유사성 등을 고려합니다. 다음 단계로 사례 부동산(유사 부동산)을 대상 부동산의 조건에 맞도록 조정하는 작업을 거칩니다. 거래 사례의 특별한 개별 요인 등을 제거하는 사정 보정, 거래 시점의 시간차를 제거하는 시점 보정, 두 부동산의 지역적 차이를 감안하는 지역 보정, 두 부동산의 개별적 요인의 차이점을 분석하는 개별 요인 보정을 적용해 부동산의 가치를 계산합니다.

거래 사례 비교법 : 시장 거래에 의한 부동산 가치 평가

거래 사례 비교 가격 =

유사 부동산 가격 × 사정 보정 × 시점 보정 × 지역 보정 × 개별 요인 보정

💰 TIP 거래 사례 비교법의 장단점

거래 사례 비교법은 시장 거래의 실증적 자료를 기준으로 부동산 가치를 판정합니다. 따라서 초보 투자자라도 이해하기 쉽고 시장성을 고려한 가격 산정이 쉽습니다. 그러나 유사한 거래 사례가 없을 경우에는 사용할 수 없고, 거래 사례가 적다면 가격이 왜곡될 수도 있습니다. 현재 또는 과거의 거래 사례를 기준으로 판별하므로 미래 가치를 전혀 반영하지 못한다는 것이 큰 단점입니다.

수익 접근법

마지막 가치 평가 방법은 수익 접근법입니다. 해당 부동산의 수익성을 기준으로 가치를 평가하는 방법을 말하며 수익 환원법이라고도 부릅니다. 수익 환원은 해당 물건이 미래에 산출할 것으로 기대되는 순수익(NOI : Net Operation Income)을 적정한 이율로 환원하여 가격 시점에 있어서의 평가 가격을 산정하는 것입니다. 일반적으로 상가 등의 수익형 부동산 가치 평가 시 자주 활용하는 방법이기도 합니다. 예를 들어 어떤 부동산의 보증금이 1억 원, 매월 발생하는 임대료가 월 100만 원(가능 총소득, PGI), 부대 비용으로 월 10만 원이 지출된다고 가정해보겠습니다. 지출 비용을 뺀 순수익(NOI)은 연간 1,080만 원(90만 원×12개월)입니다. 주변에 유사한 사례의 부동산 임대 수익률이 4%라고 한다면 해당 부동산의 가치 평가를 구하는 방법은 다음과 같습니다.

수익 접근법 : 기대 순수익의 환원율에 의한 부동산 가치 평가

부동산의 가치 = 예상 순이익 ÷ 종합 환원율

(100만 원 – 10만 원) × 12개월 ÷ 0.04% = 2억 7,000만 원

+ 기타 비용(보증금 1억 원) = 3억 7,000만 원

비용을 제외한 연간 순수익 금액을 환원율로 나누면 수익성 부동산의 적정 가치가 산출됩니다. 여기에 보증금 등을 더하면 해당 부동산의 적정 가격이 됩니다.

앞의 세 가지 평가 방법을 쉽게 설명하면 다음과 같습니다.

1. 비용 접근법

땅값 2억 원 + 건축비 3억 원 + 기타 5,000만 원 투자했으니

이 부동산의 가치는 5억 5,000만 원이군!

2. 거래 사례 비교법

같은 평수인 옆집이 5억 5,000만 원에 팔렸으니까

이 부동산도 5억 5,000만 원이 적당하겠군!

3. 수익 접근법

같은 평수인 옆집의 한 달 월세가 보증금 2억 원에 100만 원이고,

근처 평균 월세 수익률을 3.5% 정도로 적용하면 5억 5,000만 원 이내면 적정하겠네!

💲 TIP 부동산 투자 실무에서는 한 가지 방식만 고집하기보다 세 가지 가치 평가 방법을 상호보완하여 사용합니다. 이를 시산 가격 조정이라고 하는데, 이 부분은 실무 경험과 일종의 투자자의 감이 필요한 부분이므로 생략하겠습니다.

엑셀 재테크 사전 │ 환원율이란?

환원율은 '부동산의 순수익을 부동산의 가치로 전환해주는 이율'을 말합니다. 환원율은 거꾸로 '순수익÷부동산 가격'을 통해서도 산출할 수 있습니다. 예를 들어 10억 원의 부동산에서 발생하는 연간 순수익이 1억 원일 경우 이 부동산의 환원율은 10%가 됩니다.

환원율 산정 방법

❶ **시장 추출법(간접법)** : 최근 시장에서 거래된 유사 부동산들의 환원율을 기준으로 삼습니다.

❷ **요소 구성법** : 대상 부동산에 관한 위험을 여러 가지 구성 요소로 분해하고, 개별적인 위험에 따라 위험 할증률을 무위험률에 가산하여 환원율을 구합니다. 즉, **환원율=순수 이율 +위험률**입니다.

❸ **투자 결합법** : 토지와 건물 또는 저당과 지분의 요구 수익률이 다르고, 순수익 역시 별도로 구분할 수 있다는 관점에서 환원율을 구합니다.

❹ **엘우드법** : 금융적 투자 결합법을 발전시킨 방법으로 현금 흐름 분석 방법의 논리를 적용하여 산출합니다.

❺ **부채 감당법(Gettel법)** : 대출자의 입장을 반영하는 방법입니다. **환원율=대부 비율×부채 감당 률×저당 상수**로 계산합니다.

엑셀 계산기

재테크 원리

셀프 재무 분석

주식 투자

부동산

업무정산

은퇴와 노후

SECTION | 03

건물주를 꿈꾼다면 꼭 알아야 할 소득 계산법

일반 투자자들이 부동산 가치 평가를 제대로 하지 못하는 근본적 이유가 무엇일까요? 부동산을 통해 발생하는 소득을 정확히 파악하는 방법과 환원율을 선택하는 방법을 알지 못하기 때문입니다. 본격적인 수익률 평가에 앞서 부동산 소득을 계산하는 방법과 환원율에 대해 알아보겠습니다.

부동산 소득의 기본 개념

부동산 소득은 과거의 소득뿐만 아니라 앞으로 발생할 소득까지 예측하여 포함해야 합니다. **과거의 소득을 정확히 분석하고 미래의 예상 소득을 예측하는 것**, 이것이 부동산 소득 계산의 기본입니다. 가끔 '미래 소득까지 꼭 알아야 할까?'라고 반문할 수도 있습니다. 부동산은 여러 변수로 인해 소득이 일정하지 않을 확률이 매우 높습니다. 매월 100만 원씩 똑같은 월세를 받는다고 하더라도 특정 달에는 재산세 등의 세금을 납부하고 갑작스러운 수리비, 공실 등이 발생할 수도 있기 때문입니다. 외부 변수도 수익에 영향을 미칩니다. 예를 들어 바로 옆 상가 건물에서 임대 계약이 이루어졌는데 2년 전에 비해 10% 인상된 거래액이라면, 3개월 후 재계약이 돌아오는 우리 상가 임대 계약에도 영향을 미칠 확률이 높습니다. 이처럼 임대료는 여러 요소에 의해 밀접한 관련성을 갖고 움직이므로 미래 수익을 예측하는 것은 부동산 가치 평가에 매우 중요합니다.

부동산 소득 이해하기

부동산 소득은 총수입에서 총지출을 빼 계산합니다. 수식으로 표현하면 다음과 같습니다.

해당 부동산 총소득
= 해당 부동산에서 발생한 총수입 − 해당 부동산에서 발생한 총지출

• **총수입** : 부동산 총소득은 해당 부동산에서 발생하는 모든 수입을 포함하는 가능 총소득(PGI : Potential Gross Income)을 의미합니다. 일반적으로 부동산 수입을 평가할 때 임대료만을 평가하는 경향이 있는데, 총소득 개념으로 보면 ① **월 임대료＋② 보증금 운용 수익＋③ 기타 수입**으로 분류하여 계산합니다. 여기서 보증금 운용 수익이란 임차인에게 받은 보증금을 다른 곳에 투자해서 얻을 수 있는 수익을 말합니다. 임차 보증금은 추후에 반환해야 하는 돈이므로 원금 손실 위험이 있는 투자보다 안전 자산에 투자하여 얻을 수 있는 수익을 보증금 운용 수익으로 평가합니다. 기타 수입은 건물 관리에 따른 관리비 수입, 대형 광고판이 있는 경우 광고비 유치 수익, 자판기나 별도의 주차료 등을 부과하는 경우 등 이를 통해 운용되는 수익을 모두 포함하여 계산합니다.

• **총지출** : 부동산 지출 내역은 ① **영업 경비＋② 부채 관련 비용＋③ 소득세, 재산세 등 각종 세금**을 포함하여 계산합니다. 영업 경비는 부동산을 운용하는 데 들어가는 비용 또는 경비를 말하며 관리비, 인건비, 수리비, 보험료 등이 포함됩니다. 부채 관련 비용은 해당 부동산을 담보로 대출을 받은 경우 매년 지출되는 원리금을 말합니다. 마지막으로 소득세 등의 세금 또한 수익에 지대한 영향을 미치는 요소이므로 꼭 고려합니다. 소득세는 소득 규모에 따라 누진세 형태로

부과되므로 부동산의 세금에 따라 수익률이 크게 달라질 수 있습니다.

수입 내역	지출 내역
월 임대료	영업 경비
보증금 운용 수익	부채 관련 비용
기타 수익	소득세, 재산세 등 세금

▲ 부동산 수입 및 지출 내역

엑셀로 부동산 순영업소득과 시장 가치 계산하기

간단한 사례를 가지고 부동산에서 자본 환원의 대상이 되는 순영업소득(NOI, Net Operation Income)을 계산해보겠습니다. 더 나아가 산출된 소득과 거래 가격을 비교해서 시장 환원율, 즉 시장 가치도 추출해보겠습니다. 참고로 부동산 소득 계산 프로세스는 가능 총소득(PGI, Potential Gross Incmoe)을 구하고 공실 및 대손 충당금을 뺀 유효 총소득(EGI, Effective Gross Income)을 구합니다. 그런 다음 유효 총소득에서 영업 제반 경비를 빼면 순영업소득을 구할 수 있습니다.

가능 총소득(PGI) – 공실 및 대손 충당금 = 유효 총소득(EGI)

유효 총소득(EGI) – 영업 제반 경비 = 순영업소득(NOI)

TIP 엑셀을 열어 부동산 순영업소득과 시장 가치 계산기를 만들어보거나 예제 소스(4장\부동산 순영업소득 계산기.xlsx)로 제공하는 실습 파일을 활용합니다. 순영업소득 계산 프로세스는 이 책의 190쪽~194쪽을 참고합니다.

엑셀 계산기

재테크 원리

셀프 재무 분석

주식 투자

부동산

연말정산

은퇴와 노후

여기서 소개하는 가치 평가 모형은 매우 간단합니다. 여러 유형의 부동산 평가에 다양하게 적용할 수 있으므로 반드시 이해하고 넘어가도록 합니다.

경기도 A아파트 사례

기본 정보 : 경기도 소재 85m²(33평형) 아파트

실거래가 : 5억 원

임대료 : 보증금 1억 원, 월세 80만 원

STEP 01   임대료 소득 계산하기

가능 총소득(PGI)부터 알아보겠습니다. 임대료 소득은 월세 80만 원에 12개월을 곱해 연간으로 환산합니다. 연간 총 임대료 소득은 960만 원이 됩니다.

STEP 01. 임대료 소득 계산하기	
임대료 소득	9,600,000

STEP 02   보증금 운용 수익 계산하기

보증금 1억 원은 다시 반환해야 하는 돈이므로 보수적인 운용 수익을 기준으로 계산하는 것이 바람직합니다. 1금융권 예금 금리가 1~2%대에 불과한 것이 현실이지만, 저축은행이나 특판 상품 등을 활용하면 3% 정도 수익은 쉽게 얻을 수 있으므로 수익률은 3%로 가정해보겠습니다. 보증금 1억 원에 3% 수익률을 곱하면 보증금 운용 수익은 연간 300만 원 정도가 됩니다. 마지막으로 기타 수익이 있는데, 일반적인 아파트이므로 기타 소득은 없습니다.

STEP 02. 보증금 운용 수익 계산하기	
보증금 운용 수익(연 3%)	3,000,000

STEP 03   가능 총소득 계산하기

주어진 정보를 가지고 해당 부동산의 가능 총소득(PGI)을 계산합니다. 임대료 수입 960만 원에 보증금 운용 수익 300만 원을 더해 가능 총소득을 계산하면 1,260만 원이 됩니다.

STEP 03. 가능총소득 계산하기	
임대료 소득+보증금 운용 수익	**12,600,000**

STEP 04 공실률과 유효 총소득 계산하기 (수입 결손률을 감안한 유효 총소득)

계산 과정에서 빠트릴 수 있는 중요한 항목이 공실률입니다. 부동산은 특성상 공실이 발생할 위험이 있습니다. 경기도 소재 소형 아파트라고 가정했으므로 공실이 발생할 확률은 적겠지만 그 확률이 0%라고 말할 수는 없습니다. 여기서는 공실률을 5% 정도로 가정합니다. 공실 및 대손 충당금은 가능 총소득 1,260만 원에 5%를 곱해 구합니다. 그런 다음 가능 총소득 1,260만 원에서 공실률 63만 원을 빼면 유효 총소득은 1,197만 원이 됩니다.

유효 총소득(EGI) = 가능 총소득(PGI) × 공실률(결손률)

영업 제반 경비는 수리비, 재산세 등의 비용을 감안하여 월 10만 원 정도 발생할 것으로 예상합니다. 연 120만 원으로 계산합니다.

STEP 04. 공실률과 유효 총소득 계산하기	
공실률(5%)	**630,000**
유효 총소득	**11,970,000**
영업 제반 경비	**1,200,000**

STEP 05 순영업소득 계산하기

STEP 01~STEP 04의 계산을 토대로 해당 부동산의 순영업소득을 계산합니다. 앞서 부동산 소득 계산 프로세스를 참고하여 각각의 항목에 계산된 금액을 입력하여 순영업소득을 산출합니다. A아파트의 순영업소득은 1,077만 원이 됩니다.

수식	항목	A아파트
	거래 가격	500,000,000
	가능 총소득(PGI)	12,600,000
-	공실 및 대손 충당금	630,000
=	유효 총소득(EGI)	11,970,000
-	영업 제반 경비	1,200,000
=	순영업소득(NOI)	**10,770,000**

환원율 계산하기

일반적으로 가치를 계산할 때는 소득을 환원율로 나누어 계산합니다. 어떤 투자안의 내부 수익률을 산출하는 것과 동일한 원리입니다. 예를 들어 해당 사례에서 A아파트의 거래 가격은 5억 원, 이를 통해 발생할 수 있는 순영업소득은 1,077만 원이기 때문에 순영업소득을 거래 가격으로 나누어 환원율을 계산합니다.

PMT	⌄	:	×	✓	fx	=D18/D17

	C	D
16	A아파트	
17	거래 가격	500,000,000
18	순영업소득(NOI)	10,770,000
19	환원율	=D18/D17

A아파트의 환원율은 2.2%가 됩니다.

A아파트	
거래 가격	500,000,000
순영업소득(NOI)	10,770,000
환원율	2.2%

시장 가치 평가하기

마지막으로 앞서 산출한 순영업소득을 통해 A아파트의 적정 가치를 평가해보겠습니다. 가장 먼저 2.2%의 환원율, 즉 '내부 수익률이 적정한가?'입니다. 예를 들어 시장 평균 수익률이 3% 정도라고 한다면 단순 비교해봐도 해당 부동산의 수익성은 다소 낮다고 평가할 수 있습니다. 하지만 아파트라는 자산을 단순히 임대 수익률만으로 평가하기에는 무리가 있으므로, 주변에 비슷한 부동산(아파트)과 비교해봐야 합니다.

가령 동일한 지역에 있는 B, C아파트를 비교해봅니다. 비슷한 입지에 연식, 제반 여건을 갖춘 B아파트의 경우 거래 가격은 동일하지만, 순영업소득은 A아파트보다 100만 원 낮습니다. C아파트는 동일한 순영업소득을 가지고 있지만 거래 가격이 5,000만 원가량 저렴합니다. 이 같은 정보를 바탕으로 각 아파트의 환원율을 비교해볼 수 있습니다.

A아파트		B아파트		C아파트	
거래 가격	500,000,000	거래 가격	500,000,000	거래 가격	450,000,000
순영업소득(NOI)	10,770,000	순영업소득(NOI)	9,770,000	순영업소득(NOI)	10,770,000
환원율	2.2%	환원율	2.0%	환원율	2.4%

환원율을 통해 어떤 부동산이 상대적으로 저평가되어 있는지 알 수 있습니다. 물론 환원율이 높다고 해서 무조건 가치가 높다고 할 수는 없습니다. 부동산은 수익성 외에 여러 가지 요소가 복합적으로 작용해서 가치를 형성하기 때문입니다. 그렇다고 이러한 가치 평가 방법이 전혀 의미 없는 것도 아닙니다. 다양한 부동산 가치 평가가 이 방식으로 진행되고 있으며 부동산 투자 시 아주 간단하면서도 해당 부동산의 상대적 수익 가치를 정확히 평가할 수 있는 방법입니다.

 엑셀 재테크 사전 │ 부동산 소득 계산 프로세스 이해하기

간단한 사례를 가지고 부동산에서 자본 환원의 대상이 되는 순영업소득(NOI : Net Operation Income)과 시장 가치를 계산해보았습니다. 여기에 세부 항목을 더해 부동산 소득 계산 프로세스를 꼼꼼히 살펴보겠습니다. 참고로 수식은 각 항목의 계산법을 의미합니다. 가능 총소득(PGI)에서 공실 및 대손 충당금을 빼면(-) 유효 총소득(EGI)이 산출됩니다. 유효 총소득(EGI)에서 영업 제반 경비를 빼면(-) 순영업소득(NOI)이 산출되는 방식입니다.

수식	항목
	거래 가격
	가능 총소득(PGI)
-	공실 및 대손 충당금
=	유효 총소득(EGI)
-	영업 제반 경비
=	순영업소득(NOI)
-	부채 관련 비용
=	세전 영업 소득
-	임대 소득세
=	세후 순영업소득

- **가능 총소득** : 대상 부동산으로 얻을 수 있는 총소득입니다. 일반적으로 1년 단위로 분석합니다.

- **공실 및 대손 충당금** : 공실이란 총 임대료에 평균 공실률을 곱하여 계산하는 것이 일반적입니다. 상가와 같은 수익형 부동산은 필히 공실률을 계산해야 합니다. 대손 충당금은 계약 기간에 임차인이 임대료를 제때 지불하지 않아 발생하는 손해를 의미합니다.

- **유효 총소득** : 가능 총소득에서 공실 및 대손 충당금을 제한 소득을 말합니다.

- **영업 제반 경비** : 대상 부동산을 운용하는 데 들어가는 각종 비용을 말합니다. 수리비, 관리비, 유지비, 보험료, 각종 공과금 등이 포함됩니다.

- **순영업소득** : 유효 총소득에서 영업 제반 경비를 제한 소득을 말합니다. 순영업소득은 부동산 가치를 평가할 때 환원율로 환원되는 소득이므로 매우 중요합니다.

- **부채 관련 비용** : 대상 부동산을 담보로 대출을 받았을 경우 매년 지급해야 하는 원리금을 의미합니다.

- **세전 영업 소득** : 최종 영업 소득에서 임대 소득세 등의 세금을 제하기 전 과세 표준이 되는 소득을 말합니다.

- **임대 소득세** : 부동산 임대 소득에 과세되는 세금을 의미합니다.

- **세후 순영업소득** : 소득세를 포함한 모든 제반 비용을 제한 후 순수하게 발생하는 소득을 말합니다. 투자자 입장에서는 실질적인 소득이라고 판단할 수 있습니다.

엑셀로 대출 한도 계산기 만들기 (LTV, DTI, DSR)

재력가가 아니고서는 대부분 대출을 받아 부동산을 구매합니다. 하지만 고가의 부동산이 많아지고 갭 투자, 수익형 부동산 등의 문제로 인해 부동산 대출 규제가 점점 강화되고 있습니다. 이번에는 점점 복잡해지는 부동산 대출 방법을 알아보고, 엑셀로 대출 한도를 계산해보는 계산기를 만들어보겠습니다.

주택 담보 대출(LTV : Loan To Value ratio)

주택을 담보로 하여 대출을 받을 경우 주택 가치의 일정 비율을 기준으로 최대 대출 가능 금액을 산출합니다. 예를 들어 구입하고자 하는 주택 가치가 2억 원이고 LTV 대출 한도가 50%라면 최대 1억 원까지 대출을 받을 수 있습니다. 단, 실제로 대출을 받는다면 LTV 대출 한도 중 주택 임대차 보호법에서 정한 최우선 변제 소액 임차 보증금을 제외한 금액까지만 대출을 받을 수 있습니다.

LTV(주택 담보 대출) = 대출 금액 + 선순위 채권 + 임차 보증금

+ 최우선 변제 소액 임차 보증금 ÷ 주택 담보 가치 × 100

총부채 상환 비율(DTI : Debt To Income ratio)

주택 가치는 물론이고 채무자의 연간 총소득을 고려하여 대출 가능 금액을 산출합니다. 연간 부채 상환액을 총소득의 일정 범위 내에서 제한함으로써 실질적인 상환 능력을 고려하여 대출 한도를 설정하는 방식이라고 할 수 있습니다. DTI는 최초 소득 대비 과도한 부채 부담으로 인한 가계 부실을 방지하고자 실시되었습니다. 최근에는 부동산 시장 가격의 급격한 상승에 따른 투기 억제 정책의 일환으로 사용되고 있습니다. 계산법은 연간 원리금 상환 총액을 연소득으로 나눈 금액을 기준으로 산출합니다. 예를 들어 DTI가 50%이고 연소득이 5,000만 원인 항래 씨의 총 대출 가능 금액의 연간 원리금 상환 총액은 2,500만 원을 넘길 수 없다는 식입니다.

DTI(총부채 상환 비율) = 주택 담보 대출 연간 원리금 상환액 +

기타 부채 연간 이자 상환액 ÷ 연소득 × 100

총체적 상환 능력 비율(DSR : Debt Service Ratio)

가장 최근에 등장한 대출 한도 적용 방법으로 DTI보다 더 강화된 지표로 이해하면 쉽습니다. DTI는 기타 부채에 대해서 담보 대출의 이자 상환 부담만을 대상으로 대출 한도를 계산했습니다. DSR은 원리금 상환 부담 능력을 감안하여 계산합니다. 또한 대출의 범위도 주택 담보 대출(LTV)로 한정하는 것이 아니라 학자금 대출, 마이너스 통장과 같은 신용 대출까지 모두 포함하여 대출 한도를 계산하기 때문에 좀 더 까다롭습니다. 연소득 5,000만 원인 항래 씨가 5,000만 원(대출 금리 연4%)의 대출을 가지고 있다고 가정해보겠습니다. 이때 추가로 5억 원의 주택 구입 시 담보 대출을 받아야 하면, DSR 적용 시 항래 씨의 대출 한도는 마이너스 통장의 원리금 상환액과 담보 대출 원리금 상환액의 총합이 연간 2,000만 원을 넘으면 안 됩니다.

$ TIP 여기서 차주 단위 DSR이 적용되는 기준 비율은 40%입니다. 차주 단위란 대출을 받은 개인 단위를 의미합니다.

$$\text{DSR(총체적 상환 능력 비율)} = \text{주택 담보 대출 연간 원리금 상환액} +$$

$$\text{기타 부채 연간 원리금 상환액} \div \text{연소득} \times 100$$

CASE STUDY 대출 한도 계산기 만들기

항래 씨의 사례로 대출 한도 계산기를 만들어보겠습니다. 가장 먼저 대출 금리, 대출 기간, 매수할 부동산(주택)의 가격과 소득 정보가 필요합니다.

> **부동산(주택)** : 조정 대상 지역, 주택 가액 5억 원
>
> **항래 씨** : 무주택자, 연간 총소득 5,000만 원
>
> **현재 상황** : 기존 대출 1억 원(대출 금리 3.5%, 20년 원리금균등 상환), 마이너스 통장 5,000만 원(대출 금리 5%)
>
> **예상 대출 한도** : 대출 금리 3.5%, 대출 기간 30년

[엑셀 파일 미리 보기]

실습 파일 4장\대출 한도 계산기.xlsx

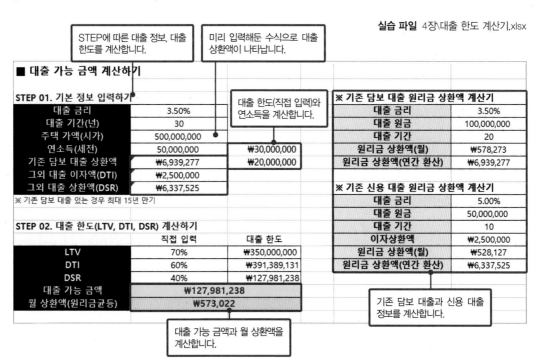

STEP에 따른 대출 정보, 대출 한도를 계산합니다.

미리 입력해둔 수식으로 대출 상환액이 나타납니다.

■ 대출 가능 금액 계산하기

STEP 01. 기본 정보 입력하기

대출 금리	3.50%
대출 기간(년)	30
주택 가액(시가)	500,000,000
연소득(세전)	50,000,000
기존 담보 대출 상환액	₩6,939,277
그외 대출 이자액(DTI)	₩2,500,000
그외 대출 상환액(DSR)	₩6,337,525

대출 한도(직접 입력)와 연소득을 계산합니다.

₩30,000,000
₩20,000,000

※ 기존 담보 대출 있는 경우 최대 15년 만기

STEP 02. 대출 한도(LTV, DTI, DSR) 계산하기

	직접 입력	대출 한도
LTV	70%	₩350,000,000
DTI	60%	₩391,389,131
DSR	40%	₩127,981,238
대출 가능 금액	₩127,981,238	
월 상환액(원리금균등)	₩573,022	

대출 가능 금액과 월 상환액을 계산합니다.

※ 기존 담보 대출 원리금 상환액 계산기

대출 금리	3.50%
대출 원금	100,000,000
대출 기간	20
원리금 상환액(월)	₩578,273
원리금 상환액(연간 환산)	₩6,939,277

※ 기존 신용 대출 원리금 상환액 계산기

대출 금리	5.00%
대출 원금	50,000,000
대출 기간	10
이자상환액	₩2,500,000
원리금 상환액(월)	₩528,127
원리금 상환액(연간 환산)	₩6,337,525

기존 담보 대출과 신용 대출 정보를 계산합니다.

기본 정보 입력하기

01 실습 파일을 불러와 기본 정보를 입력합니다. 대출 금리, 대출 기간(년), 주택 가액(시가), 연소득(세전)을 입력합니다.

STEP 01. 기본 정보 입력하기	
대출 금리	3.50%
대출 기간(년)	30
주택 가액(시가)	500,000,000
연소득(세전)	50,000,000

입력

TIP 항래 씨의 현재 상태는 앞선 CASE에 설명해두었습니다.

STEP 02 **대출 한도(LTV, DTI, DSR) 계산하기**

기본 정보를 입력했다면 LTV, DTI, DSR 적용 여부 및 각 계산법에 의한 대출 한도를 산출해야 합니다. LTV→DTI→DSR 순서로 계산합니다. 모두 적용될 경우 그중 가장 낮은 금액을 기준으로 대출 금액이 정해지는 식입니다. 가장 먼저 LTV 대출 한도부터 계산해보겠습니다.

구분			투기 과열 지구 투기 지역		조정 대상 지역		조정 대상 지역 외 수도권		기타	
			LTV	DTI	LTV	DTI	LTV	DTI	LTV	DTI
주택 시가 9억 원 이하	서민 실수요자		50%	50%	70%	60%	70%	60%	70%	없음
	무주택		40%	40%	60%	50%	70%	60%	70%	없음
	1주택	원칙	0%	–	0%	–	60%	50%	60%	없음
		예외	40%	40%	60%	50%	60%	50%	60%	없음
	2주택 이상		0%	–	0%	–	60%	50%	60%	없음
주택 시가 9억 원 이상	원칙		0%	–	0%	–	공시 가격 9억 원 이하 주택 구입 시 기준과 동일			
	예외		40%	40%	60%	50%				
15억 원 초과	초고가 아파트		불가		60%	50%				

※ 서민 실수요자 : 주택 가액 5억 원 이하, 부부 합산 소득 7,000만 원 이하, 무주택자

▲ 규제 지역별 LTV/DTI 적용 요율표

LTV는 다른 대출 상황은 고려하지 않으므로 담보가 될 부동산(주택) 가격이 중요합니다. 매수할 부동산의 가격을 5억 원이라고 가정했으므로 항래 씨에 해당하는 LTV 비율을 찾아 곱해주면 대출 한도가 산정됩니다. 문제는 현재 각종 부동산 규제로 인해 대상에 따라 상이한 대출 한도가 적용되고 있다는 점입니다.

앞의 표처럼 규제 지역 여부, 주택 보유 여부, 주택 가격(고가 주택 여부)에 따라 각각 적용 한도가 다르다고 이해하면 됩니다. 2021년 기준 대출 한도 비율 적용표를 참고로 계산해보겠습니다.

 TIP 해당 요율표는 부동산 정책 변화에 따라 달라질 수 있습니다.

항래 씨는 무주택자이면서 매수 주택은 조정 대상 지역 내에 위치하고 있습니다. 표를 기준으로 해당하는 적용 LTV는 60%임을 알 수 있습니다. 단, 매수할 주택이 5억 원 이하에 해당하고, 연간 총소득이 7,000만 원(부부 합산) 이하인 경우 서민 실수요자 조건에 해당하므로 서민 실수요자 최종 LTV는 70%를 적용합니다.

01 [LTV] 비율 입력 셀에 **70%**를 입력합니다.

STEP 02. 대출 한도(LTV, DTI, DSR) 계산하기	직접 입력	대출 한도
LTV	70%	입력
DTI		
DSR		
대출 가능 금액		
월 상환액(원리금균등)		

엑셀 계산기

재테크 정리

셀프 재무 분석

주식 투자

부동산

연말정산

월테와 노후

02 LTV [대출 한도] 입력 셀에 주택 가격(5억 원)×LTV 비율을 입력합니다. 여기서는 **=500000000*70%**를 입력했습니다. 3억 5,000만 원이 산출됩니다.

STEP 02. 대출 한도(LTV, DTI, DSR) 계산하기		
	직접 입력	대출 한도
LTV	70%	₩350,000,000 ← 입력
DTI		
DSR		
대출 가능 금액		
월 상환액(원리금균등)		

💰 **TIP** 앞서 STEP 01에서 기본 정보를 입력해두었습니다. 직접 값을 입력하는 것보다 셀을 참고하여 입력하면 계산이 훨씬 쉽습니다.

DTI 적용 시 대출 가능 금액을 계산해보겠습니다. 마찬가지로 요율표에서 해당하는 DTI 비율을 확인합니다. 조정 대상 지역 내 주택이면서 서민 실수요자에 해당하여 적용 DTI는 60%임을 알 수 있습니다. DTI 60%는 연간 총 상환 원리금이 연간 총소득의 60%를 넘지 않아야 한다는 의미이므로 연간 총 상환액을 계산해보겠습니다.

03 [연소득(세전)] 입력 셀 옆에 =연소득(세전)×DTI 요율을 입력합니다. 여기서는 **=50000000*60%**를 입력했습니다. 연간 총 상환액은 3,000만 원으로 산출됩니다. 3,000만 원까지 대출이 가능하다는 의미입니다.

STEP 01. 기본 정보 입력하기		
대출 금리	3.50%	
대출 기간(년)	30	
주택 가액(시가)	500,000,000	
연소득(세전)	50,000,000	₩30,000,000 ← 입력

연간 상환액이 정해졌다면 PV 함수를 활용해 대출 원금을 계산할 수 있습니다.

=PV(연 이자율, 대출 기간, 연간 원리금 상환액, 1)

04 ❶ [DTI] 비율 입력 셀에 **60%**를 입력합니다. ❷ [대출 한도] 입력 셀에 **=-PV(3.5%,30, 30000000,,1)**를 입력합니다. 5억 7,107만 3,010원이 산출됩니다. 항래 씨는 기존 대출이 있으 므로 DTI 대출 한도에서 기존 대출 상환액을 빼야 합니다.

STEP 02. 대출 한도(LTV, DTI, DSR) 계산하기		
	직접 입력	대출 한도
LTV	70%	₩350,000,000
DTI	60%	₩571,073,010
DSR		
대출 가능 금액	❶ 입력	❷ 입력
월 상환액(원리금균등)		

💲 TIP PV 함수 앞에 마이너스(−)를 붙여 플러스의 값으로 계산합니다.

DTI는 연간 총 상환 원리금을 기준으로 대출 한도를 계산합니다. 따라서 대출 금리, 상환 기간 등 대출 조건에 따라 대출 한도가 달라집니다. 이렇게 산출된 LTV, DTI 한도 중에서 낮은 금액 이 최대 대출 한도가 되므로 **항래 씨의 최대 대출 한도는 LTV 70%에 해당하는 3억 5,000만 원**이 됩 니다. 계산의 편의를 위해 기존 대출을 감안하지 않았지만, 기존 대출이 있는 경우에는 해당 대 출의 상환액을 포함하여 대출 한도를 계산해야 합니다.

💲 TIP 항래 씨의 기존 대출을 감안한다면 DTI 대출 한도는 약 3억 9,000만 원으로 LTV 한도를 초과합니다. 개인의 대출 상황에 따라 계산을 진행합니다.

마지막으로 DSR을 적용하여 대출 가능액을 계산합니다. DTI와 DSR의 가장 큰 차이점은 기존 담보 대출은 물론 신용 대출 원리금 상환액까지 포함하여 대출 한도를 적용하는 것입니다. 기 존 대출의 원리금 상환액을 계산해야 정확한 금액을 산출할 수 있습니다. 항래 씨의 기존 대출 은 주택 담보 대출 1억 원, 마이너스 통장 5,000만 원이 있으므로 각 대출의 연간 총 원리금 상환액 계산이 필수입니다. 대출 원리금 상환액은 PMT 함수를 활용해 간단히 계산할 수 있 습니다.

💲 TIP DSR은 규제 지역 내 6억 원 초과 주택(2021년 12월 기준)에 한해 적용되므로 항래 씨 사례에 적용하지 않습니 다. 그러나 개념 이해를 위해 해당 사례를 적용하여 계산해보겠습니다.

=PMT(연 이자율, 대출 기간, 대출 원금, 1)

05 기존 담보 대출의 원리금 상환액을 계산해봅니다. ❶ 각 입력 셀에 대출 금리, 대출 원금, 대출 기간을 항래 씨 정보로 입력합니다. 여기에서는 **3.5%, 100000000, 20**을 입력했습니다. ❷ [원리금 상환액(월)] 입력 셀에 **=PMT(3.5%/12,20*12,-100000000,,1)**를 입력합니다. 57만 8,273원이 산출됩니다. ❸ 이를 연간 환산액으로 계산해보겠습니다. [원리금 상환액(연간 환산)] 입력 셀에 **=578273*12**를 입력합니다. 연간 694만 원가량이 산출됩니다.

※ 기존 담보 대출 원리금 상환액 계산기		
대출 금리	3.50%	
대출 원금	100,000,000	❶ 입력
대출 기간	20	
원리금 상환액(월)	₩578,273	❷ 입력
원리금 상환액(연간 환산)	₩6,939,277	❸ 입력

$ TIP 기존 담보 대출 원리금 상환액 계산 셀은 실습 파일의 오른쪽에 구성되어 있습니다. 원리금 상환액을 계산할 때 직접 값을 입력하는 것보다 셀을 참고하여 입력하면 계산이 훨씬 쉽습니다.

같은 방식으로 신용 대출 원리금 상환액을 계산해봅시다. 항래 씨는 마이너스 통장 5,000만 원이 있습니다. 이러한 신용 대출은 정기적으로 원리금을 갚지 않고 이자만 납입하다가 목돈이 생기면 일시에 상환하는 형태가 많아 정확한 상환 원리금 계산이 쉽지 않습니다. 따라서 신용 대출 기간을 10년(120개월)으로 삼아 원리금 상환액을 계산합니다.

06 ❶ 05 단계와 같은 방식으로 대출 금리, 대출 원금, 대출 기간을 입력합니다. 여기에서는 **5.0%, 50000000, 10**을 입력했습니다. ❷ [이자 상환액] 입력 셀에 **=5.0%*50000000**을 입력합니다. 신용 대출 이자가 250만 원으로 산출됩니다. ❸ [원리금 상환액(월)] 입력 셀에 **=PMT(5.0%/12,10*12,-50000000,,1)**를 입력합니다. ❹ 이것을 연간 환산액으로 계산해보면 연간 634만 원가량이 산출됩니다.

※ 기존 신용 대출 원리금 상환액 계산기		
대출 금리	5.00%	
대출 원금	50,000,000	❶ 입력
대출 기간	10	
이자 상환액	₩2,500,000	❷ 입력
원리금 상환액(월)	₩528,127	❸ 입력
원리금 상환액(연간 환산)	₩6,337,525	❹

07 기본 정보 입력 표를 확인하면 기존 담보 대출 상환액, 그 외 대출 이자액(DTI), 그 외 대출 상환액(DSR) 입력 셀이 있습니다. 실습 파일에는 이미 수식을 입력해두었으므로 해당 값을 확인합니다.

STEP 01. 기본 정보 입력하기	
대출 금리	3.50%
대출 기간(년)	30
주택 가액(시가)	500,000,000
연소득(세전)	50,000,000
기존 담보 대출 상환액	₩6,939,277
그 외 대출 이자액(DTI)	₩2,500,000
그 외 대출 상환액(DSR)	₩6,337,525

08 앞서 **03** 단계에서 연간 총 상환액을 계산한 것처럼 현행 DSR 적용률 40%를 기준으로 DSR을 적용해봅니다. [기존 담보 대출 상환액] 입력 셀 옆에 =연소득(세전)×DSR 요율을 입력합니다. 여기서는 **=50000000*40%**를 입력했습니다. 연간 총 상환액은 2,000만 원으로 산출됩니다. 총 연간 상환액 한도인 2,000만 원에서 기존 대출의 원리금 상환액을 제한 후 대출 한도를 계산해야 합니다.

STEP 01. 기본 정보 입력하기		
대출 금리	3.50%	
대출 기간(년)	30	
주택 가액(시가)	500,000,000	
연소득(세전)	50,000,000	₩30,000,000
기존 담보 대출 상환액	₩6,939,277	₩20,000,000 ← 입력
그 외 대출 이자액(DTI)	₩2,500,000	
그 외 대출 상환액(DSR)	₩6,337,525	

DSR 적용 시 총 연간 상환액 한도 2,000만 원에서 기존 담보 대출 상환액과 신용 대출 상환액을 제하고 나면 잔여 상환액 한도는 672만 원이 됩니다.

잔여 상환액 한도 = (연간 총소득 × DSR 비율) − 기존 대출 원리금

2,000만 원 − 694만 원 − 634만 원 = 672만 원

09 05 단계에서 계산한 값을 바탕으로 DTI 대출 한도를 다시 계산합니다. DTI [대출 한도] 입력 셀에는 총소득의 60%에서 기존 담보 대출 원리금 상환액과 신용 대출 이자 상환액을 뺀 후 대출 한도를 계산합니다. 여기서는 **=-PV(3.5%,30,30000000-6939277-2500000,,1)**를 입력합니다. 대출 한도가 3억 9,139만 원가량 산출됩니다.

STEP 02. 대출 한도(LTV, DTI, DSR) 계산하기		
	직접 입력	대출 한도
LTV	70%	₩350,000,000
DTI	60%	₩391,389,132 〈 입력
DSR		
대출 가능 금액		
월 상환액(원리금균등)		

💰 **TIP** DTI 대출 한도 계산 시 =PV(연 이자율, 대출 기간, 연간 원리금 상환액,,1)로 계산합니다. 이때 연간 원리금 상환액은 기존 담보 대출 상환액과 대출 이자액(DTI)을 합해 입력해야 합니다.

10 DTI 계산법으로 DSR 대출 한도를 계산합니다. 672만 원이라는 상환액을 기준으로 삼아 ❶ DSR [직접 입력] 셀에 **40%**를 입력하고 ❷ [대출 한도] 셀에는 **=-PV(3.5%,30, 20000000-6939277-6337525,,1)**를 입력했습니다. 최종 대출 한도는 1억 2,798만 1,231원으로 산출됩니다.

STEP 02. 대출 한도(LTV, DTI, DSR) 계산하기		
	직접 입력	대출 한도
LTV	70%	₩350,000,000
DTI	60%	₩391,389,132
DSR	40%	₩127,981,231
대출 가능 금액	❶ 입력	❷ 입력
월 상환액(원리금균등)		

11 계산 결과를 토대로 최대 대출 한도를 계산합니다. LTV, DTI, DSR 중에서 가장 적은 금액이 대출 총액이 됩니다. DSR을 적용한 항래 씨의 최대 대출 가능 금액은 약 1억 2,700만 원에 불과함을 알 수 있습니다.

STEP 02. 대출 한도(LTV, DTI, DSR) 계산하기		
	직접 입력	대출 한도
LTV	70%	₩350,000,000
DTI	60%	₩391,389,132
DSR	40%	₩127,981,231
대출 가능 금액	₩127,981,231	
월 상환액(원리금균등)		

12 마지막으로 해당 금액만큼 대출을 받을 경우 가장 중요한 매월 상환액을 PMT 함수로 계산해보겠습니다. 여기서는 **=PMT(3.5%/12,30*12,-127981231,,1)**를 입력했습니다. 월 57만 원가량 상환해야 함을 알 수 있습니다.

STEP 02. 대출 한도(LTV, DTI, DSR) 계산하기		
	직접 입력	대출 한도
LTV	70%	₩350,000,000
DTI	60%	₩391,389,132
DSR	40%	₩127,981,231
대출 가능 금액	₩127,981,231	
월 상환액(원리금균등)	₩573,021	◁ 입력

TIP 월 상환액 PMT 함수는 =PMT(대출 이자율/12개월, 총 상환 횟수, 대출 원금,,1)를 입력합니다.

최근 부동산 정책의 변화로 대출 전략의 중요성이 그 어느 때보다 커졌습니다. 규제 때문이 아니더라도 치솟는 부동산 가격으로 인해 대출을 활용해야만 하는 상황입니다. 은행 창구에 가서 '얼마까지 대출이 되죠?'라고 물어봐도 되지만 대출 원리를 알고 미리 계획을 세운 사람과 그렇지 않은 사람과의 차이는 분명히 존재합니다. 자신만의 대출 한도 계산기를 만들어 대출 계획을 세워보는 것도 좋습니다.

엑셀 계산기

재테크 원리

셀프 재무 분석

주식 투자

부동산

연말정산

월급의 노하우

SECTION 05

엑셀로 취득세
계산기 만들기

부동산 구매 시 꼭 알아두어야 할 것이 바로 세금입니다. 부동산은 다른 자산과 달리 취득, 보유, 매도 시점까지 모든 시기에 걸쳐 세금이 발생하는 특수 자산입니다. 부동산을 구매할 때 세금을 모른다면 절반은 실패한 것이나 다름없습니다. 이번에는 부동산 구매(취득) 시 납부해야 하는 취득세의 기본 개념을 알아보고 취득세 계산기를 만들어보겠습니다.

취득세의 기본 구조

부동산 관련 세금은 크게 세 가지로 나눌 수 있습니다. 부동산 구매(취득) 시 발생하는 취득세, 부동산 보유 시 발생하는 재산세, 종합 부동산세, 부동산 매도 시 차익에 대해 발생하는 양도 소득세입니다. 여기에 인지세, 증여세, 상속세, 농어촌 특별세, 지방 교육세 등도 함께 발생합니다. 실거주이든 투자 목적이든 처음 부동산을 구매하게 되면 취득세가 부과됩니다. 취득세는 동산이나 부동산 등의 자산을 취득한 사람에게 부과되는 세금입니다. 농어촌 특별세와 지방 교육세가 포함되어 있으며 부동산 취득 60일 이내에 신고한 후 납부해야 합니다.

취득세는 2020년 7월 10일 부동산 대책에 따라 지방세법이 개정되어 그 내용이 복잡해졌습니다. 하지만 기존 취득세의 기본 구조를 이해하고 차례대로 계산해보면 그리 어렵지 않습니다. 기존 취득세법은 다음의 세 가지 기본 요소만 확인하면 됩니다.

❶ **주택 여부** : 주택이 아니면 4.6%만 냅니다.

❷ **주택 취득가액(매매 금액)** : 6억 원 이하면 1%, 6억 원 초과 9억 원 이하면 2%, 9억 원 초과부터 3%입니다. 여기에 지방 교육세가 취득세의 10%로 가산됩니다.

❸ **주택 면적** : 85m^2 초과라면 농어촌 특별세가 0.2% 추가됩니다.

구분			취득세	농어촌 특별세	지방 교육세	세율
주택	6억 원 이하	85m^2 이하	1.00%	–	0.10%	**1.10%**
		85m^2 초과	1.00%	0.20%	0.10%	**1.30%**
	6억 원 초과~9억 원 이하	85m^2 이하	2.00%	–	0.20%	**2.20%**
		85m^2 초과	2.00%	0.20%	0.20%	**2.40%**
	9억 원 초과	**85m^2 이하**	3.00%	–	0.30%	**3.30%**
		85m^2 초과	3.00%	0.20%	0.30%	**3.50%**
주택 외(토지, 건물, 상가)			4.00%	0.20%	0.40%	**4.60%**

▲ 2019년 취득세 세율표

💰 **TIP** 710 부동산 대책으로 인해 취득세율이 복잡해졌습니다. 우선 기본 개념을 통해 취득세를 계산해보고 710 부동산 대책 이후의 취득세율에 맞춰 취득세 계산기를 만들어보겠습니다.

간단한 취득세 계산기 활용하기

취득세를 계산하려면 몇 가지 정보가 필요합니다. 가장 먼저 취득가액(매매가)을 알아야 합니다. 통상적으로 취득가액은 실거래가를 기준으로 합니다. 실거래가 없는 특수한 경우에는 감정평가액을 기준으로 산정하기도 합니다. 또한 주택 여부에 대한 정보도 필요합니다.

기본적으로 주택(아파트, 빌라 등 거주 주택)의 취득세율은 1%입니다. 주택 취득가액이 6억 원 이상이라면 2%, 9억 원 초과 고가 주택이라면 3%를 추가 적용합니다. 마지막으로 주택 면적입니다. $85m^2$ 이상이라면 0.2% 가산세가 붙습니다. 여기에 취득세율의 10%에 해당하는 지방 교육세가 추가되어 총 취득세율이 됩니다. 오피스텔, 상가, 오피스 등 주택이 아닌 부동산이라면 4.6%(취득세 4%+농어촌 특별세+지방 교육세=4.6%)입니다.

종현 씨는 경기도 소재의 $59m^2$ 아파트를 5억 원에 매매하려고 합니다.
종현 씨의 취득세는 어떻게 산출할까요?

5억 원인 $59m^2$ 면적 아파트의 취득세를 계산해보겠습니다. 우선 취득가액(매매가)을 입력합니다. 6억 원 이하 주택에 해당하므로 기본 세율은 1%가 되고, 지방 교육세 0.1%를 추가합니다. 해당 아파트는 $85m^2$ 이하 면적이므로 농어촌 특별세는 추가되지 않아 최종 1.1% 취득세율을 적용할 수 있습니다.

	A	B	D
1	**취득세 계산기(기본)**		
2	취득가액(매매가)	500,000,000	
3	주택 여부	주택	주택 외에는 모두 4.6%(취득세+농어촌 특별세+지방 교육세)
4	취득세율	6억이하	6억 원 미만 1.0% / 9억 원 미만 2.0% / 9억 원 초과 3.0%
5	농어촌 특별세	85이하	85㎡ 미만 없음 / 초과 0.2%
6	지방 교육세	0.1%	취득세율의 10%
7	총 취득세율	1.1%	
8	취득세 납부액	**5,500,000**	

$ TIP 실습 파일(4장\취득세.xlsx)에는 C열에 IF 함수를 넣어 취득세율과 농어촌 특별세, 지방 교육세를 계산했습니다. 실습 파일의 C열을 확인해 IF 함수를 확인합니다. B열은 드롭다운 메뉴에서 선택할 수 있도록 데이터 유효성 검사를 통한 목록을 적용해두었습니다.

710 부동산 대책 후 바뀐 취득세

2020년 7월 10일 부동산 대책 이후 취득세율이 크게 변경되었습니다. 가장 중요한 요소는 중과입니다. 어떤 내용이 바뀌었는지 주요 내용 위주로 살펴보겠습니다.

❶ **보유 주택 수** : 보유한 주택 수에 따라 취득세율이 변경되었습니다. 조정 지역 기준 1주택자는 기존 그대로 유지되지만, 2주택자부터는 8%, 3주택 이상은 12%가 적용됩니다. 비조정 지역의 경우 주택 수 1개를 차감하여 3주택부터 중과되는 점도 유의할 점입니다.

❷ **일시적 2주택자** : 사정에 의해 일시적으로 2주택자가 될 경우 중과에서 제외합니다.

❸ **법인 투자의 최고 세율** : 법인 투자자의 경우 무조건 12% 최고 세율을 적용합니다.

710 취득세 개정 내용

710 개정 전		
개인	1주택	주택 가액에 따라 1~3%
	2주택	
	3주택	
	4주택 이상	4%
법인		주택 가액에 따라 1~3%

개정안			
개인	1주택	주택 가액에 따라 1~3%	
		조정*	비조정
	2주택	8%	1~3%
	3주택	12%	8%
	4주택 이상	12%	12%
법인		12%	

※ 단, 일시적 2주택은 1주택 세율 적용(1~3%)
* 조정 : 조정 대상 지역, 비조정 : 그 외 지역

▲ 710 취득세 개정안(출처 : 행정안전부 보도자료)

정확한 취득세 산정을 위해 고려해야 할 것들이 많아졌습니다. 간단히 표로 정리해보면 다음과 같이 여덟 개 항목으로 나눌 수 있습니다. 710 부동산 대책 이전에 취득했는지에 대한 시점, 법인이나 부부 외 공동 명의에 대한 항목도 추가되었습니다. 또한 조정 지역이나 일시적 2주택 등에 대한 항목도 추가되었습니다.

시행 이전 취득인가?	2021년 7월 10일 기준일 이전이면 기본 세율
법인 취득인가?	무조건 12%
부부 외 공동 명의인가?	부부간 공동 명의는 제외
세대 합가 여부	부모 65세 이상
세대 분리 여부	자녀 30세 이상
현재 주택 수는?	
조정 지역인가?	비조정 지역은 3주택부터 중과
일시적 2주택인가?	기본 세율(단, 월 70만 원 이상 소득 증빙 시 가능)

▲ 취득세율 중과 여부 체크리스트

710 이후 바뀐 취득세 계산기 활용하기

710 부동산 대책 이후 중과되는 사례를 통해 취득세를 계산해보겠습니다. 기존 취득세법에서는 기존 보유 주택 수와 관계없이 기본 요소만으로 취득세를 산출할 수 있었습니다. 바뀐 세법에서는 보유 주택 수에 따라 취득세율이 달라지므로 확인해야 할 것이 많습니다.

종현 씨는 경기도 소재의 59m² 아파트를 5억 원에 매매하려고 합니다.

단, 이미 1주택을 소유한 상태입니다.

취득세는 어떻게 산출할까요? 가장 먼저 종현 씨는 1주택을 소유한 상태이므로 신규로 취득하려는 주택(두 번째 주택)이 조정 지역인지, 비조정 지역인지가 매우 중요합니다. **신규 취득 주택이 조정 지역 내에 있다면 취득세는 중과되어 8%의 세율**이 적용됩니다. 비조정 지역이라면 2주택까지는 기본 세율(1~3%)이 적용되고 3주택부터 중과됩니다.

추가로 확인할 것은 일시적 2주택 요건에 해당하는지 여부입니다. 일시적 2주택 요건에 해당하는 경우 기본 세율(1~3%)을 적용하고, 이후 이를 이행하지 않을 경우 취득세 중과는 물론 가산세까지 내야 합니다.

	A	B	D
24	바뀐 취득세 계산법		
25	취득가액(매매가)	500,000,000	
26	주택 여부	주택	주택 외에는 모두 4.6%(취득세+농어촌 특별세+지방 교육세)
27	취득세율	6억이하	6억 원 미만 1.0% / 9억 원 미만 2.0% / 9억 원 초과 3.0%
28	중과세율	12.0%	6억 원 미만 1.0% / 9억 원 미만 2.0% / 9억 원 초과 3.0%
29	농어촌 특별세	85이하	85㎡ 미만 없음 / 초과 0.2%
30	지방 교육세	1.2%	취득세율의 10%
31	총 취득세율	13.2%	
32	취득세 납부액	66,000,000	

$ TIP 실습 파일(4장\취득세.xlsx)에는 이미 수식이 적용되어 있습니다. C열에는 IF 함수를 적용하였고, B열에는 드롭다운 메뉴를 적용하였습니다. 엑셀 계산기로 빠르게 선택해봅니다.

	A	B
24	바뀐 취득세 계산법	
25	취득가액(매매가)	500,000,000
26	주택 여부	주택
27	취득세율	6억이하
28	중과세율	6억이하
29	농어촌 특별세	6억초과9억미만
		9억초과

만약 기존 주택과 신규 취득 주택 모두 조정 지역 내에 있고 일시적 2주택 요건에도 해당하지 않는다면 최종 8%의 취득세율이 적용됩니다. 취득세의 10% 해당하는 금액이 지방 교육세로 부과되므로 취득세율이 오른 만큼 지방 교육세도 올라 총 취득세율은 8.8%로 적용됩니다. 꽤 높은 세율입니다. 이렇게 되면 취득가액 5억 원 주택의 취득세가 기존 550만 원 수준에서 4,400만 원으로 거의 9배 가량 높아지는 결과가 나옵니다. 이러한 취득세 계산법을 모르고 덜컥 매매 계약을 했다가 크게 낭패를 볼 수도 있습니다. 그러므로 부동산 구매 혹은 투자 시에는 취득세에 따른 중과를 면밀히 계산해보는 것이 필요합니다.

엑셀로 양도 소득세 계산기 만들기

부동산 세금에서 가장 중요한 것이 양도 소득세입니다. 투자를 위한 부동산 매매가 아니더라도 소유한 부동산을 매도할 때면 어김없이 마주하는 세금이기 때문입니다. 사실 양도 소득세는 팔 때가 아니라 살 때부터 제대로 된 전략을 세워야 합니다. 당장 부동산 매도 계획이 없더라도 필수적으로 알아두어야 합니다.

최종 수익을 결정짓는 핵심 포인트

양도 소득세는 주택뿐만 아니라 토지, 건물, 상가 심지어 분양권, 입주권 등의 권리를 양도할 때도 부과되는 세금입니다. 양도 소득세는 장기간 누적된 시세 차익에 대해 한꺼번에 과세되므로 부과되는 세금이 수억 원인 경우도 많습니다. 양도 소득세를 한 번이라도 납부해본 사람이라면 세금 박사가 된다는 우스갯소리도 있습니다. 수억 원을 세금으로 내야 하는 상황이 오면 절세하기 위해 밤새며 공부하기도 하고 주변에 묻거나 전문가의 도움을 받기 때문입니다.

일반인들은 부동산 매도 시에 양도 소득세를 걱정하는데, 고수는 부동산을 매수할 때부터 양도 소득세를 감안하여 전략적인 매수를 진행합니다. 즉, '당장 집 팔 것도 아닌데 양도 소득세를 알아서 뭐해?'라는 생각은 곤란합니다. 투자 목적이든, 실거주든 부동산을 매수할 때 꼭 알아야 하는 필수 재테크 항목입니다.

양도 소득세의 기본 구조

양도 소득세의 기본 계산 구조에 대해 알아보겠습니다. 양도 소득세는 기본적으로 세 단계를 거쳐서 산출합니다.

1단계		양도가	매도한 가격
	−	취득가	취득한 가격
	−	필요 경비	취득세, 중개 수수료, 수리비(일부) 등
	=	**양도 차익**	
2단계	−	장기 보유 특별 공제	주택 수, 보유 기간에 따른 특별 공제
	=	양도 소득 금액	
	−	기본 공제	연 1회 250만 원 공제
	=	**과세 표준**	
3단계	×	세율	
	−	누진 공제액	누진 세율에 따른 금액 공제
	=	**양도 소득세**	
	+	지방 소득세	양도 소득세의 10%
	=	**총 납부 세액**	**최종 납부 금액**

▲ 양도 소득세 계산 프로세스

1단계는 양도 차익을 구하는 단계입니다. 예를 들어 4억 원에 주택을 사서 6억 원에 팔았다면 시세 차익은 2억 원이 됩니다. 여기에 취득세, 법무비, 중개 수수료, 발코니 확장과 같이 인정되는 수리비 등을 제하고 나면 양도 차익이 산출됩니다. 이때 필요 경비의 합이 1,000만 원이라면 시세 차익은 2억 원이지만 양도 차익은 1억 9,000만 원이 되는 것입니다. 양도 차익이 0원이거나 마이너스라면 당연히 양도 소득세도 없습니다.

양도가액 – 취득가액 – 필요 경비(취득세, 중개 수수료, 법무비, 수리비 등)
= 양도 차익

과세 표준

2단계는 과세 표준을 구하는 단계입니다. 앞서 구한 양도 차익에서 장기 보유 특별 공제와 기본 공제를 제하면 과세 표준을 산출할 수 있습니다. 기본 공제는 일 년에 한 번 250만 원을 공제해주는 것을 말합니다. 연 1회이므로 한 해에 두 개 이상의 부동산을 팔더라도 기본 공제는 250만 원까지만 적용됩니다. 장기 보유 특별 공제는 3년 이상 부동산을 보유한 경우 얼마나 오랜 기간 보유했는지 여부에 따라 추가 공제를 해주는 제도입니다. 실거주자(실수요자)에게 세제 혜택을 주겠다는 취지로 이해할 수 있습니다. 다만 2021년 1월 1일 양도분부터는 거주 기간에 대한 요건이 추가되었습니다.

양도 차익 – 기본 공제(250만 원/연) – 장기 보유 특별 공제 = 과세 표준

TIP 기본 공제가 왜 250만 원인지 실효성 면에서 의문이 들기도 합니다. 그러나 양도 소득세를 산출할 때는 기본 공제 항목에 연 1회 250만 원을 공제한다는 것을 무의식적으로 입력해두는 것이 좋습니다. 장기 보유 특별 공제는 1세대 1주택인 경우 최대 80%까지 특별 공제받을 수 있습니다. 1주택자라면 해당 부분이 절세 전략의 핵심이라고 할 수 있습니다.

양도 소득세(최종 세액)

3단계는 과세 표준에 세율을 곱하여 최종 세액인 양도 소득세를 산출하는 단계입니다. 세율은 연도별 기본 소득 세율을 따르게 되는데, 2021년도 기준 기본 소득 세율은 최저 6%(1,200만 원 이하)에서 최고 45%(10억 원 초과)입니다.

구분		주택 외 부동산	주택, 조합원 입주권	
			2020. 12. 31까지	2021. 01. 01 이후
보유 기간	1년 미만	50%	40%	50%
	1년 이상~2년 미만	40%	기본 세율	40%
	2년 이상	기본 세율	기본 세율	기본 세율
	과세 표준		기본 세율	누진 공제액
기본 세율	1,200만 원 이하		6%	0
	1,200만 원 초과~4,800만 원 이하		15%	108만 원
	4,800만 원 초과~8,800만 원 이하		24%	522만 원
	8,800만 원 초과~1억 5,000만 원 이하		35%	1,490만 원
	1억 5,000만 원 초과~3억 원 이하		38%	1,920만 원
	3억 원 초과~5억 원 이하		40%	2,500만 원
	5억 원 초과~10억 원 이하		42%	3,540만 원
	10억 원 초과		45%	6,540만 원

※ 조정 대상 지역 내 다주택자에 대한 세율 인상(2021. 6. 1. 이후 양도분부터)

[현행] 기본 세율 + 10%p(2주택) 또는 20%p(3주택 이상) [개정] 기본 세율 + 20%p(2주택) 또는 30%p(3주택 이상)

▲ 출처 : 국세청

예를 들어 과세 표준이 1억 원이라고 한다면 '8,800만 원 초과~1억 5,000만 원 이하' 구간에 해당하므로 기본 세율인 35%를 적용한 후 누진 공제액을 차감합니다. 이렇게 산출된 양도 소득세는 2,010만 원이 됩니다.

마지막으로 주택 보유 기간, 주택 수, 조정 지역, 주택 가액 등의 요건에 따라 중과 여부가 결정됩니다. 보유 기간이 2년 미만인 경우 과세 표준 구간과 관계없이 40~50%가 적용됩니다. 조정 지역 내 다주택자의 경우 2주택 이상 +20%, 3주택 이상 +30%의 중과 세율이 적용됩니다. 기존 +10~20% 수준이던 것이 2021년 6월 이후 양도분부터 인상되었습니다.

과세 표준 x 양도세율 = 양도세액

마지막으로 양도 소득세의 10%만큼의 지방 소득세를 더하면 최종 납부할 세액이 산출됩니다.

CASE STUDY 양도 소득세 계산기 만들기

영훈 씨 사례를 통해 엑셀을 활용하여 양도 소득세 계산기를 만들어보겠습니다. 710 부동산 대책에 맞춰 지역, 취득가액, 양도가액, 보유 기간 등의 정보가 필요합니다.

영훈 씨가 경기도 소재 A아파트를 매도했을 경우 양도 소득세를 계산해본다.

취득가액 : 4억 원(취득 일자 : 2017년 1월 1일)

양도가액 : 6억 원(양도 일자 : 2021년 11월 20일)

필요 경비 : 취득세 440만 원, 중개 수수료 200만 원, 법무비 등 기타 200만 원

비고 : 2018년 1월 1일부터 실거주 중, A아파트 외 보유 중인 주택 없음

[엑셀 파일 미리 보기]

실습 파일 4장\양도 소득세 계산기.xlsx

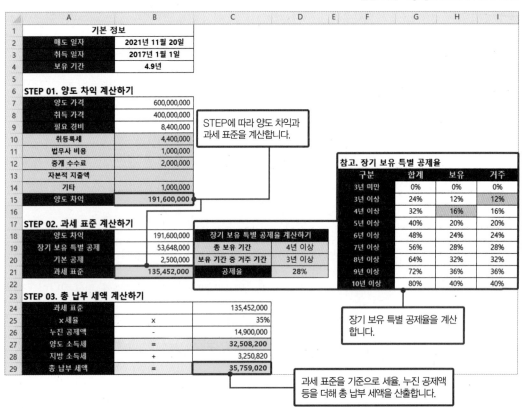

STEP 01 양도 차익 계산하기

01 실습 파일을 열어 제공된 정보를 기준으로 영훈 씨의 아파트 양도 가격, 취득 가격, 필요 경비 등을 항목별로 입력합니다. **❶** 각 입력 셀에 해당 금액을 입력합니다. 여기서는 각각 600000000, 400000000을 입력했습니다. **❷** 필요 경비는 취등록세, 법무사 비용, 중개 수수료 등을 각 항목별로 입력합니다. 필요 경비 입력 셀에는 미리 입력해둔 SUM 함수가 적용되어 각 항목을 모두 더한 값이 나타납니다.

STEP 01. 양도 차익 계산하기	
양도 가격	600,000,000
취득 가격	400,000,000
필요 경비	8,400,000
취등록세	4,400,000
법무사 비용	1,000,000
중개 수수료	2,000,000
자본적 지출액	
기타	1,000,000
양도 차익	

❶ 입력
❷ 입력

$ TIP 필요 경비의 각 항목은 다음과 같습니다.

- **취등록세** : 주택 취득 시 납부한 세금
- **법무사 비용** : 취득 시 납부한 법무 관련 비용
- **중개 수수료** : 매수/매도 시 납부한 중개 수수료
- **자본적 지출액** : 부동산 가치를 증진시키는 용도의 지출 비용
- **기타** : 소송 비용 등

02 미리 입력해둔 수식으로 인해 양도 차익은 1억 9,160만 원이 산출됩니다.

STEP 01. 양도 차익 계산하기	
양도 가격	600,000,000
취득 가격	400,000,000
필요 경비	8,400,000
취등록세	4,400,000
법무사 비용	1,000,000
중개 수수료	2,000,000
자본적 지출액	
기타	1,000,000
양도 차익	191,600,000

$ TIP 양도 차익 입력 셀의 수식은 =(양도 가격−취득 가격−필요 경비)입니다.

양도 차익에서 기본 공제 250만 원과 장기 보유 특별 공제액을 차감하면 과세 표준이 산출됩니다. 영훈 씨가 별도로 양도한 주택이 없으므로 기본 공제가 적용됩니다.

01 미리 입력해둔 수식으로 인해 양도 차익은 1억 9,160만 원이 입력된 것을 확인할 수 있습니다. [기본 공제] 입력 셀에 **2500000**을 입력합니다.

STEP 02. 과세 표준 계산하기	
양도 차익	191,600,000
장기 보유 특별 공제	
기본 공제	2,500,000 ◁ 입력
과세 표준	

장기 보유 특별 공제는 3년 이상 보유한 주택에 대해 특별 공제를 해주는 것을 말합니다. 2021년부터 보유 기간 외에 거주 기간 요건이 추가되었습니다.

기간	합계ⓐ+ⓑ	보유ⓐ	거주ⓑ
3년 미만	0%	0%	0%
3년 이상	24%	12%	12%
4년 이상	32%	16%	16%
5년 이상	40%	20%	20%
6년 이상	48%	24%	24%
7년 이상	56%	28%	28%
8년 이상	64%	32%	32%
9년 이상	72%	36%	36%
10년 이상	80%	40%	40%

▲ 장기 보유 특별 공제율(출처 : 국세청)

영훈 씨의 보유 기간은 4년 9개월로 장기 보유 특별 공제율은 4년 이상 16% 구간에 해당합니다. 단, 1년이 지난 시점인 2018년부터 실거주하였으므로 실거주는 1년 짧은 3년 이상 12% 구간에 해당함을 알 수 있습니다. 이러한 경우 보유 기간과 거주 기간에 해당하는 요건별 합으로 계산해야 합니다. 보유 기간 4년 이상 16%+거주 기간 3년 이상 12%=28%가 산출됩니다. 영훈 씨의 최종 공제율은 28%이며 장기 보유 특별 공제액은 양도 차익에 해당 공제율을 곱하여 산출합니다.

02 ❶ [장기 보유 특별 공제] 입력 셀에 양도 차익×28%를 입력합니다. 여기서는 =(191600000 *28%)를 입력했습니다. ❷ 미리 입력해둔 수식으로 인해 과세 표준이 산출됩니다. 1억 3,545만 2,000원입니다.

STEP 02. 과세 표준 계산하기

		장기 보유 특별 공제율 계산하기	
양도 차익	191,600,000		
장기 보유 특별 공제	❶ 입력 > 53,648,000	총 보유 기간	4년 이상
기본 공제	2,500,000	보유 기간 중 거주 기간	3년 이상
과세 표준	135,452,000 ❷	공제율	28%

STEP 03 총 납부 세액 계산하기

마지막으로 양도 소득세와 총 납부 세액을 계산합니다. 최종 산출된 과세 표준을 기준으로 적용 가능한 소득 세율 구간을 체크합니다. 앞서 알아본 양도 소득 세율에 의해 '8,800만 원 초과 ~1억 5,000만 원 이하' 소득 세율 35%를 적용할 수 있습니다.

01 미리 입력해둔 수식으로 인해 과세 표준은 1억 3,545만 2,000원이 입력된 것을 확인할 수 있습니다. ❶ [×세율] 입력 셀에 **35%**를 입력합니다. ❷ 미리 입력해둔 수식으로 누진 공제액이 1,490만 원으로 자동 입력됩니다.

STEP 03. 총 납부 세액 계산하기

과세 표준		135,452,000
×세율	×	35% ❶ 입력
누진 공제액	-	14,900,000 ❷
양도 소득세	=	
지방 소득세	+	0
총 납부 세액	=	0

💲 TIP 세율에 따른 누진 공제액은 이 책의 215쪽 표를 참고합니다.

02 [양도 소득세] 입력 셀에는 (과세 표준 값×세율)−누진 공제액을 입력합니다. 여기서는 **=(135452000*35%)-14900000**을 입력했습니다. 산출된 양도 소득세는 3,250만 원 정도됩니다.

STEP 03. 총 납부 세액 계산하기		
과세 표준		135,452,000
×세율	x	35%
누진 공제액	-	14,900,000
양도 소득세	=	32,508,200

입력

03 마지막으로 지방 소득세 10%를 더해야 합니다. 지방 소득세 입력 셀에 양도 소득세×10%를 입력해야 하는데, 실습 파일에 미리 입력해둔 수식으로 인해 지방 소득세가 산출됩니다. 최종 납부해야 할 세액은 양도 소득세+지방 소득세이며, 총 납부 세액은 3,575만 원 정도로 산출됩니다.

STEP 03. 총 납부 세액 계산하기		
과세 표준		135,452,000
×세율	x	35%
누진 공제액	-	14,900,000
양도 소득세	=	32,508,200
지방 소득세	+	3,250,820
총 납부 세액	=	35,759,020

엑셀 재테크 사전 | 한눈에 보는 양도 소득세 계산 프로세스

엑셀 계산기

재테크 정리

셀프 재무 분석

주식 투자

부동산

인맞점산

은퇴와 노후

양도 소득세를 계산하는 프로세스는 다음과 같습니다. 양도가액에서 취득가액과 필요 경비를 제한 후 양도 차익을 계산합니다. 양도 차익은 양도 소득세 계산의 시작이 되는 실질적인 수익을 의미합니다. 양도 차익을 구했다면 여기에 기본 공제액과 장기 보유 특별 공제액을 차감한 후 과세 표준을 구합니다. 과세 표준이란 최종 세액을 산출하기 위한 근간이 되는 소득을 말합니다. 마지막으로 세율을 곱하고 누진 공제액을 제하면 양도 소득세 계산 프로세스는 끝이 납니다. 여기에 지방 소득세 10%를 더한 금액을 납부하면 됩니다.

단위 : 원

STEP 01		양도가액	600,000,000
	−	취득가액	400,000,000
	−	필요 경비	8,400,000
	=	**양도 차익**	**191,600,000**
STEP 02	−	장기 보유 특별 공제	53,648,000
	=	양도 소득 금액	137,952,000
	−	기본 공제	2,500,000
	=	**과세 표준**	**135,452,000**
STEP 03	×	세율	35%
	−	누진 공제액	14,900,000
	=	**양도 소득세**	**32,508,200**
	+	지방 소득세	3,250,820
	=	**총 납부 세액**	**35,759,020**

▲ 한눈에 보는 양도 소득세 계산 프로세스

기본 계산법은 간단해 보여도 사실 그 안에 숨어 있는 세부적인 내용을 하나씩 보면 결코 쉽지 않습니다. 일시적 2주택 요건을 제대로 이해하지 못하여 1가구 1주택 비과세 혜택을 받지 못하는 경우나, 주택 수 산정 방식을 제대로 이해하지 못해 다주택자 중과세 적용을 받는 경우 등 실무에서는 다양한 경우로 낭패를 보는 일이 흔히 발생합니다. 양도 소득세의 기본 프로세스를 제대로 익히고 자신에게 일어날 수 있는 상황을 감안하여 다양한 사례와 관련 법규에 대한 공부도 함께 진행하는 것을 추천합니다.

SECTION 07

부동산 수익 계산기 활용하기

엑셀을 활용해 나만의 부동산 수익 계산기를 만들어보고 이를 통해 수익을 예측해보겠습니다. 앞서 부동산 구매나 투자에 필요한 매입/매도 분석, 대출 한도 계산, 임대 분석(부동산 기회비용), 양도 소득세 계산까지 마쳤습니다. 이제 수익에 따른 현금 흐름표를 작성하여 수익 분석도 진행해보겠습니다.

수익 계산기 활용하기

필자가 직접 구성한 수익 계산기를 공유합니다. 실습 파일(4장\부동산 수익 계산기.xlsx)을 열어 수익 계산기를 활용합니다. 부동산 수익성 계산은 투자 시 필수 단계입니다. 실거주를 위한 주택을 매입할 때도 5년 이후 집값 변동이 있을 수 있으니, 수익성을 염두에 두고 구매하는 것을 추천합니다. 앞서 배운 부동산의 가치 분석과 기회비용, 취득세, 양도 소득세까지 계산해보면 부동산의 수익성은 물론이고 부동산의 적정 가치를 간단히 알 수 있게 됩니다.

수익 계산기 활용하기 ① 기본 정보 입력하기

가장 먼저 할 일은 기본 정보를 정리하는 것입니다. 부동산은 물건에 따라 고유의 특성을 가지므로 좀 더 세부적으로 정리하면 좋습니다. 부동산 가치에 직접적인 영향을 주는 요소들 위주로 정리합니다.

① 기본 정보 입력하기	
주소	경기도 고양시 일산서구 XXX동
상세 주소	XX아파트 101동 1001호
전용 면적	84.9m²
시세	500,000,000
공시지가	400,000,000

수익 계산기 활용하기 ② 매입가/매도가(예상) 분석하기

부동산 수익을 결정하는 요소는 매입가와 매도가의 차익, 이른바 매매 차익의 크기와 부동산을 보유하고 있는 동안 발생하는 현금 흐름의 크기입니다. 당연히 가장 먼저 정리할 것은 매입 정보입니다. 부동산 매입 시 발생 가능한 비용은 매입가, 취등록세, 중개 수수료, 법무비, 인테리어 및 수리비 등의 항목입니다.

다음으로 수익률을 계산하기 위해 매도가를 정리합니다. 아직 투자 결정 전이라면 예상 매도가를 입력하여 해당 부동산의 예상 수익률을 시뮬레이션해볼 수도 있습니다. 이때는 계산기에 입력된 양도 소득세 등을 먼저 계산한 후 입력할 수 있도록 수식이 적용되어 있습니다.

② 매입가 분석하기		매도가(예상) 분석하기	
매입가(실거래가)	500,000,000	매도가(실거래가)	600,000,000
취득세	5,500,000	취득세	11,220,000
중개 수수료	2,000,000	중개 수수료	2,400,000
기타 비용	1,000,000	기타 비용	1,000,000
총 매입가	508,500,000	총 매도가	614,620,000

수익 계산기 활용하기 ③ 대출 한도 계산하기

대출 또한 수익률에 지대한 영향을 미치는 요소 중 하나입니다. 이른바 '영끌까지 한다'기보다 DTI, DSR 등을 고려하여 자신이 감당할 수 있는 수준의 대출 한도를 계산합니다. 이 항목 역시 미리 수식을 입력해두었습니다.

③ 대출 한도 계산하기	
KB시세	450,000,000
대출 가능 한도	50%
대출 가능 금액	225,000,000
최소 자기 자본	283,500,000

 TIP 대출 한도 계산 프로세스는 이 책의 198쪽을 참고합니다.

수익 계산기 활용하기 ④ 임대 분석하기

부동산 투자의 기회비용을 따져봐야 합니다. 부동산 임대를 활용하면 투자 시 임대료 또한 부동산의 수익성을 결정짓는 핵심 요소 중에 하나가 됩니다. 특히 해당 물건의 임대 유형별 시세를 확인한 후 어떤 임대 방식이 가장 높은 수익성을 갖는지 판단해볼 수도 있습니다.

④ 임대 분석하기			
임대 유형	전세	반전세	월세
보증금	300,000,000	150,000,000	
월세		500,000	1,000,000
전세 환산 시	300,000,000	321,428,571	342,857,143

※ 보증금+월세*12개월 / 기대 수익률 KB시세 기준 연 3.5% 환산 시

 TIP 실거주라면 임대 분석은 하지 않아도 됩니다.

수익 계산기 활용하기 ⑤ 양도 소득세 계산하기

부동산 투자에서 떼려야 뗄 수 없는 항목 중 하나가 세금입니다. 그중에서도 양도 소득세는 부동산 수익성과 직결되는 핵심이라고 할 수 있습니다. 양도 소득세를 모르고 부동산 투자를 한다는 것은 운전 실력 없는 사람이 운전대를 잡는 것과 마찬가지입니다. 앞서 양도 소득세 계산 프로세스에 대해서 익혀두었으니 여기서는 미리 입력된 수식을 바탕으로 그 값만 비교해보도록 합니다.

 TIP 양도 소득세 계산 프로세스는 이 책의 221쪽을 참고합니다.

---

⑤ 양도 소득세 계산하기

STEP 01. 양도 차익 계산하기

항목	금액	설명
양도 가격	600,000,000	
취득 가격	500,000,000	
필요 경비	8,500,000	
취등록세	5,500,000	취득 시 납부한 세금
법무사비용	1,000,000	취득 시 납부한 법무 관련 비용
중개수수료	2,000,000	취득, 매도 시 납부한 중개 수수료
자본적지출액		부동산 가치를 증진시키는 용도의 지출 비용(ex. 발코니 확장, 섀시, 보일러 등)
기타		소송 비용 등
양도 차익	91,500,000	

STEP 02. 과세 표준 계산하기

항목	금액	
양도 차익	91,500,000	
장기 보유 특별 공제	0	보유 기간에 따른 추가 공제
기본 공제	2,500,000	
과세 표준	89,000,000	

참고. 장기 보유 특별 공제율 계산하기

총 보유 기간	3년 미만
보유 기간 중 거주 기간	3년 미만
공제율	0%

STEP 03. 총 납부 세액 계산하기

항목	금액
과세 표준	89,000,000
x 세율	40%
누진 공제액	25,400,000
양도 소득세	10,200,000
지방 소득세	1,020,000
총 납부 세액	11,220,000

수익 계산기 활용하기 ⑥ 현금 흐름표 작성으로 수익 분석하기

100% 전세라면 모르겠지만 만약 부동산을 통해 일정한 현금 흐름이 발생하는 이른바 수익형 부동산이라면 보유 기간에 따라 현금 흐름이 발생하기 마련입니다. 이것을 정확히 계산하기 위해서 시간 흐름에 따른 현금 흐름을 분석합니다. 예시에서는 연간 임대료 수입에 대출 이자, 세금, 기타 비용 등을 제하고 나니 360만 원의 순수익이 발생하는 것을 알 수 있습니다.

⑥ 수익 분석(매도 가정 시)

투자 시점	1년	2년	3년	4년	5년	총 현금 흐름
임대료 수입	12,000,000	12,000,000	12,000,000	12,000,000	12,000,000	60,000,000
대출 이자	8,000,000	8,000,000	8,000,000	8,000,000	8,000,000	40,000,000
세금(재산세 등)	200,000	200,000	200,000	200,000	200,000	1,000,000
기타 유지비(수리비 등)	200,000	200,000	200,000	200,000	200,000	1,000,000
지출 계	8,400,000	8,400,000	8,400,000	8,400,000	8,400,000	42,000,000
순수익	3,600,000	3,600,000	3,600,000	3,600,000	3,600,000	18,000,000
자기 자본 수익률	1.2%	1.2%	1.2%	1.2%	1.2%	

기본 정보 입력하기

월 임대료	1,000,000	대출 원금	200,000,000	대출 이자율	4.0%

TIP 수익 계산기 활용하기 ④에서 임대 수익을 분석했습니다. 실습 파일에는 기본 정보와 수식이 미리 입력되어 있어 임대료 수입과 대출 이자 등이 자동으로 산출됩니다.

마지막으로 매입 시, 보유 시, 매도 시 발생 가능한 현금 흐름을 시간 순서에 맞게 정리해봅니다. 시간 가치에 따른 해당 부동산의 현금 흐름을 분석함으로써 가치를 재조명해볼 수 있습니다. 또한 그 과정에서 발생할 수 있는 여러 변수와 리스크들을 체크할 수 있습니다. 이러한 현금 흐름을 토대로 보다 정확한 수익성 분석도 가능합니다.

⑥ 현금 흐름 분석

항목	0년	1년	2년	3년	4년	5년	5년 말(매도 시점)	누계
자산	-500,000,000						600,000,000	100,000,000
부채	200,000,000	-8,000,000	-8,000,000	-8,000,000	-8,000,000	-8,000,000	-200,000,000	-40,000,000
수입	0	12,000,000	12,000,000	12,000,000	12,000,000	12,000,000		60,000,000
(임대료, 매매 차익 등)								0
부대 비용	-3,000,000	-200,000	-200,000	-200,000	-200,000	-200,000		-4,000,000
세금	-5,500,000	-200,000	-200,000	-200,000	-200,000	-200,000		-6,500,000
양도 소득세							-11,220,000	-11,220,000
매도 시 부대 비용							-3,000,000	-3,000,000
								0
현금 흐름 누계	-308,500,000	3,600,000	3,600,000	3,600,000	3,600,000	3,600,000	385,780,000	**95,280,000**

수익성 분석	
투자 회수 시 수익 계	95,280,000
총 수익률	18.7%
자기 자본 수익률	30.9%
연평균 수익률	3.5%
연평균 자본 수익률	5.6%
목표 수익률	3.5%

엑셀 재테크 사전 | 수익성 분석 지표 알아보기

부동산 수익성 분석을 통해 부동산 물건의 분석 지표 결과를 확인할 수 있습니다. 정리해두면 기본 정보를 입력하는 것만으로도 해당 물건의 수익성을 한눈에 볼 수 있어 매우 편리합니다. 각 항목의 의미는 다음과 같습니다.

- **투자 회수 시 수익 계** : 해당 부동산 투자 시 예상되는 현금 흐름을 통해 매도 시점 수익의 크기
- **총 수익률** : 총 투자 자금 대비 수익률
- **자기 자본 수익률** : 레버리지를 감안한 실제 순수 투자금(자기 자본) 대비 수익률
- **연평균 수익률** : 투자 기간(시간 가치)을 고려한 연평균 수익률
- **연평균 자기 자본 수익률** : 자기 자본 대비 연평균 수익률
- **목표 수익률** : 내가 생각하는 투자의 기준이 되는 수익률, 또는 인근 유사 부동산의 평균 수익률

내 집 마련을 앞당기기 위해 고려해야 할 것들

1단계 : 기간을 고려하라

내 집 마련을 계획하고 있다면 가장 먼저 해야 할 일은 내 집 마련의 목표 시기를 고려하는 것입니다. 예를 들어 2~3년 내에 발생할 이벤트인지, 5년 이상 장기적인 관점에서 준비 중인지에 따라 계획 방향이 달라집니다.

내 집 마련 혹은 이사 계획이 향후 3년 이내에 발생할 예정이라면 현재 준비된 자산과 필요한 자금과의 차이를 고려합니다. 부족 자금이 발생하는지, 발생한다면 얼마나 부족한지를 체크해야 합니다. 추가로 저축이나 투자할 여유 자금이 있는지 확인해보고, 추가 자산 마련을 위한 준비 기간이 짧으므로 부족 자금 규모가 일정액 이상이라면 대출도 염두에 두어야 합니다. 투자 기간이 짧은 경우에는 단기간에 고수익을 올리겠다는 생각을 하기 쉽습니다. 그러나 투자 기간이 단기일수록 변동성이 큰 주식이나 고위험 투자는 바람직하지 않습니다. 3년 미만의 단기 자금 마련이 목적인 경우 투자로 인한 스트레스 혹은 원금 손실에 따른 자금 부족 리스크가 발생할 수 있기 때문에 수익성보다는 안정성과 유동성에 우선순위를 두고 투자 전략을 세우는 것이 유리합니다.

내 집 마련 시기가 5년 이상으로 다소 여유가 있다면 성장성에 우선순위를 두고 투자 전략을 세우는 것이 좋습니다. 물론 공격적인 자산 운용을 위해서는 위험을 분산할 수 있는 분산 투자 전략도 고려해야 합니다. 장기 투자 시에는 세금, 운용 수수료 등도 투자 성과에 큰 영향을 미치는 요소이므로 저비용 또는 세제 혜택이 있는 상품을 고려합니다.

2단계 : 부동산 상승률을 고려하라

물가 상승 또는 부동산 가격 상승률 역시 주요한 고려 대상입니다. 통상 물가 상승률을 기준으로 부동산 가격의 상승률을 예측하지만 시장 상황에 따라 유동적으로 고려할 수 있습니다. 공교롭게도 최근 몇 년간은 부동산 상승률이 물가 상승률을 크게 상회했습니다.

내가 완벽한 계획을 세웠더라도 사고자 하는 부동산의 가치가 그대로 멈춰 있지 않기 때문에 이를 감안하지 않는다면 부족 자금이 발생할 수밖에 없습니다. 투자 기간이 비교적 짧은 3년 이내의 단기라면 이러한 요소를 감안하지 않더라도 큰 문제가 없겠지만 5년 이상의 장기라면 이야기가 달라집니다. 예컨대 미래에 현재 5억 원짜리 부동산을 구입하고자 투자 계획을 세웠는데 매년 4% 가량씩 부동산 가격 상승이 발생한다면 10년 이후 이 부동산의 가격은 약 7억 4,000만 원이 되어 있을 것입니다. 5억 원을 기준으로 투자 계획을 세웠다면 결국 총 2억 원이 넘는 부족 자금이 발생하는 셈입니다.

3단계 : 세금을 고려하라

부동산 투자 시 꼭 하나 고려해야 할 요소는 세금입니다. 부동산과 세금은 떼려야 뗄 수 없는 바늘과 실 같은 존재입니다. 부동산은 최초 매입 단계에서부터 매도 시까지 하나의 자산을 보유하고 처분하는 모든 과정에서 세금이 발생합니다.

최초 매입 시 취등록세, 보유하는 동안에는 재산세, 종합 부동산세, 주택을 처분할 경우 양도 소득세까지 시기별로 다양한 세금이 발생합니다. 부동산의 가격이 5억 원이라고 하면 취등록세만으로도 1,000만 원가량의 비용이 발생합니다. 게다가 취등록세 중과라도 되면 최대 7,000만 원가량의 세금 폭탄을 맞을 수도 있습니다. 또한 양도 소득세의 중요성을 빼놓을 수도 없습니다. 이처럼 내 집 마련 계획에서 세금 및 부대 비용은 필수 고려 항목이라고 할 수 있습니다.

4단계 : 구입 방법을 고려하라

내 집 마련 계획을 세울 때 구입 방법을 고려하는 것 역시 매우 중요한 사항입니다. 일반적으로 주택을 구입할 때 경제적인 부분만 고려하고 어떻게 구입할 것인지 방법론적인 측면은 고려하지 않는 경우가 많습니다.

주택 구입 방법은 크게 세 가지 정도로 구분할 수 있습니다. 매매, 분양, 경매입니다. 특히 분양은 주택 청약 제도에 의해 운영되는데 이를 위해서는 주택 청약 통장 보유가 필수입니다. 보통 1순위가 되어야 유리한데, 이를 위해서는 금액적인 부분 외에도 가입 기간 역시 중요합니다.

일반 투자자에게는 다소 생소한 영역이지만 경매를 통해 주택을 구입하는 방법도 있습니다. 경매를 통해 주택을 구입할 때의 장점은 일반 매매에 비해 상대적으로 저렴하게 구입할 수 있다는 점, 경락 자금 대출 등 비용 조달 측면에서도 유리하다는 점, 간혹 일반 매매로는 잘 나오지 않는 지역이나 단지의 주택을 경매를 통해 구입할 수 있는 점 등입니다. 하지만 정보나 사전 지식 없이 시작하게 되면 큰 손실을 볼 수 있어 신중한 접근이 필요합니다. 내 집 마련 계획을 실행해나가는 긴 시간 동안 경매에 대한 지식도 함께 쌓아간다면 좋은 기회가 생길 때 잡을 수 있을 것입니다.

5단계 : 대출을 고려하라

투자 계획을 잘 실천했더라도 여러 가지 변수로 인해 부족 자금이 발생할 수 있습니다. 자금이 부족할 경우 주택을 구입하는 시점에서 주택금융공사의 모기지론이나 시중 은행의 주택 담보 대출을 알아보고 부족 자금을 충당할 수 있습니다. 따라서 계획에 따른 대출 조건 등을 미리 챙겨두는 것이 좋습니다.

일반적으로는 부족 자금 마련을 위해 대출을 받는 등 레버리지를 활용하는 경우가 많습니다. 하지만 무리한 대출은 절대 금물이며, 내게 맞는 대출 적정성을 분석한 후 관리하도록 합니다.

엑셀 재테크 사전 | **대출의 적정성 여부 체크하기**

재테크에서 대출은 '양날의 검'에 비유됩니다. 빚을 잘 다룬다는 것은 남들보다 훨씬 빠르게 자산을 늘려갈 수 있는 자질이라고 할 수 있습니다. 하지만 빚에 치여 고통받는 사람들이 훨씬 많기 때문에 대출을 활용할 때는 신중해야 합니다.

누군가에게 돈을 빌린다면 이자를 내야 합니다. 대출은 가계의 현금 흐름에 마이너스 영향을 주게 됩니다. 왜 돈을 빌려야 하는지, 대출로 인해 발생하는 비용과 매월 상환해야 하는 돈은 어느 정도 수준인지 등 상환 계획을 꼼꼼히 세워야 합니다. 또한 이러한 계획이 잘 지켜질 수 있는지 등을 구체적으로 파악합니다. 만약 현재 가계에 대출이 존재한다면 적정한 수준인지, 상환 여력은 충분한지도 따져봐야 합니다. 아무리 좋은 투자안이 있더라도 과소비나 무리한 투자 등으로 빚을 지고 있다면 더 이상 대출을 받는 것은 금물입니다. 부채와 관련하여 스스로 체크해볼 수 있는 질문을 해보는 것도 좋습니다.

- 대출을 하는 목적은?
- 나의 신용 등급은? 대출을 받는 데 제약 사항이 있는가?
- 지금보다 유리한 대출 상품은 없을까?
- 현재 먼저 갚아야 하는 빚이 있는가?
- 상환 계획 실행 시 발생할 수 있는 위험은 무엇인가?

	지표	계산법	내용	적정 비율
부채 현황 분석	총부채 부담 지표	총부채÷총자산	총자산 대비 총부채 비율 적정성	40% 이하
	거주 주택 마련 부채 부담 지표	거주 주택 마련 부채 ÷총자산	총자산 대비 주택 관련 부채 비율 적정성	30% 이하
현금 흐름 분석	총부채 상환 지표	총부채 상환액÷총소득	총소득 대비 총부채 상환 비용 적정성	30% 이하
	소비 생활 부채 상환 지표	소비 생활 부채 상환액 ÷총소득	소비 생활 관련 부채(의료비, 교육비, 생활비 등) 상환 비용 적정성	10% 이하
	거주 주택 마련 부채 상환 지표	거주 주택 마련 부채 상환액÷총소득	주택 마련, 전세 자금 등 주택 관련 부채 상환 비용 적정성	20% 이하

▲ 부채와 현금 흐름으로 알아본 대출 적정 비율

CHAPTER 05

연말정산 고수로 거듭나기

13월의 월급, 연말정산 고수로 거듭나기

해마다 1월이 되면 13월의 월급으로 불리는 연말정산 시즌이 돌아옵니다. 직장인이라면 연말정산 혜택을 어떻게 누리는지에 따라서 13월의 월급이 될 수도 있고, 13월의 세금 폭탄이 될 수도 있습니다. 이번에는 2022년(2021년 귀속) 연말정산을 중심으로 그 기본 개념을 알아보고 연말정산 계산기를 활용하여 연말정산 혜택을 잘 누리기 위한 노하우를 익혀보겠습니다.

연말정산의 기본 개념 익히기

먼저 연말정산의 기본 개념과 계산 프로세스에 대해 알아보겠습니다. 연말정산을 이해하기 위해서는 소득 공제와 세액 공제 개념을 이해해야 합니다.

소득 공제

여러분이 사업을 한다고 가정해보겠습니다. 1억 원의 매출이 발생했고 그 매출을 올리는 데 재료비, 인건비, 임대료 등을 더해 5,000만 원의 비용을 지불했습니다. 이때 실제로 발생한 순이익은 매출 1억 원이 아닌 5,000만 원이고, 순이익 5,000만 원에 대해서만 소득세가 부과됩니다. 이처럼 세금을 납부하는 대상이 되는 금액을 과세 표준이라고 부릅니다.

과세 표준 = 매출 − 필요 경비
1억 원 − 5,000만 원 = 5,000만 원

이 개념을 급여 소득자(직장인)로 바꾸어 생각해봅시다. 매출은 연봉이 되고 비용 공제(필요 경비)는 소득 공제가 됩니다. 대표적인 소득 공제 항목으로는 인적 공제, 의료비 공제, 국민연금 공제, 교육비 공제 등이 있습니다. 요약하면 이러한 소득 공제 항목에 대해서는 사업자의 비용 공제처럼 **과세의 대상이 되는 소득 중 일정 금액을 공제해주는 것**, 즉 총소득에서 빼주겠다는 의미입니다.

원천 징수

보통 월급 명세서를 보면 갑근세(갑종 근로 소득세)인 소득세와 주민세 등의 세금이 미리 공제된 것을 확인할 수 있습니다. 이렇듯 급여 소득자라면 소득이 발생했을 때 먼저 세금을 공제하고(원천 징수) 나머지 금액을 실급여로 지급받습니다. 여기서 문제는 개인의 사정을 일일이 감안해서 세금을 징수하기 어렵다는 것입니다. 그래서 평균적인 비율로 먼저 세금을 공제하고 연말에 정산합니다. 세금을 더 냈다면 환급해주고, 덜 냈다면 추가로 징수합니다.

$ TIP 원천 징수 바로 알기

근로자가 납부해야 할 세금을 사업자가 급여에서 미리 공제하고 국세청에 신고 및 납부합니다. 이렇게 근로자의 근로 소득이나 퇴직 소득에 부과하는 세금(원천세)을 회사에서 한꺼번에 납부함으로써 납세자의 편의는 물론 국가 또한 납세를 편하게 관리할 수 있습니다.

소득 공제 시 혜택

1억 원의 소득에 대해 미리 세금을 납부하고 연말정산 때 2,000만 원의 소득 공제를 받았다고 한다면, 이 소득에 대해서 이미 납부한 세금은 돌려받습니다. 이때 소득 공제로 인정받은 금액에 대해서는 최초 소득에서 공제를 해주기 때문에 소득이 높은 사람일수록 소득 공제 혜택이 커집니다.

과세 표준	세율	누진 공제
1,200만 원 이하	6%	
1,200만 원 초과~4,600만 원 이하	15%	108만 원
4,600만 원 초과~8,800만 원 이하	24%	522만 원
8,800만 원 초과~1억 5,000만 원 이하	35%	1,490만 원
1억 5,000만 원 초과~3억 원 이하	38%	1,940만 원
3억 원 초과~5억 원 이하	40%	2,540만 원
5억 원 초과~10억 원 이하	42%	3,540만 원
10억 원 초과	45%	6,540만 원

▲ 종합 소득 세율표/근로 소득 세율표

세금을 부과하는 소득 세율 자체가 위 표와 같이 누진 세율이 적용되어 발생합니다. 소득이 1억 원인 사람의 세율은 35%인데 반해, 8,000만 원인 사람의 소득 세율은 24%에 불과하기 때문에 세율이 높은 사람일수록 같은 소득 공제 혜택을 받더라도 돌려받는 세금이 많습니다.

세액 공제

세액 공제는 소득 공제에 비해 간단합니다. 소득에서 소득 공제를 빼면 과세 표준이 되고, 과세 표준에 소득 세율을 곱하면 납부해야 할 최종 세액이 됩니다.

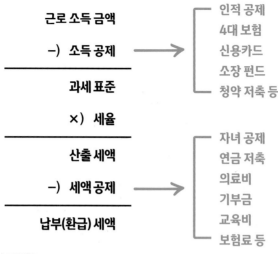

▲ 연말정산 세액 공제 계산 프로세스

세액 공제는 **부과된 소득 금액에 세율 조정을 하고 여기서 산출된 세액에서 세금을 빼주는 것**입니다. 즉, 최종 납부해야 할 세금에서 일정액만큼 공제해준다는 의미입니다. 예를 들어 연 400만 원의 연금 저축에 가입했다면 납입 금액의 16.5%에 해당하는 66만 원을 세금에서 공제해줍니다. 이를 연금 저축 세액 공제라고 합니다. 대표적인 세액 공제 항목으로는 연금 저축, 의료비, 교육비, 보험료, 기부금 등의 항목이 있습니다.

환급과 징수

연말정산 시즌에 간혹 세금을 내야 하는 경우도 생깁니다. 원천 징수로 납입한 세금보다 실제로 납입해야 할 세금이 더 많기 때문입니다. 이때 국세청은 '환급(이미 낸 세금 중 더 낸 세금을 돌려줌)'이 아닌 '징수(덜 낸 세금을 청구함)'를 하게 되는데 13월의 월급을 기대했던 근로자는 뜻밖의 금전적 손실을 경험합니다. 그렇다면 '13월의 세금 폭탄'은 왜 발생하는 것일까요? 국가에서는 기본적으로 '원천 징수'라는 형태로 미리 일정액의 세금을 거둬갑니다. 연말정산 시 소득 공제도 받고 세액 공제도 받을 것을 감안하여 평균적인 수준에서 세금을 부과합니다. 연말이 되면 1년 동안 소득과 지출, 공제 항목들을 정산하여 최종적으로 내야 할 세금을 산출합니다. 이때 만약 이미 낸 납부 세액보다 최종 결정 세액이 적다면 그 차액만큼 환급 세액이 발생하지만, 반대의 경우라면 차액만큼 세금을 납부해야 하는 현상이 발생하는 것입니다. 결론적으로 연말정산은 권리이지, 환급을 받는다고 해서 국가가 공돈을 주는 것은 아닙니다.

기납부 세액 〉 결정 세액 = (−) 환급

기납부 세액 〈 결정 세액 = (+) 징수

앞서 알아본 연말정산 계산 프로세스를 표로 정리하면 다음과 같습니다. 각 프로세스에 대한 이해가 완료되었다면 본격적으로 각 항목별 계산법을 알아보겠습니다.

		총소득(총급여)	세전 연간 총소득
1단계	−	근로 소득 공제	
	=	**근로 소득 금액**	
2단계	−	인적 공제	본인, 배우자, 부양가족
	−	공적 연금 보험료 공제	국민연금, 공무원 연금 등
	−	특별 소득 공제	공적 보험료, 주택 자금 등
	−	그 외 소득 공제	
	=	**과세 표준**	
3단계	×	세율	
	−	누진 공제액	누진 세율에 따른 금액 공제
	=	**산출 세액**	
4단계	−	세액 공제	자녀 공제, 연금 저축, 의료비 등
	=	**결정 세액**	**최종 납부해야 할 세액**
5단계	−	기납부 세액	원천 징수로 납부한 세금
	=	**세금 환급(징수)액**	**연말정산**

▲ 연말정산 계산 프로세스 정리표

엑셀 계산기
재테크 원리
셀프 재무 분석
주식 투자
부동산
연말정산
은퇴와 노후

SECTION 02

공제 항목 계산하기

총소득에서 근로 소득 공제를 빼면 근로 소득 금액이 나옵니다. 여기서 공제 항목을 빼면 과세 표준을 도출할 수 있습니다. 공제 항목은 인적 공제, 공적 연금 보험료 공제, 특별 소득 공제, 그 외 소득 공제가 있습니다. 여기서는 공제 항목을 계산해보며 과세 표준을 도출해보겠습니다.

모든 공제의 시작점, 인적 공제

공제 항목 중 가장 중요한 인적 공제부터 알아보겠습니다. 인적 공제란 소득 공제 대상이 되는 과세 대상자의 가족 구성원에 대해 일괄적으로 공제해주는 항목을 말합니다. 인적 공제의 종류로는 조건만 충족하면 1인당 150만 원씩 무조건 공제해주는 기본 공제, 특정 조건에 부합하면 추가로 공제해주는 추가 공제 항목으로 구분합니다.

예를 들어 배우자와 자녀를 포함해 4인 가구라면 본인 공제 150만 원, 배우자 공제 150만 원, 자녀 공제 각 150만 원씩 해서 총 600만 원이 기본 공제됩니다. 만약 자녀 중 한 명이 장애인이라면 장애인 추가 공제 200만 원을 더해 총 800만 원을 공제받을 수 있습니다. 다음 표를 참고하여 인적 공제 항목을 확인합니다.

구분	공제 금액 한도	공제 요건		
기본 공제	1명당 150만 원	구분	소득 요건	나이 요건
		본인	X	X
		배우자	O	X
		직계존속	O	만 60세 이상
		형제자매	O	만 20세 이하 만 60세 이상
		직계비속(입양자 포함)	O	만 20세 이하
		위탁 아동	O	만 18세 미만
		수급자 등	O	X
		(소득 요건) 연간 소득 금액 합계액 100만 원 이하 근로 소득만 있는 자는 총급여액 500만 원 이하 (나이 요건) 장애인의 경우 나이 요건 미적용		
추가 공제	경로 우대	1명당 100만 원	기본 공제 대상자 중 만 70세 이상	
	장애인	1명당 200만 원	기본 공제 대상자 중 장애인	
	부녀자	50만 원	근로 소득 금액이 3,000만 원 이하인 근로자가 다음 중 어느 하나에 해당하는 경우 • 배우자가 있는 여성 근로자 • 기본 공제 대상자가 있는 여성 근로자로서 세대주	
	한부모	100만 원	배우자가 없는 자로서 기본 공제 대상인 직계비속 입양자가 있는 경우(부녀자 공제와 중복 적용 배제)	

▲ 인적 공제 항목

기본 공제에 해당되면 기본적으로 인당 150만 원씩 정액으로 일괄 공제를 해주는데, 인원수대로 아무나 다 공제해주는 것은 아닙니다. 납세자인 본인, 그리고 결혼을 했다면 배우자와 부양가족까지 기본 공제 대상자에 해당합니다. 여기서 부양가족이란 부모, 자녀, 형제자매, 할아버지, 할머니까지 포함합니다. 또한 위탁 아동도 부양가족으로 인정받을 수 있습니다.

기본 공제 대상 확인하기

기본 공제 대상자인지 아닌지 판단하려면 다음의 세 가지만 기억합니다.

- **소득 여부 :** 만약 일정 금액 이상의 소득이 있는 경우라면 본인이 소득 공제 대상이 되기 때문에 부양가족으로 인정받을 수 없습니다. 소득이 아예 없거나 혹은 일정 소득 이하여야 합니다. 이때 기준이 되는 소득 금액은 100만 원 이하입니다.

- **나이 :** 본인이나 배우자는 나이 조건이 없지만 부모님은 만 60세 이상, 자녀는 만 20세 이하여야 공제 대상이 됩니다. 형제자매는 만 60세 이상 혹은 만 20세 이하 둘 중 하나에 해당하는 경우만 적용할 수 있습니다. 위탁 아동은 만 18세까지만 적용할 수 있습니다.

- **동거 여부 :** 배우자, 부모, 자녀는 따로 살아도 기본 공제가 가능하지만 형제자매는 동거하는 경우에만 적용할 수 있습니다. 위탁 아동도 반드시 동거하는 경우에만 가능합니다.

이 세 가지 중 한 가지라도 해당이 안 된다면 기본 공제는 불가능합니다. 예를 들어 부모님과 함께 동거도 하고 나이도 요건을 충족하는데 소득 기준이 안 된다면 기본 공제를 받을 수 없습니다.

추가 공제 대상 확인하기

추가 공제 항목에 해당되면 추가로 인적 공제를 받을 수 있습니다.

- **경로 우대 공제 :** 기본 공제 대상자가 만 70세 이상인 경우라면 1명당 100만 원을 추가로 공제합니다.

- **장애인 공제 :** 기본 공제 대상자가 소득세법에 따라 장애인에 해당하면 1명당 200만 원을 추가로 공제합니다.

- **부녀자 공제 :** 근로자 본인이 여성이라면 다음 항목 중 어느 하나에 해당하는 경우 50만 원을 추가로 공제합니다.

① 배우자가 있는 여성 ② 배우자가 없고 부양가족이 있는 세대주 여성 ③ 해당 과세 기간의 근로 소득 금액 기준 3,000만 원 이하인 여성

• **한부모 공제 :** 이혼 또는 사별로 배우자가 없는데 기본 공제 대상인 자녀가 있다면 100만 원을 추가로 공제합니다.

똑똑한 소비, 신용카드 공제

직장인들이 가장 흔하게 접하는 소득 공제 항목 중 하나가 바로 신용카드 공제입니다. 하지만 신용카드 공제를 제대로 이해하고 있는 사람은 생각보다 많지 않습니다.

공제 금액과 공제 한도

공제 금액 = {(전통시장 사용분+대중교통 이용분+현금 영수증,
직불·선불카드 등 사용분+신용카드 사용분) – 최저 사용 금액}

※신용카드 등 사용 금액의 합계액이 최저 사용 금액(총급여액의 25%)을 초과해야만 공제 가능

국세청 홈페이지를 살펴보면 신용카드 공제액 계산법이 이와 같이 안내되어 있습니다. 그러나 세법에 대한 기본기가 없다면 계산하기 쉽지 않습니다. 천천히 살펴보겠습니다.

공제 금액 계산식에서 알 수 있듯이 신용카드 공제는 신용카드 사용액뿐만 아니라 전통시장, 대중교통 사용분은 물론이고 체크카드(직불·선불카드) 및 현금 영수증 사용액까지 포함합니다. 또한 사용액 전액을 공제해주는 것은 아니고 최저 사용액을 초과한 금액에 대해서만 공제해줍니다. 최저 사용액은 총급여의 25% 초과액을 말합니다. 예를 들어 연봉이 5,000만 원인 사람이라면 1,250만 원을 초과하는 사용액이 공제 대상 금액이 됩니다. 그렇다면 총 사용액이 2,000만 원일 때 최저 사용액인 1,250만 원을 초과한 750만 원이 공제 금액이 됩니다.

구분	공제율	
신용카드 사용분	15%	15%
현금 영수증, 체크카드 사용분	30%	30%
전통시장 사용분	40%	40%
대중교통 사용분	40%	40%
도서, 공연, 박물관 사용분 (총급여 7,000만 원 이하에 한함)	30%	30%
초과 사용분 (20년 사용액의 105% 초과분)	30%	30%
최저 사용 금액	**총급여액×25%**	

▲ 2022년 연말정산 신용카드 공제율표

마지막으로 최종 공제 대상 금액에 공제율을 곱하면 신용카드 소득 공제 대상액이 됩니다. 표는 **2022년 연말정산 신용카드 공제율표입니다.** 기본적으로 전통시장, 대중교통 이용분은 40%, 현금 영수증 및 체크카드(직불카드) 사용액은 30%, 그 외 신용카드 사용액은 15% 공제율을 적용합니다. 2022년 연말정산부터는 전년 총 사용액의 5%를 초과하는 소비 증가분에 대해 추가로 공제해주는 항목이 신설되었습니다. 복잡해 보이지만 엑셀을 활용해 실습해본다면 쉽게 이해할 수 있습니다.

부동산 대출을 활용하는 주택 자금 공제

우리나라는 부동산이 차지하는 상징성이 크다 보니 주택 관련 소득 공제 항목이 있습니다. 주택 자금 공제가 대표적이며, 크게 세 가지 항목으로 구분합니다.

공제 종류		주택 규모	공제 금액(한도액)		
주택 마련 저축 납입액		–	저축 불입액×40%	300만 원 한도	연 500만 원 (또는 1,500만 원~ 1,800만 원 미만) (600만 원) 한도
주택 자금 공제	주택 임차 차입금 원리금 상환액	국민주택 이하(주거용 오피스텔 포함)	원리금 상환액×40%		
	장기 주택 저당 차입금 이자 상환액	제한 없음(주거용 오피스텔 제외)	이자 상환액		

▲ 주택 자금 공제 항목표

- **주택 마련 저축(주택 청약 종합 저축) 납입액 :** 흔히 알고 있는 주택 청약 저축 통장에 가입한 후 납입한 금액을 말합니다. 총 납입액 기준으로 연 240만 원까지만 공제됩니다. 이때 납입액 전부를 공제해주는 것은 아니고 납입액의 40%를 공제해서, 최대 공제액은 연 96만 원씩 소득 공제됩니다. 기본 요건으로는 무주택 세대주여야 하고, 총급여 7,000만 원 이하인 경우에만 공제됩니다.

- **주택 임차 차입금 원리금 상환액 :** 전세 자금 대출 상환액으로 이해하면 쉽습니다. 주택 마련 저축 납입액 공제와 마찬가지로 무주택 세대주여야 하고, 대출 원리금 상환액의 40%를 연 300만 원 한도로 공제합니다. 단, 주택 마련 저축 납입액 공제를 받는 사람이라면 합산하여 300만 원까지만 공제됩니다.

- **장기 주택 저당 차입금 이자 상환액 :** 내 집 마련 시 받은 취득 자금 대출 이자 상환액을 말하며, 일명 담보 대출로 알고 있는 대출 상환액 중 이자 부분에 대해서만 공제됩니다. 원리금이 아닌 이자 부분에 대해서만 공제되며 납입액의 100%를 전액 공제해주는 것이 특징입니다. 1주택자가 아닌 다주택자는 공제받을 수 없고, 1주택자도 취득 당시 공시지가 5억 원 초과 주택은 공제받을 수 없습니다. 좀 더 세부적인 요건과 계산법은 SECTION 03에서 자세히 살펴보겠습니다.

알아두면 돈이 되는 소득 공제 항목

가장 기본이 되는 인적 공제 외에도 소득 공제에는 여러 항목이 있습니다. 여기서는 알아두면 도움이 되는 유용한 공제 항목 위주로 살펴보겠습니다.

· **공적 연금 보험료 공제** : 국민연금 외에 공무원, 군인, 사학 연금 등 기타 공적 연금 본인 부담액 전액이 공제됩니다.

· **공적 보험료 공제** : 국민건강보험, 고용보험 등 공적 보험료 본인 부담액 전액이 공제됩니다.

· **개인연금 저축 공제** : 2000년 12월 31일 이전에 가입한 개인연금 저축 납입액의 40%(연간 납입액 180만 원 한도)가 공제됩니다.

· **소상공인 공제 부금** : 소기업·소상공인 공제(노란우산 공제)에 가입하여 납입한 공제 부금 전액 (연 500만 원~200만 원, 2016년 납입분까지는 300만 원 한도)이 공제됩니다.

· **장기 집합 투자 증권 공제** : 2015년 12월 31일 이전에 가입한 장기 집합 투자 증권 납입액의 40%(연간 납입액 600만 원 한도)가 공제됩니다.

공적 연금	국민연금 본인 부담금	국민연금 본인 부담금
	공무원/군인/사학 연금	기타 공적 연금 본인 부담금
특별 공제	건강(고용)보험료 공제	건강보험료 본인 부담금
	주택 임차 차입금	임차 보증금 대출 원리금 상환액
	장기 주택 저당 차입금	주택 저당 대출 이자 상환액
기타	신용카드 사용액	신용카드, 체크카드, 현금 영수증 사용액
	주택 마련 저축	청약 종합 저축 납입액(연 240만 원 한도)
	개인연금 저축	2001년 이전 가입 개인연금 저축 납입액
	소상공인 공제 부금	소상공인 공제(노란우산) 납입액
	투자 조합 출자금	벤처 기업 등에 출자금 또는 투자금
	우리 사주 조합 출연금	우리 사주 조합원의 우리 사주 출자금
	장기 집합 투자 증권	2016년 이전 가입 장기 집합 투자 증권 납입액

▲ 인적 공제 외 소득 공제 항목

억셀 개산기

재테크 원리

셀프 재무 분석

주식 투자

부동산

연말정산

은퇴와 노후

SECTION 03

나만의 연말정산 계산기 만들기

연말정산 계산기 활용하기

연말정산 계산의 흐름부터 확인하고 이에 맞게 하나씩 계산해보겠습니다.

[엑셀 파일 미리 보기]

실습 파일 5장\연말정산 계산기.xlsx

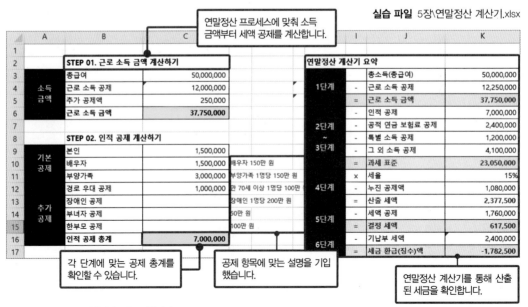

연말정산 프로세스에 맞춰 소득 금액부터 세액 공제를 계산합니다.

	A	B	C		I	J	K
1							
2		**STEP 01. 근로 소득 금액 계산하기**			**연말정산 계산기 요약**		
3	소득 금액	총급여	50,000,000		1단계	총소득(총급여)	50,000,000
4		근로 소득 공제	12,000,000			- 근로 소득 공제	12,250,000
5		추가 공제액	250,000			= 근로 소득 금액	37,750,000
6		근로 소득 금액	37,750,000			- 인적 공제	7,000,000
7					2단계	공적 연금 보험료 공제	2,400,000
8		**STEP 02. 인적 공제 계산하기**			~	- 특별 소득 공제	1,200,000
9	기본 공제	본인	1,500,000		3단계	그 외 소득 공제	4,100,000
10		배우자	1,500,000	배우자 150만 원		= 과세 표준	23,050,000
11		부양가족	3,000,000	부양가족 1명당 150만 원		x 세율	15%
12	추가 공제	경로 우대 공제	1,000,000	만 70세 이상 1명당 100만 원	4단계	- 누진 공제액	1,080,000
13		장애인 공제		장애인 1명당 200만 원		= 산출 세액	2,377,500
14		부녀자 공제		50만 원		- 세액 공제	1,760,000
15		한부모 공제		100만 원	5단계	= 결정 세액	617,500
16		인적 공제 총계	7,000,000			- 기납부 세액	2,400,000
17					6단계	= 세금 환급(징수)액	-1,782,500

각 단계에 맞는 공제 총계를 확인할 수 있습니다.

공제 항목에 맞는 설명을 기입했습니다.

연말정산 계산기를 통해 산출된 세금을 확인합니다.

STEP 01 · 근로 소득 금액 계산하기

가장 먼저 근로 소득 금액을 계산해보겠습니다. 이 항목은 근로 소득자라면 기본적으로 일정 부분을 비용으로 인정해서 공제해주는 것으로 이해합니다. 근로 소득 공제 기준은 다음 표를 통해 확인합니다.

총급여액	공제액
500만 원 이하	총급여액의 70%
500만 원 초과~1,500만 원 이하	350만 원+{[총급여액−550만 원]×40%}
1,500만 원 초과~4,500만 원 이하	750만 원+{[총급여액−1,500만 원]×15%}
4,500만 원 초과~1억 원 이하	1,200만 원+{[총급여액−4,500만 원]×5%}
1억 원 초과	1,475만 원+{[총급여액−1억 원]×2%}

▲ 근로 소득 공제 금액

💲 **TIP** 연말정산 프로세스에 맞춰 ① 근로 소득 금액 계산하기 ② 인적 공제 계산하기 ③ 그 외 소득 공제 계산하기 ④ 산출 세액 계산하기 ⑤ 세액 공제 계산하기 ⑥ 환급 vs 징수 계산하기 순서대로 진행합니다. 실습 파일을 열어 각 단계를 확인하고, 연말정산 계산기 요약을 참고합니다. 연말정산 계산 프로세스는 이 책의 238쪽을 참고합니다.

💲 **TIP** 실습 파일은 연말정산 프로세스에 맞춘 항목만 있습니다. 나만의 연말정산 계산기이므로 자신의 상황에 맞는 금액을 직접 입력하여 계산해봅니다.

01 ❶ 실습 파일을 불러와 [총급여] 입력 셀에 급여를 입력합니다. ❷ [근로 소득 공제] 입력 셀과 [추가 공제액] 입력 셀에 금액이 자동으로 입력됩니다. ❸ 총급여에서 근로 소득 공제 금액과 추가 공제액 금액을 빼면 최종 근로 소득 금액이 산출됩니다.

STEP 01. 근로 소득 금액 계산하기		
소득 금액	총급여	50,000,000 ❶ 입력
	근로 소득 공제	12,000,000 ❷
	추가 공제액	250,000
	근로 소득 금액	37,750,000 ❸

💲 **TIP** [근로 소득 공제] 입력 셀에는 IF 함수를 활용한 수식이 적용되어 있고 [추가 공제액] 입력 셀에는 근로 소득 공제에 연결된 수식이 적용되어 있습니다. 총급여를 입력하면 근로 소득 공제 금액과 추가 공제액 금액이 자동 입력됩니다.

STEP 02 **인적 공제 계산하기**

소득 공제의 첫 단계로 인적 공제 소득 공제액을 계산해보겠습니다. 인적 공제는 기본 공제 대상자에 해당하는 구성원 1명당 150만 원씩 일괄 공제하는 기본 공제와 각 항목 요건에 부합하면 추가로 공제 금액이 더해지는 추가 공제 항목으로 구성되어 있습니다.

01 기본 공제와 추가 공제 항목을 살펴보고 입력합니다. 여기서는 본인, 배우자, 자녀와 조부모(70세 이상) 한 명씩을 예시로 입력했습니다.

STEP 02. 인적 공제 계산하기		
기본 공제	본인	1,500,000
	배우자	1,500,000
	부양가족	3,000,000
	경로 우대 공제	1,000,000
추가 공제	장애인 공제	
	부녀자 공제	
	한부모 공제	
	인적 공제 총계	7,000,000

입력

(\$) TIP 기본 공제는 본인 150만 원, 배우자 150만 원, 부양가족 1명당 150만 원, 만 70세 이상 1명당 100만 원으로 기입합니다. 장애인 1명당 200만 원, 부녀자일 경우 50만 원, 한부모일 경우 100만 원을 추가 공제할 수 있습니다. 자신의 상황에 맞춰 입력합니다.

STEP 03 **인적 공제 외 소득 공제액 계산하기**

인적 공제 외 소득 공제 항목을 입력할 단계입니다. 그 전에 신용카드 공제액과 주택 자금 공제 계산법이 복잡하므로 미리 계산한 후 진행합니다.

신용카드 공제액 계산하기

신용카드 공제액 계산 프로세스의 이해를 위해 엑셀 계산기를 하나 준비했습니다. 실습 파일(5장\연말정산 계산기.xlsx)의 [신용카드] 탭을 선택해 계산식을 먼저 익힙니다. 우선 총소득(총급여)이 5,000만 원, 2021년 총 사용액(지출액)은 3,300만 원(신용카드 1,000만 원, 체크카드/현금 영수증 2,000만 원, 전통시장 100만 원, 대중교통 100만 원, 도서 구입 등 100만 원)입니다. 2020년 총 사용액은 2,000만 원이었습니다.

01 항목별 공제율이 다르므로 전통시장, 대중교통, 도서 구입, 현금 영수증, 신용카드 순으로 입력 셀을 구분합니다. 공제율은 40%부터 15%로 적용해두었습니다.

신용카드 공제액 계산기										(단위 : 만 원)
항목	사용액		최저 사용액		초과 사용액		공제율		공제 대상액	
전통시장		-		=		X	40%	=	0	
대중교통		-		=		X	40%	=	0	
도서 구입 등		-		=		X	30%	=	0	
체크카드/현금 영수증		-		=		X	30%	=	0	
신용카드		-		=		X	15%	=	0	
계	0		총급여의 25%	=	0				0	

02 사용액은 공제율이 높은 전통시장부터 차례대로 입력합니다.

신용카드 공제액 계산기										(단위 : 만 원)
항목	사용액		최저 사용액		초과 사용액		공제율		공제 대상액	
전통시장	100	-		=	100	X	40%	=	40	
대중교통	100	-		=	100	X	40%	=	40	
도서 구입 등	100	-	입력	=	100	X	30%	=	30	
체크카드/현금 영수증	2,000	-		=	2,000	X	30%	=	600	
신용카드	1,000	-		=	1,000	X	15%	=	150	
계	3,300		총급여의 25%	=	3,300				860	

$ TIP 공제율이 높은 부분부터 입력하는 이유는 중복 계산을 막기 위함입니다. 예를 들어 전통시장에서 신용카드로 100만 원을 사용했다면 전통시장 사용액에 100만 원을 입력하고, 신용카드 사용액 계산 시에는 전통시장 사용액을 빼고 입력합니다. 이미 입력해둔 수식으로 인해 초과 사용액과 공제 대상액, 최종 공제액 등이 산출됩니다. 현재 단계에서는 무시합니다.

03 최저 사용액을 입력합니다. 총 연봉이 5,000만 원이므로 최저 사용액은 연봉의 25%인 1,250만 원이 됩니다. 이번에는 항목별로 아래에서 위로 입력합니다. 초과 사용액이 자동으로 입력됩니다. 자동 입력된 초과 사용액과 공제율을 곱하면 최종 공제 대상액이 산출됩니다. 해당 예시에서는 최종 공제 대상액 산출액이 **635만 원**이라는 것을 알 수 있습니다.

신용카드 공제액 계산기										(단위 : 만 원)
항목	사용액		최저 사용액		초과 사용액		공제율		공제 대상액	
전통시장	100	-		=	100	X	40%	=	40	
대중교통	100	-		=	100	X	40%	=	40	
도서 구입 등	100	-	입력	=	100	X	30%	=	30	
체크카드/현금 영수증	2,000	-	250	=	1,750	X	30%	=	525	
신용카드	1,000	-	1,000	=	0	X	15%	=	0	
계	3,300		총급여의 25%	=	2,050				635	

신용카드 공제는 총급여의 25%라는 최저 사용액 기준이 있습니다. 공제하는 순서는 공제율이 낮은 항목부터 차례대로 공제합니다. 예를 들어 총급여가 5,000만 원이라면 최저 사용액은 1,250만 원이 됩니다. 앞의 표와 같이 공제율이 가장 낮은 신용카드 사용액에서 1,000만 원을 빼고 나머지 250만 원은 다음 항목인 현금 영수증에서 공제합니다. 입력이 끝나고 나면 최저 사용액 초과 사용분 금액을 항목별로 나누어 산출할 수 있습니다. 그런데 문제는 신용카드 공제 한도가 있다는 것입니다.

총급여	공제 한도
7,000만 원 이하	연간 300만 원과 총급여액×20% 중 작은 금액
7,000만 원 초과~1억 2,000만 원 이하	250만 원
1억 2,000만 원 초과	200만 원

▲ 신용카드 공제 한도

신용카드 공제는 소득에 따라서 공제 한도가 정해져 있습니다. 총급여가 1,500만 원 이하라면 총급여의 20%를, 1,500만 원 초과 7,000만 원 이하 소득자라면 최대 300만 원까지, 다음으로 1억 2,000만 원까지는 250만 원, 그 이상은 200만 원까지만 공제됩니다.

이번 실습에서는 총소득이 5,000만 원이라고 가정했으므로 **신용카드 공제는 최대 300만 원까지 받을 수 있습니다.** 여기에 소비 활성화를 위해 전통시장, 대중교통, 도서 구입 등의 항목에 대해서 추가 한도를 제공하고 있습니다. 각 항목별로 100만 원씩 추가 공제 한도가 주어지므로 잘 활용하면 최대 600만 원까지 공제받을 수 있습니다. 이를 활용하여 최종 공제 금액을 계산해보겠습니다.

엑셀 계산기

재테크 원리

샘플 재무 분석

주식 투자

부동산

연말정산

은퇴와 노후

04 이미 입력해둔 수식으로 최종 공제액을 확인할 수 있습니다. 전통시장, 대중교통, 도서 구입 등 문화비 사용액이 각각 100만 원이므로 공제율(40%~30%)을 곱해 최종 공제 대상액을 확인합니다. 각각 40만 원, 40만 원, 30만 원(공제 대상액)입니다. 신용카드, 체크카드 등 일반 사용액 공제 대상액이 30만 원을 넘었으므로 공제 일반 한도 300만 원에 추가 한도 110만 원을 더해서 총 410만 원이 최종 공제액(기본 공제 300만 원+추가 공제 한도 110만 원=410만 원)이 됩니다.

신용카드 공제액 계산기 (단위 : 만 원)

항목	사용액		최저 사용액		초과 사용액		공제율		공제 대상액	최종 공제액
전통시장	100	-		=	100	X	40%	=	40	
대중교통	100	-		=	100	X	40%	=	40	
도서 구입 등	100	-		=	100	X	30%	=	30	410
체크카드/현금 영수증	2,000	-	250	=	1,750	X	30%	=	525	
신용카드	1,000	-	1,000	=	0	X	15%	=	0	
계	3,300		총급여의 25%	=	2,050				635	

05 신용카드 소득 공제 최종 금액 410만 원에 세율을 곱하면 예상 환급금을 산출할 수 있습니다. 총소득 구간이 5,000만 원이므로 소득 세율은 24%이며 약 98만 원을 환급받을 수 있게 됩니다.

신용카드 공제액 계산기 (단위 : 만 원)

항목	사용액		최저 사용액		초과 사용액		공제율		공제 대상액	최종 공제액
전통시장	100	-		=	100	X	40%	=	40	
대중교통	100	-		=	100	X	40%	=	40	
도서 구입 등	100	-		=	100	X	30%	=	30	410
체크카드/현금 영수증	2,000	-	250	=	1,750	X	30%	=	525	
신용카드	1,000	-	1,000	=	0	X	15%	=	0	
계	3,300		총급여의 25%	=	2,050				635	
									최대 공제 가능액	
					최종 공제액		세율		환급 세액	
					410	X	24%		98.4	

$ TIP 종합 소득 세율표(근로 소득 세율표)를 참고하여 소득 세 구간을 확인합니다. 이 책의 257쪽을 참고합니다.

엑셀 재테크 사전 | 신용카드 추가 소비액 추가 공제 신설

2022년(2021년 귀속) 연말정산부터 신용카드 소득 공제에 신규로 추가된 내용이 있습니다. '추가 소비액에 대한 추가 공제 한도 신설'입니다. 추가 소비액이란 '2020년 총 신용카드 공제 사용액의 5%를 초과한 금액'을 말하며, 공제율은 10%, 최대 공제 한도는 100만 원입니다. 앞선 따라 하기에 이어 해당 내용을 반영한 공제액 계산을 이어보겠습니다.

제시된 자료에서 2020년 총 사용액은 2,000만 원입니다. 소비 증가액 계산법은 전년 총 사용액의 5%를 초과한 금액이므로 2,100만 원을 초과한 증가분은 1,200만 원이 됩니다. 여기에 공제율 10%를 곱하면 공제 대상액은 120만 원이 산출됩니다. 하지만 추가 소비분에 대한 최대 공제 한도가 100만 원까지이므로 최종 공제 대상액은 100만 원이 됩니다. 앞서 산출한 최종 공제액 410만 원에 추가 소비액 추가 공제액 100만 원을 더하면 최종 공제 대상액은 510만 원이 됩니다.

소비 증가액		최종 공제액
ⓐ2021년	3,300	
ⓑ2020년	2,000	
※소비 증가분=ⓐ-(ⓑ×105%)		510만 원
소비 증가분	1,200	
공제율	10%	
공제액	100	

06 2022년 연말정산 기준으로 한 번 더 계산해보겠습니다. 추가 소비액 추가 공제액이 신설되었으므로 최대 100만 원을 더해 환급 세액을 계산합니다. 최종 공제액 410만 원이 510만 원이 되고, 세율 24%를 곱하면 환급 세액은 약 122만 원이 산출됩니다.

(단위 : 만 원)

최종 공제액	소비 증가액		최종 공제액
410	ⓐ2021년	3,300	510
	ⓑ2020년	2,000	
	※소비 증가분=ⓐ-(ⓑ×105%)		
	소비 증가분	1,200	
	공제율	10%	
	공제액	100	

최종 공제액	X	세율	=	환급 세액
510		24%		122.4

주택 자금 공제액 계산하기

주택 자금 공제액을 계산해보겠습니다. 가장 먼저 주택 청약 저축 납입액과 장기 주택 저당 차입금 공제 한도는 합산해서 계산합니다. 예를 들어 무주택 세대주가 월 10만 원씩 주택 청약 종합 저축에 납입하고, 현재 전세 임차 보증금 대출 상환을 위해 월 50만 원씩 원리금을 상환한다고 가정해보겠습니다.

구분	주택 청약 종합 저축 납입액	주택 임차 차입금 원리금 상환액	장기 주택 저당 차입금 이자 상환액
대상자	근로 소득자		
기본 요건	무주택 세대주	무주택 세대주	무주택 세대주
		세대원(기본 요건 충족 시)	세대원(기본 요건 충족 시)
무주택 기준	연중 무주택 세대	12월 31일 기준 무주택 세대	취득 시 무주택 또는 1주택 세대 단, 12월 31일 기준 1주택 세대 충족 시
소득 기준	총급여 7,000만 원 이하	없음 단, 금융 기관이 아닌 개인에게 차입한 경우 총급여 5,000만 원 이하만 가능	없음

주택 조건	해당 없음	국민주택 규모(85m^2) 이하만 가능	취득 당시 기준 시가 5억 원 이하
		읍/면 소재지의 경우 100m^2 이하 가능	단, 2019년 1월 1일 이전 취득 주택 4억 원 이하
		주거용 오피스텔 가능	주거용 오피스텔 불가
공제율	40%	40%	100%
공제 한도	①	②	③
	①+② 합산하여 300만 원 한도		
	①+②+③ 합산하여 300만 원~1,800만 원 한도		

▲ 주택 자금 공제 비교 정리

주택 청약 종합 저축 공제액은 납입액의 40%, 연 납입액 기준 240만 원 한도로 공제할 수 있으므로 앞서 예로 든 상황의 주택 청약 종합 저축 공제액을 계산하는 식은 다음과 같습니다.

① : 주택 청약 종합 저축 공제액 = 청약 저축 납입액 × 40%

= 120만 원 × 40% = 48만 원

$ TIP   **주택 청약 종합 저축**

흔히 '청약 통장'이라 불리는 상품의 진짜 이름은 '주택 청약 종합 저축'으로, 서민의 주택 마련을 돕기 위해 만들어진 대한민국 대표 금융 상품입니다. 2009년 5월 6일부터 가입이 시작되었으며, 보통 아파트를 청약할 때 사용되어 '청약 통장'으로 불립니다. '청약 통장'이라는 이름처럼 아파트를 분양받기 위해 청약을 받는 목적이 아니라면 수익률 면에서는 일반 예적금 상품과 큰 차이가 없습니다. 다만, 무주택자의 경우 납입액의 일부(연 240만 원 한도)에 대해 소득 공제 혜택이 가능하므로 세테크 상품으로서는 여전히 의미가 큰 상품입니다. 한 달에 2만 원 이상 최대 50만 원까지 납입할 수 있지만, 청약 가점제에 해당하는 청약 저축 납입액으로 인정받을 수 있는 것은 월 10만 원까지이므로 매월 10만 원씩 꾸준히 불입하는 것이 가장 유리합니다. 국민은행을 포함하여 NH농협은행, 우리은행, 신한은행, 하나은행, IBK기업은행, 대구은행, 부산은행, 경남은행 등에서만 가입할 수 있습니다.

다음으로 임차 보증금 대출, 이른바 전세 자금 대출 상환을 위해 매월 50만 원의 원리금을 납입하고 있는 경우를 계산해보겠습니다.

② : 주택 임차 차입금 원리금 상환액 = 임차 차입금 원리금 상환액 × 40%

= 600만 원 × 40% = 240만 원

두 가지 항목이 모두 해당하는 경우에는 합산하여 계산합니다. ①+② 합산하여 300만 원 한도까지 주택 자금 공제가 가능합니다.

① 주택 청약 종합 저축 공제액 + ② 주택 임차 차입금 원리금 상환액

= 48만 원 + 240만 원 = 284만 원

마지막으로 장기 주택 저당 차입금 이자 상환액 공제를 계산합니다. 연도별로 내용이 조금씩 달라서 헷갈릴 수 있으니 **현재(2022년)**를 기준으로만 설명해보겠습니다.

기본 공제 한도는 300만 원까지입니다. 장기 주택 저당 차입금이라고 했으므로 여기서 말하는 대출은 장기 담보 대출이며 상환 기간이 10년 이상이면 됩니다. 이자 부리 방식은 고정 금리 또는 비거치 상환 방식 중 한 가지 방식이어야 합니다. 고정 금리는 대출 금리가 대출 기간 내에 고정되어 있는 것을 말하며 비거치 상환은 이자만 납입하는 거치 기간 없이 바로 원리금을 상환하는 방식입니다.

대출 상환 기간	고정 금리 여부	비거치 상환 여부	요건	공제 한도
10년 이상	O	X	둘 중 하나 충족 시	300만 원
15년 이상	X	X	미충족 시	500만 원
15년 이상	O	X	둘 중 하나 충족 시	1,500만 원
15년 이상	O	O	둘 모두 충족 시	1,800만 원

▲ 장기 주택 저당 차입금 공제 한도

이처럼 대출 기간, 금리 및 상환 방식에 따라 공제 한도가 달라지게 됩니다. 상환 기간이 15년 이상이면 500만 원, 15년 이상이면서 고정 금리 또는 비거치 상환 방식이라면 1,500만 원까지 공제됩니다. 마지막으로 15년 이상이면서 고정 금리+비거치 상환 방식인 경우에는 최대 1,800만 원까지 공제됩니다. 마찬가지로 장기 주택 저당 차입금 공제는 앞서 설명한 주택 자금 공제 항목들과 모두 합산하여 공제 한도를 계산한다는 것을 꼭 알아두어야 합니다.

엑셀 계산기

재테크 첫걸음

셀프 재무 분석

주식 투자

부동산

연말정산

은퇴와 노후

01 공적 연금, 특별 공제, 기타 소득 공제 입력 셀에 알맞은 금액을 입력합니다. 근로자라면 국민연금 본인 부담금이나 건강(고용)보험료 공제 금액을 확인할 수 있으니 입력합니다. 신용카드 공제액(251쪽) 입력 셀에도 계산한 금액을 입력합니다.

STEP 03. 그 외 소득 공제 계산하기		
공적 연금	국민연금 본인 부담금	2,400,000
	공무원/군인/사학 연금	입력
	공적 연금 총계	**2,400,000**
특별 공제	건강(고용)보험료 공제	1,200,000
	주택 임차 차입금	입력
	장기 주택 저당 차입금	
	특별 공제 총계	**1,200,000**
기타	신용카드 공제액	4,100,000
	주택 마련 저축	
	개인연금 저축	
	소상공인 공제 부금	
	투자 조합 출자금	입력
	우리 사주 조합 출연금	
	중소기업 근로자	
	장기 집합 투자 증권	
	기타 공제 총계	**4,100,000**

TIP 실습에서는 주택 관련 특별 공제를 기입하지 않았습니다. 앞 단계를 참고하여 주택 자금을 계산한 후 기입해도 됩니다. 신용카드 공제액은 248쪽에서 실습한 공제액을 기입합니다. 실제 사용한 지출을 기입해서는 안 됩니다.

STEP 04 산출 세액 계산하기

총소득에서 근로 소득 공제, 인적 공제, 그 외 각 소득 공제를 모두 빼고 나면 모든 세금 부과의 기준이 되는 소득 즉, 과세 표준이 산출됩니다.

01 [과세 표준] 입력 셀에는 소득 금액에서 인적 공제, 그 외 소득 공제를 뺀 값이 자동으로 입력됩니다.

STEP 04. 산출 세액 계산하기		
산출 세액	과세 표준	23,050,000
	세율	
	누진 공제	
	산출 세액	

TIP [과세 표준] 입력 셀에 적용된 수식은 =C6-C16-C21-C25-C34입니다.

02 과세 표준에 세율을 곱하면 최종 내야 할 세액이 산출됩니다. 종합 소득 세율표/근로 소득 세율표를 참고하여 세율과 누진 공제를 입력합니다. 여기서는 **15%**, **1080000**을 입력합니다. 자동으로 산출 세액이 계산됩니다.

	STEP 04. 산출 세액 계산하기	
산출 세액	과세 표준	23,050,000
	세율	15%
	누진 공제	1,080,000
	산출 세액	2,377,500

입력

 TIP [산출 세액] 입력 셀에 적용된 수식은 =(C37*C38)-C39입니다.

 엑셀 재테크 사전 │ **종합 소득 세율표/근로 소득 세율표**

우리나라 세법은 기본적으로 누진 세율 방식을 채택하고 있습니다. 즉, 총급여가 높은 사람일수록 더 많은 세금을 내는 방식입니다. 이번 예시에서 산출된 최종 과세 표준은 2,305만 원이므로 1,200만 원 초과 4,600만 원 이하 소득 구간에 해당됩니다. 이를 바탕으로 세율과 누진 공제를 입력합니다.

과세 표준	세율	누진 공제
1,200만 원 이하	6%	
1,200만 원 초과~4,600만 원 이하	15%	108만 원
4,600만 원 초과~8,800만 원 이하	24%	522만 원
8,800만 원 초과~1억 5,000만 원 이하	35%	1,490만 원
1억 5,000만 원 초과~3억 원 이하	38%	1,940만 원
3억 원 초과~5억 원 이하	40%	2,540만 원
5억 원 초과~10억 원 이하	42%	3,540만 원
10억 원 초과	45%	6,540만 원

▲ 종합 소득 세율표/근로 소득 세율표

최종 세액이 산출되었지만 연말정산은 여기서 끝이 아닙니다. 최종으로 내야 할 세금에서 공제를 해주는 세액 공제 항목이 남아 있습니다. 주요 세액 공제 항목은 다음과 같습니다.

- **의료비 세액 공제 :** 본인 및 부양가족 의료비 지출액의 15% 세액 공제(총급여의 3% 초과분, 연 700만 원 한도)

- **보장성 보험료 세액 공제 :** 개인적으로 가입한 보장성 보험료 납입액의 12~15% 세액 공제 (연 100만 원 한도)

- **연금 계좌 세액 공제 :** 연금 계좌 또는 퇴직 연금 계좌 납입액의 12~15% 세액 공제(연금 계좌 연 400만 원, 퇴직 연금 계좌 합산 시 최대 연 700만 원 한도)

- **교육비 세액 공제 :** 본인 및 부양가족 교육비 지출액의 15% 세액 공제(인당 초중고 300만 원, 대학생 900만 원 한도)

- **기부금 공제 :** 정치 기부금, 법정 기부금, 우리 사주 조합 기부금, 지정 기부금 등 납부액

01 세액 공제를 계산할 입력 셀에 알맞은 금액을 입력합니다. 세액 공제 총계가 자동으로 산출됩니다.

	STEP 05. 세액 공제 계산하기	
	근로 소득 세액 공제	
	자녀 공제	
	연금 계좌 세액 공제	660,000
	보장성 보험료	100,000
	의료비	
	국내 교육비	1,000,000
세액 공제	국외 교육비	
	기부금	
	표준 세액 공제	
	납세 조합	
	미분양 주택 상환 이자	
	외국 납부	
	월세액	
	세액 공제 총계	**1,760,000**

입력

STEP 06 환급 vs 징수 계산하기

이제 연말정산 마지막 단계입니다. 최종 산출된 세액을 기초로 기납부 세액과 비교해서 환급 또는 징수(납부) 세액을 산출하는 단계입니다.

이번 실습에서 최종 산출 세액이 237만 7,500원이고 세액 공제 총계가 176만 원이므로 결정 세액(산출 세액-세액 공제)은 61만 7,500원이 됩니다. 원천 징수를 통해 기납부 세액이 240만 원이라고 하면 연말정산 시 환급받을 금액은 178만 2,500원이라는 것을 알 수 있습니다.

STEP 06. 환급vs징수 계산하기		
정산	기납부 세액	2,400,000
	결정 세액	617,500
	납부 또는 환급 세액	(1,782,500)

 TIP 기납부 세액보다 결정 세액이 많을 경우 세액을 돌려받지 않고 납부(국가가 징수)해야 합니다.

연말정산 계산기 요약 확인하기

실습 파일의 H열을 확인하면 각 단계에 맞는 최종 금액이 자동으로 입력됩니다. 세금 환급(징수)액은 마이너스(-) 값이 나와야 환급받을 수 있습니다.

연말정산 계산기 요약			
1단계		총소득(총급여)	50,000,000
	-	근로 소득 공제	12,250,000
	=	근로 소득 금액	37,750,000
2단계 ~ 3단계	-	인적 공제	7,000,000
	-	공적 연금 보험료 공제	2,400,000
	-	특별 소득 공제	1,200,000
	-	그 외 소득 공제	4,100,000
	=	과세 표준	23,050,000
4단계	X	세율	15%
	-	누진 공제액	1,080,000
	=	산출 세액	2,377,500
5단계	-	세액 공제	1,760,000
	=	결정 세액	617,500
6단계	-	기납부 세액	2,400,000
	=	세금 환급(징수)액	-1,782,500

똑똑한 연말정산, 신용카드/체크카드 200% 활용법

신용카드 소득 공제, 일명 '신카공제'는 인적 공제와 더불어 직장인이라면 모두 적용되는 기본 공제 항목 중 하나입니다. 신용카드 공제를 조금 더 받자고 불필요한 지출을 할 필요는 없겠지만, 이왕 해야 하는 지출이라면 현명하게 소비하는 것이 좋습니다.

1단계 : 누가 쓴 돈까지 공제받을 수 있는지 체크하라

가장 먼저 할 일은 누가 쓴 돈까지 공제받을 수 있는지 체크합니다. 보통 '신카공제'라고 하면 본인의 사용액만 해당한다고 생각하는 사람들이 많지만 실제로는 그렇지 않습니다. 배우자는 물론이고 자녀, 부모의 카드 지출도 포함할 수 있습니다. 단, 지출 대상자가 기본 공제 대상자여야 합니다. 인적 공제와 달리 연령, 동거 여부는 따지지 않고 소득 조건만 부합하면 해당 부양가족의 사용액까지 모두 공제할 수 있습니다.

2단계 : 어떤 지출까지 공제받을 수 있는지 체크하라

신용카드/체크카드로 결제한 금액이 모두 공제 범위에 해당할 것이라고 생각하지만, 실제로는 그렇지 않습니다. 따라서 지출을 할 때 신중하고 전략적으로 접근해야 합니다. 일단 공제 항목에서 제외되는 항목은 세금/공과금 등 국가에 납입하는 비용과 전기세, 수도세, 톨게이트비 등 국가에 납입하지는 않지만 세금으로 적용되는 비용은 공제되지 않습니다. 해외에서 사용한 금액도 공제되지 않으며, 해외 직구로 결제한 금액도 해외 사용액으로 인정되어 공제되지 않습니다. 상품권, 이용권 등 현금성 유가 증권도 공제되지 않습니다. 그 외에 교육비 공제 대상이 되는 교육비, 보험료 공제 대상이 되는 보험료, 기부금 공제 대상이 되는 기부금 등 다른 공제 항목에서 공제받는 지출도 중복 공제되지 않습니다. 단, 의료비 지출은 의료비 공제와 신용카드/체크카드 공제가 중복 공제됩니다.

3단계 : 현금 영수증은 잊지 말고 챙겨라

무심코 현금 결제를 해야 할 때 현금 영수증을 꼭 요청해야 합니다. 또한 상품권, 이용권, 선불카드 등으로 결제하는 경우에도 현금 영수증을 요청합니다. 처음부터 신용카드/체크카드로 결제하는 경우가 아니라면 현금 영수증을 요청하는 습관을 들이는 것이 좋습니다.

4단계 : 대중교통/전통시장/도서 구입 등 문화비 지출을 챙겨라

지하철이나 버스 등 대중교통 이용 요금과 전통시장에서 물품을 구입하고 그 대금을 신용카드로 결제하면 신용카드 소득 공제 기본 한도 금액인 300만 원과 별도로 각각 100만 원까지 추가 소득 공제를 받을 수 있습니다.

5단계 : 신용카드와 체크카드 비율을 조절하라

신용카드 사용액의 기본 공제율은 15%이지만 체크카드 사용액의 기본 공제율은 30%입니다. 공제율이 2배나 차이나므로 무조건 체크카드 사용을 늘리기도 합니다. 하지만 신용카드는 포인트 적립이나 각종 할인 혜택 면에서 유리하므로 체크카드만 사용하는 것보다 적절하게 혼용해서 사용하는 것이 오히려 현명한 방법입니다. 정작 문제는 신용카드와 체크카드를 각각 얼마의 비중으로 사용해야 하는지 잘 모른다는 것입니다.

이와 관련하여 일명 '신용카드&체크카드 황금 비율'이라는 것이 생겨났습니다. 황금 비율이란 말 그대로 두 카드 간 최적의 사용 비율을 의미합니다. 필자가 직접 만든 황금 비율 계산기를 활용해보겠습니다. 이 계산기는 총소득(연봉)과 카드 사용액을 입력하면 자동으로 최적의 사용 비율이 산출됩니다.

01 총소득(연봉)은 5,000만 원, 카드 사용액을 3,000만 원으로 입력해봅니다.

항목	금액		공제율		최대 공제액
총소득(연봉)	5,000				
최저 사용액		입력			
카드 사용액	3,000				
신용카드 최대 사용액	0	×	15%	=	0
전통시장		×	40%	=	0
대중교통		×	40%	=	0
도서 구입, 공연 등		×	30%	=	0
체크카드 사용액		×	30%	=	0
			최종 공제액	=	만 원
			세율	×	24%
			환급 세액	=	.0만 원

02 미리 입력해둔 수식으로 인해 최저 사용액과 카드 사용액(빨간색 테두리 안 영역)이 자동으로 입력됩니다. 이 금액이 나의 소득과 지출을 감안하여 계산된 황금 비율입니다. 황금 비율로 지출한다고 가정한다면 최종 공제액(총 공제 대상액)은 575만 원이며, 여기에 세율 24%를 곱하면 총 138만 원을 환급받을 수 있습니다.

항목	금액		공제율		최대 공제액
총소득(연봉)	5,000				
최저 사용액	1,250				
카드 사용액	3,000				
신용카드 최대 사용액	1,250	×	15%	=	0
전통시장	250	×	40%	=	100
대중교통	250	×	40%	=	100
도서 구입, 공연 등	250	×	30%	=	75
체크카드 사용액	1,000	×	30%	=	300
			최종 공제액	=	575만 원
			세율	×	24%
			환급 세액	=	138.0만 원

03 만약 3,000만 원을 모두 신용카드로 사용했다고 하면 약 63만 원밖에 환급 혜택을 받지 못했을 것입니다. 똑같은 지출임에도 불구하고 세제 혜택은 거의 두 배 넘게 차이가 나는 것을 알 수 있습니다.

항목	금액		공제율		최대 공제액
총소득(연봉)	5,000				
최저 사용액	1,250				
카드 사용액	3,000				
신용카드 최대 사용액	3,000	x	15%	=	263
전통시장		x	40%	=	0
대중교통		x	40%	=	0
도서 구입, 공연 등		x	30%	=	0
체크카드 사용액		x	30%	=	0
			최종 공제액	=	263만 원
			세율	x	24%
			환급 세액	=	63.0만 원

6단계 : 맞벌이 부부라면 주요 사용 카드를 체크하라

'신카공제'는 기본적으로 연소득의 25%를 초과한 금액에 대해서만 공제가 가능합니다. 맞벌이 부부는 각각 연말정산을 하게 되는데, 이때 연소득과 카드 결제 금액은 부부 간 합산되지 않고 따로 계산됩니다. 즉, 남편이 카드 소득 공제를 받기 위해서는 남편 명의로 된 카드의 결제 금액이 남편 소득의 25%를 넘어야 하고, 아내도 아내 명의로 된 카드의 결제 금액이 아내 소득의 25%를 넘어야 하는 식입니다. 아무 생각없이 각자의 카드로 지출하기보다 한 사람 명의의 카드로 몰아서 지출하는 게 유리합니다.

그렇다면 '어느 쪽으로 몰아서 지출을 하는 게 유리한가요?'라는 질문을 할 수 있습니다. 일반적으로 소득이 적은 사람의 카드를 우선적으로 사용하는 것이 유리합니다. 예를 들어 남편 연봉이 5,000만 원, 아내 연봉이 4,000만 원이라고 한다면 아내 명의 카드를 사용하면 소득 공제 요건을 쉽게 충족할 수 있습니다. 남편의 소득 공제 문턱은 1,250만 원이고 아내의 소득공제 문턱은 1,000만 원이기 때문입니다.

구분	남편		아내
총소득	5,000만 원		4,000만 원
총지출	2,500만 원		2,500만 원
최저 사용액	1,250만 원		1,000만 원
초과 사용액	1,250만 원		1,500만 원
공제율	15%	VS	15%
공제 대상액	188만 원		225만 원
세율	26.4%		26.4%
최종 환급 세액	49.5만 원		59.4만 원

▲ 총소득(연봉) 차이가 나지 않는 남편과 아내의 환급 세액 비교표

그런데 두 사람의 연봉 차이가 큰 경우에는 조건이 달라집니다. 소득세는 기본적으로 소득 구간에 따라 누진 세율을 적용하는데, 소득 공제는 세율에 따라 공제액이 달라지기 때문입니다. 따라서 소득 세율 구간 차이가 크다면 소득이 많은 배우자의 카드를 집중해서 이용하는 것이 유리합니다.

예를 들어 남편 연봉이 7,000만 원, 아내 연봉이 2,000만 원, 신용카드 사용액이 각각 2,500만 원이라고 한다면 소득이 많은 남편 명의의 카드로 결제하면 약 10만 원가량을 더 환급받을 수 있습니다. 따라서 맞벌이 부부라면 남편과 아내의 소득 금액과 지출액 규모를 고려하여 잘 따져보고 한쪽을 정해 집중적으로 사용하는 것이 유리합니다.

구분	남편		아내
총소득	7,000만 원		2,000만 원
총지출	2,500만 원		2,500만 원
최저 사용액	1,750만 원		500만 원
초과 사용액	750만 원	VS	2,000만 원
공제율	15%		15%
공제 대상액	113만 원		300만 원

세율	26.4%	6.6%
최종 환급 세액	29.7만 원	19.8만 원

▲ 총소득(연봉) 차이가 나는 남편과 아내의 환급 세액 비교표

7단계 : 중간중간 지출 상황을 체크하라

카드 소득 공제를 효율적으로 이용하기 위해서는 지출 계획을 세우고 계획한 대로 지출이 되고 있는지 체크해야 합니다. '지출'이라는 것은 변수가 많아 원래 계획과 틀어지는 경우가 흔하기 때문입니다. 연말이 되기 두세 달 전에는 꼭 연초부터 사용한 (누적)카드 사용액을 미리 체크해 보고 남은 기간 동안 카드를 적절히 사용하는 계획을 세워야 합니다.

CHAPTER 06

풍요로운
노후를 위한
보험 리모델링과
은퇴 설계

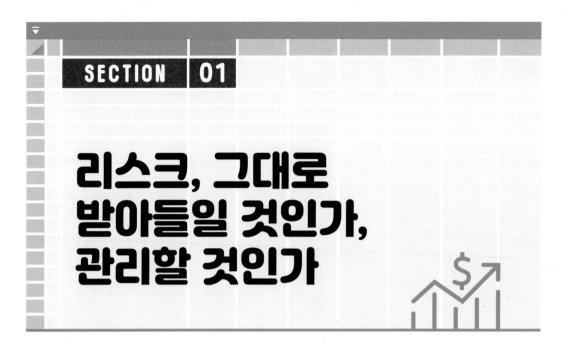

리스크, 그대로 받아들일 것인가, 관리할 것인가

사람들에게 지출 관리에 대해 물으면 소비를 통제하는 것을 떠올립니다. 그러나 소비를 통제하는 것만으로는 모든 지출을 완벽히 관리할 수 없습니다. 우리 삶에는 통제 불가능한 지출도 있습니다.

통제 불가능한 지출을 관리하는 가장 좋은 방법, 보험

통제 불가능한 지출 중 첫 번째는 투기적 위험, 즉 투자 손실과 자산 가치의 하락입니다. 투자에서 큰 손실을 입는 것은 통제 불가능한 지출의 한 부분입니다. 이러한 리스크를 관리하는 대표적인 방법으로는 분산 투자가 있습니다. 통제 불가능한 지출 중 두 번째는 불의의 사고와 질병으로 인한 지출입니다. 이것을 근원적 위험이라고 하며 이러한 리스크를 관리하는 대표적인 방법으로는 보험이 있습니다.

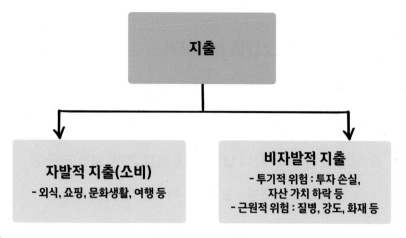

▲ 지출의 종류

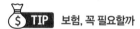 **보험, 꼭 필요할까**

모든 사람은 교통사고, 질병, 강도, 절도, 화재 등 다양한 위험에 노출된 채 살아갑니다. 삶에서 발생하는 다양한 사고를 모두 예측할 수 있다면 보험은 불필요할 것입니다. 하지만 사고는 항상 예측 불가능한 형태로 찾아옵니다. 이러한 이유로 자신에게 맞는 우선순위를 정하고 선별적으로 보험에 가입하는 선택과 집중을 해야 합니다. '보험이 필요 없을 만큼 여유 자산을 가진 사람'도 없지만 반대로 '모든 위험을 보험으로 충당할 만큼 여유 보장 자산을 가진 사람' 또한 거의 없습니다. 따라서 자신에게 맞는 보험 상품을 선택하고 필요한 담보와 적정 금액을 찾아 가입하는 것이야말로 가장 현명한 보장 자산 관리법이라고 할 수 있습니다.

한 페이지로 보험 정리하기

보험 상품은 그 지출(보험료 납입)이 현재 진행형이지만 혜택(보상)은 누가, 언제 받을지 모른다는 특징이 있습니다. 적금 통장 가입 금액과 만기 일자는 잘 알고 있는 사람도 자신이 가입한 보험에 대해서는 제대로 모르는 경우가 많습니다. 사고가 발생하고 나서야 자신이 가입한 보험 증권을 찾아보는 모습을 자주 목격하고는 합니다. 그나마 보장이라도 넉넉히 받을 수 있다면 다행이지만 막상 보험 증권을 찾아보니 보장 금액이 부족하거나 전혀 보장이 되지 않는 경우도 종종 발생합니다. '왜 이렇게 가입해놨지?' 후회해봐도 때는 이미 늦습니다. 이러한 문제를 미연에 방지하기 위한 대책으로 내가 가진 보험 내용을 한눈에 알아보기 쉽도록 정리를 해두는 것이 좋습니다. 이렇게 하면 보장 자산의 전체적인 상황을 쉽게 파악할 수 있고, 심리적 안정감이라는 보이지 않는 혜택까지 누릴 수 있습니다.

1단계 : 사람을 중심으로 주요 내용 정리하기

보험의 기본 내용 중 확인해야 할 것을 우선순위로 나열해보면 다음과 같습니다.

1. 가입한 보험의 인적 관계 : 계약자, 피보험자, 수익자

2. 납입 보험료와 기간 : 납입 기간, 보장 기간, 보험 기간 등

3. 상품의 기본 내용 : 보장성 · 저축성 여부, 보험사 등

가장 먼저 할 일은 보험의 주체가 되는 사람을 기준으로 어떤 형태로 보험이 가입되어 있는지 파악하는 것입니다. 보험 계약은 기본적으로 계약자, 피보험자, 수익자로 구성되어 있습니다. 각 각의 의미를 살펴보면 다음과 같습니다.

- **계약자 :** 계약의 주체가 되는 사람으로 실제 보험료를 납부하고 계약의 변경, 해지 등의 권리를 가진 사람입니다.

- **피보험자 :** 보장의 대상이 되는 사람입니다. 예를 들어 자녀 보험을 아버지가 계약했다면 계약자는 아버지, 보장의 대상은 피보험자인 자녀입니다.

- **수익자 :** 보험금 혜택을 받는 사람입니다. 계약자, 피보험자, 수익자를 모두 다른 사람으로 지정하는 경우도 많습니다.

TIP 계약자와 수익자의 중요성

수익자 지정은 매우 중요합니다. 한 예로 보험 가입 시 수익자를 미지정하면 수익자는 자동으로 법정 상속인이 됩니다. 이 경우 민법에서 규정한 상속인에게 보험금이 지급되는데, 고액의 사망 보험금이 가족 간 분쟁의 원인이 되기도 합니다. 또한 상속이나 증여 문제도 자주 발생합니다. 계약자를 부모, 수익자를 자녀로 지정하면 만기 시 수령하는 보험금에 대해 증여세가 발생하고, 계약자와 피보험자가 부모라면 부모 사망에 대한 보험금은 자녀에게 상속되어 상속세가 부과됩니다. 이와 같은 속성을 잘 안다면 보험을 가입할 때도 계약자와 수익자를 잘 고려하여 치밀하게 준비해야 합니다. 참고로 수익자는 특정인을 지정할 수도 있고 여러 명을 일정 비율로 지정할 수도 있습니다.

다음으로 할 일은 납입 보험료와 기간을 체크하는 것입니다. 보험료를 얼마나 언제까지 납입해야 하는지는 현금 흐름 관리에 매우 중요합니다. 이 외에도 보험은 납입 기간과 보험 기간이 다른 경우가 많으므로 해당 보험이 언제까지 보장되는지도 꼭 따져봐야 합니다. 예를 들어 사망 보험금 10억 원, 암 보험금 5억 원 등 높은 보장 보험에 가입한 터라 안심했는데, 보장 기간이 10년밖에 남지 않았다면 매우 막막할 것입니다. 보험금의 적정성도 중요하지만 기간을 먼저 고려해야 합니다.

마지막으로 보험 상품의 기본 내용을 정리해야 합니다. 보험은 주식처럼 매일 확인하는 것이 아니므로 오랜 기간 잠들어 있는 보험 상품을 파악해두는 일이 필요합니다. 보장성 보험인지, 저축성 보험인지 혹은 연금 보험인지, 또는 어느 보험사에 가입한 상품인지 등 기본적인 내용들을 정리해두면 전체적인 가입 내역을 파악하는 데 도움이 됩니다.

1단계 : 주요 내용 정리하기

계약자	피보험자 보험수익자	상품명	월 보험료	가입 연월일 납입 기간	연금 개시(세) 보장 금액	지급 주기 보장 기간(세)
김한빛	김한빛	A생명종신보험	150,000	2010.1.1		
	배우자			20년납	200,000,000	종신
배우자	배우자	B생명정기보험	80,000	2012.1.1		
	김한빛			20년납	100,000,000	80세
자녀1	자녀1	C손해어린이보험	50,000	2015.1.1		
	배우자			20년납	10,000,000	30세
자녀2	자녀2	D생명자녀보험	50,000	2018.1.1		
	배우자			20년납	10,000,000	30세

2단계 : 상품별 보장 내용 정리하기

다음 단계는 피보험자를 중심으로 보장 자산을 정리합니다. 보험 증권을 옆에 펴두고 하나씩 칸을 채워나가면 됩니다. 처음에는 시간이 꽤 소요되지만 정리만 잘 해두면 새 보험을 가입할 때 매우 유용한 자료로 활용할 수 있습니다.

가장 먼저 기본 정보 중심으로 왼쪽 셀에서부터 오른쪽으로 채워나갑니다. 보장 내용은 상품마다 다르지만 필자의 경험상 큰 범주를 벗어나는 경우는 거의 없습니다. 기본 담보 구성은 실습 파일을 참고하여 작성하고 본인에게 맞는 항목으로 수정합니다.

엑셀 개산기

재테크 원리

셀프 재무 분석

주식 투자

부동산

인맥정산

은퇴와 노후

2단계 : 보장 내용 정리하기					(단위 : 원)
	피보험자	김한빛	김한빛	김한빛	총정리
	보험사	A생명	B손보	C생명	
구분	상품명	가족사랑종신보험	내사랑건강보험	미래준비연금보험	
	납입 기간/보험 만기	60세납/종신	20년납/80세	20년납/60세 연금 개시	
	보험료	150,000	70,000	200,000	420,000
사망 보험금	일반 사망(질병 사망)	100,000,000			100,000,000
	재해 사망(상해 사망)	100,000,000	10,000,000	1,000,000	111,000,000
	사망 연금(수입 보장)	100만 원×120개월			100만 원×120개월
후유 장해	질병 후유 장해	최대 80,000,000			최대 80,000,000
	재해 후유 장해	최대 160,000,000			최대 160,000,000
	재해 연금(수입 보장)				
진단비	암	10,000,000	10,000,000		20,000,000
	뇌졸중(뇌출혈)		10,000,000		10,000,000
	급성심근경색		10,000,000		10,000,000
	기타				0
수술비	암	1,000,000	1,000,000		2,000,000
	재해	1,000,000	1,000,000		2,000,000
	질병	1,000,000	1,000,000		2,000,000
입원비	암	50,000(3일 초과 1일)	20,000		70,000
	재해	20,000(3일 초과 1일)	20,000		40,000
	질병	20,000(3일 초과 1일)	20,000		40,000
실손의료비	입원		30,000,000(한도)		30,000,000(한도)
	통원		100,000(한도)		100,000(한도)
기타				60세부터 월 50만 원 연금 수령	

주요 항목 위주로 간단히 설명하겠습니다.

- **보험 기간 :** 보험 기간에 '종신'이라고 명시된 상품이 있습니다. 여기서 말하는 종신은 '평생'의 의미입니다. 연금 보험은 연금 개시 나이가 중요합니다. 연금 개시 이후에 지급받는 연금의 형태를 선택하기도 하는데, 이때 종신 연금은 연금 개시 나이부터 사망 시까지 평생 동안 해당 연금을 지급한다는 의미입니다.

- **사망 보험금 :** 생명 보험사의 일반 사망 보험금은 '질병+재해'를 통칭한 의미로 해석합니다. 단, 질병 또는 재해 사망 보험금은 해당 사망에만 적용됩니다. 가끔 사망 시 생활 연금, 수입 보장과 같은 내용이 명시된 경우도 있습니다. 이것은 일정 금액을 일정 기간 동안 연금 형태로 지급하는 형태이며, 내용 그대로 기재해도 되고 합산 금액을 기재해도 됩니다. 간혹 한 상품 안에

서 사망 보장 기간이 상이하게 구분되어 있다면 꼼꼼히 구분하여 정리합니다.

- **진단비 :** 암, 뇌졸중(뇌출혈), 급성심근경색 등 주요 질병 진단 시 일시금으로 지급하는 형태의 보장을 말합니다. 최근에는 주요 질병 외에도 7대 질병, 12대 질병 등으로 다양화되는 추세입니다. 이 부분은 기타 항목에 기입합니다.

- **수술비 :** 수술비는 통상적으로 회당 지급하는 경우가 많습니다. 보험금 역시 일정 금액을 지급하기도 하지만 수술 종류에 따라 차등 지급하는 경우가 더 많습니다. 예를 들어 1~5종 수술 (작은 수술은 1~2종, 장기나 기관 절제술, 관혈 수술 등은 3~5종에 포함) 시 최저 30만 원~ 300만 원이라고 한다면 보험금의 최대나 최소 금액이 아닌 중간 금액을 기준으로 기재하는 것이 좋습니다.

- **입원비 :** 입원 일수를 기준으로 지급하는 보험금입니다.

- **실손 의료비 :** 치료비 보장의 근간이 되는 실손 보험 항목입니다. 가입 연도에 따라 보장 내용이 달라지므로 가입 일자를 체크하고 어떤 보장이 가능한지 확인해두면 도움이 됩니다.

 엑셀 재테크 사전 | **보험 계약 시 알아두어야 할 주요 용어들**

- **보험료와 보험금**

보험료 : 보험 상품에 가입 후 보험 회사에 매월 내는 돈

보험금 : 사고 발생 시 받는 돈

- **보험자, 피보험자, 계약자**

보험자 : 보험 회사

피보험자 : 사고 발생 시 보험 혜택을 받는 사고 당사자

계약자 : 피보험자를 위해 보험 회사와 계약한 가입자

예를 들어 남편의 사망이 걱정된 아내가 보험금 수령인을 자녀로 지정하여 종신 보험에 가입한다면 계약자는 아내, 피보험자는 남편, 수익자는 자녀가 됩니다. 계약자, 피보험자, 수익자를 어떤 형태로 설정해 가입하는가에 따라 상속 재산 귀속 여부, 각종 세금 문제, 연말정산까지도 영향을 미치기 때문에 보험 계약에서 매우 중요한 항목입니다.

· 고지 의무

고지 의무 : 고지(고하여 알린다), 즉 보험 회사에 미리 알려야 하는 내용

주요 고지 사항 : 과거 아팠던 경험이 있는지, 따로 가입한 보험이 있는지, 위험한 취미 활동이나 직업을 가지고 있는지 등의 정보

고지 의무 위반 시 임의 해지, 보험금 감액 지급 등의 불이익이 있을 수 있으므로 유의해야 합니다.

· 법정 대리인

위임을 받지 않고도 직접 법률의 규정에 의해 대리권의 효력이 발생하는 자로, 친권자를 명하고 있습니다. 후견인 또한 법정 대리인이 될 수 있지만 유언이나 법원에서 선임을 통해서만 법정 대리인이 될 수 있다는 점이 다릅니다.

엑셀 계산기

재테크 정리

셀프 재무 분석

주식 투자

부동산

연말정산

은퇴와 노후

SECTION 02

프로들의 보험 리모델링 따라 하기

가장의 사망 시 유가족에게 고액의 보험금이 필요하다는 사실은 누구나 인지하고 있습니다. 문제는 도대체 얼마 정도의 돈을 보험으로 준비해야 하는지, 어떻게 준비해야 하는지 막막하다는 점입니다. 그렇다고 무작정 고액 보험에 가입하자니 높은 보험료가 부담이고, 반대로 보험료만 생각하자니 적절한 보장을 받지 못할까 걱정됩니다.

CASE STUDY 나에게 맞는 사망 보험금 계산하기

현재 43세 직장인 한빛 씨는 아내(39세)와 12세, 7세의 두 자녀와 함께 살고 있다. 예상 은퇴 시기는 60세이며 자녀 둘 모두 대학교(4년간)에 진학하기를 원한다.

소득 및 자산 정보

- 월 소득 세후 400만 원, 월 생활비 300만 원(저축 50만 원, 대출 상환 70만 원 포함)
- 가장 사망 시 가장의 생활비, 경비 등을 제한 부양비는 자녀 독립 전 80%, 자녀 독립 후 50% 예상

- 현재 시가 5억 원 상당의 주택 소유, 기타 금융 자산 2,000만 원 보유

보험 가입 정보(본인)

- 10년 전 가입한 종신 보험 : 사망 시 1억 원 보장

니즈(Needs) 분석 정보

- 두 자녀의 대학 교육 자금 : 자녀 1인당 현재 가치로 매년 1,000만 원
- 은퇴 전 생활비 : 현재 지출의 80%
- 은퇴 후 생활비(자녀 독립 후 배우자의 노후 생활비) : 현재 지출의 50%
- ※ **투자 수익률은 매년 5%, 물가 상승률은 매년 3%로 가정**

사망 보험금을 산정함에 있어 'ㅇㅇ이 적정함'이라는 절대적 기준은 없습니다. 필요한 보장 금액이 얼마인지 구체적인 데이터에 근거해서 보장 자산을 계획해야 합니다. 적정 사망 보험금 계산법은 여러 가지가 있지만, 여기에서는 전문가들이 자주 활용하는 **생애 가치법**과 **니즈 분석법**을 기준으로 계산해보겠습니다.

생애 가치법으로 적정 사망 보험금 계산하기

실습 파일 6장\생애 가치법.xlsx

생애 가치법

- 가장이 소득 기간 중 벌 수 있는 평균 수입과 예상 소득 기간을 통해 현재 가치를 계산하는 방법
- 상실 수익액(자동차 보험) 계산법과 동일한 논리적 근거로 계산하여 매우 현실적인 계산법
- 장점 : 인간의 생애 가치를 경제적으로 측정할 수 있으며 간단히 계산할 수 있다.
- 단점 : 1. 국민연금의 유족 연금과 같은 다른 수입원을 고려하지 못한다.

    2. 소득과 비용이 일정하다고 가정하기 때문에 정확한 금액 산출에 한계가 있다.

엑셀 계산기

재테크 원리

셀프 재무 분석

주식 투자

부동산

연말정산

은퇴와 노후

STEP 01 기본 정보 입력하기

실습 파일을 열어 기본 정보를 입력합니다. 현재 나이, 은퇴 나이, 기대 여명(수명), 현재 수입과 지출 상황, 물가 상승률과 투자 수익률 등의 항목을 정리합니다.

STEP 01. 기본 정보 입력하기					
이름	김한빛	현재 수입	4,800만 원	물가 상승률	3.00%
현재 나이	43세	월 수입	400만 원	은퇴 전 투자 수익률	5.00%
은퇴 나이(예상 시기)	60세	연 지출	3,600만 원	은퇴 후 투자 수익률	5.00%
기대 여명	80세	월 지출	300만 원		

STEP 02 필요 자금 계산하기

한빛 씨 가족은 한빛 씨의 소득을 기반으로 현재 생활을 꾸려나가고 있습니다. 생애 가치법이란 보험 대상자의 사망 시 발생하는 소득 상실분을 보험에서 메우고자 하는 취지에서 출발한 계산법입니다. 따라서 적정 보험금 산출 시 가장 중요한 고려 요소는 한빛 씨의 소득입니다. 현재 한빛 씨의 소득은 연간 세후 4,800만 원 수준이며 60세 은퇴를 가정했을 때 향후 17년간 소득이 발생할 것으로 예측할 수 있습니다. 엑셀을 사용해 산출한다면 미래 시점의 부족 자금을 현재 가치로 환산하는 것이 되므로 PV 함수를 활용하여 계산합니다.

$ TIP PV 함수는 급여 상승률 또는 물가 상승률을 감안하여 계산합니다. 급여 상승률에 관한 별도 데이터가 없으므로 물가 상승률을 기준으로 계산합니다.

01 [현재 수입(연)] 입력 셀에 **4800**을 입력합니다. 잔여 소득 기간은 앞서 입력해둔 기본 정보에 의해 17년이 자동으로 입력되었습니다.

STEP 02. 필요 자금 계산하기				
1단계 (필요 자금 산출)	총 필요 자금 계산		현재 수입(연)	4,800만 원
			부양비	입력
			필요 수입	만 원
			잔여 소득 기간	17년
	현재 시점 총 필요 자금 계산		총 필요 자금	만 원

단순히 계산한다면 연 수입(4,800만 원)과 잔여 소득 기간(17년)을 곱한 총 필요 자금은 총 6억 1,397만 원입니다. 하지만 한빛 씨 사망 시 가장의 지출을 제외한 부양비를 감안해야 합니다.

사례에서 가장의 생활비 등을 제외한 부양비를 80%로 가정했으므로 부양비를 입력해 총 필요 자금을 계산합니다.

02 [부양비] 입력 셀에 **80%**를 입력합니다. 미리 입력해둔 수식에 의해 필요 수입과 총 필요 자금이 산출됩니다. 총 필요 자금은 4억 3,292만 원인 것을 확인할 수 있습니다.

STEP 02. 필요 자금 계산하기				
1단계 (필요 자금 산출)	총 필요 자금 계산		현재 수입(연)	4,800만 원
			부양비	80%
			필요 수입	3,840만 원
			잔여 소득 기간	17년
	현재 시점 총 필요 자금 계산		총 필요 자금	43,292만 원

STEP 03 현재 사망 보험금과 가용 자산 계산하기

현재 자산 또는 가입된 보험 중에서 한빛 씨의 사망 시 가용 자산을 산출합니다. 한빛 씨의 경우 현재 금융 자산 2,000만 원과 과거 가입한 종신 보험을 통해 1억 원의 보험금을 충당할 수 있습니다. 현재 5억 원 상당의 주택을 소유하고 있지만 현재의 삶을 꾸려나간다는 기본 가정을 전제로 하여 거주 중인 주택은 사망 보험금 가용 자산 항목에 포함하지 않고 계산합니다.

종신 보험금 1억 원 + 금융 자산 2,000만 원 = 1억 2,000만 원

한빛 씨의 사망 보험금 가용 자산은 1억 2,000만 원이 됩니다.

STEP 04 부족 사망 보험금(필요 자금) 계산하기

STEP 01에서 산출한 필요 보험금에서 **STEP 03**의 가용 자산을 빼면 부족한 적정 사망 보험금을 계산할 수 있습니다.

4억 3,292만 원 − 1억 2,000만 원 = 3억 1,292만 원

한빛 씨의 부족 자금은 현재를 기준으로 약 3억 원가량임을 확인할 수 있습니다. 실습 파일에서 산출된 부족 사망 보험금(적정 사망 보험금)을 확인해봅니다.

니즈 분석법으로 적정 사망 보험금 계산하기

실습 파일 6장\니즈 분석법.xlsx

니즈 분석법

- 가장의 사망 시 충족되어야 할 가족의 다양한 니즈를 분석하고 이 니즈에 합당한 필요 금액을 결정한 후 현재 보유하고 있는 생명 보험과 금융 자산을 공제하는 방법으로 계산하는 방법
- 장점 : 1. 특정 가계의 니즈를 확인 후 구입할 생명 보험 금액을 결정하는 데 가장 정밀한 계산법이다.

  2. 다른 수입원이나 금융 자산을 고려하며 실업 및 은퇴 설계에도 응용할 수 있다.
- 단점 : 1. 피보험자의 생애에 걸친 미래 예측에는 많은 가정이 필요하고 계산이 복잡하다.

  2. 가계의 니즈가 수시로 변하고 니즈가 명확하지 않은 경우 위험 설계가 잘못될 가능성이 높다.

STEP 01 기본 정보 입력하고 현금 흐름 정리하기

니즈 분석법은 가계의 니즈를 잘 파악해야 하고 그에 따른 현금 흐름을 일목요연하게 정리해야 합니다. 이를 위해 사용되는 몇 가지 질문을 소개하면 다음과 같습니다.

1. 배우자가 경제 활동을 하고 있는가? 경제 활동의 예상 수입은?

2. 자녀 교육비는 언제까지, 얼마나 소요될까?

3. 그 외 꼭 필요한 자금은 없는가(주택 구입, 목돈 납입, 평소 이루고 싶었던 일)?

STEP 01. 기본 정보 입력하기					
이름	김한빛			연 지출	3,600만 원
나이	43세	배우자 나이	39세	월 지출	300만 원
은퇴 예상 시기	60세	배우자 은퇴	60세	은퇴 전 생활비	80%
기대 여명	80세	배우자 기대 여명	80세	은퇴 전 생활비	50%
물가 상승률	3.00%	은퇴 전 투자 수익률	5.00%	은퇴 후 투자 수익률	5.00%

엑셀 계산기

재테크 원리

셀프 재무 분석

주식 투자

부동산

연말정산

프롤로그 노하우

필요 자금 계산하기

① 은퇴 전 생활비 계산하기

가장 먼저 은퇴 전 생활비를 계산해보겠습니다. 가장이 사망한 후 발생하는 생활비는 현재 생활비의 80% 수준으로 설정했습니다.

01 [현재 지출] 입력 셀에 **3600**, [은퇴 전 부양비] 입력 셀에 **80%**를 입력합니다. 현재 배우자의 특별한 소득이 없으므로 은퇴 전 생활비(연 지출)는 2,880만 원이 산출됩니다.

STEP 02. 필요 자금 계산하기				
1단계 (필요 자금 산출)	은퇴 전 생활비	현재 지출	입력	3,600만 원
		은퇴 전 부양비		80%
		연 지출		2,880만 원
		필요 기간		
		은퇴 전 총 필요 자금		

니즈 분석법은 남겨진 가족의 필요 자금을 기준으로 필요 금액을 산정하므로 현재 43세인 한빛 씨가 아니라 **배우자의 은퇴까지 남은 기간이란 점에 유의**해야 합니다. 현재 가치로 매년 2,880만 원의 비용이 필요할 것이며 이 금액은 배우자의 은퇴를 고려하여 21년간 매년 물가 상승률만큼 상승된 비용을 필요로 함을 의미합니다.

02 [필요 기간] 입력 셀에 **21**을 입력하면 은퇴 전 총 필요 자금이 산출됩니다. 약 4억 9,300만 원임을 확인할 수 있습니다.

STEP 02. 필요 자금 계산하기				
1단계 (필요 자금 산출)	은퇴 전 생활비	현재 지출		3,600만 원
		은퇴 전 부양비		80%
		연 지출		2,880만 원
		필요 기간	입력	21년
		은퇴 전 총 필요 자금		49,281만 원

② 은퇴 후 생활비 계산하기

다음으로 은퇴 후 생활비를 계산합니다. 은퇴 이후에는 연금 등의 고정 소득을 고려해야 하는데, 이번 사례에서는 국민연금 수령액만 가정하여 계산하겠습니다.

03 [현재 지출] 입력 셀에 **3600**, [은퇴 후 생활비] 입력 셀에 **50%**를 입력합니다. 은퇴 후 생활비(연 지출)는 1,800만 원이 산출됩니다.

1단계 (필요 자금 산출)	은퇴 후 생활비	현재 지출	입력	3,600만 원
		은퇴 후 생활비		50%
		연 지출		1,800만 원
		국민연금 예상 수령액		
		필요 기간		
		은퇴 후 총 필요 자금		

04 [국민연금 예상 수령액] 입력 셀에 **1000**을 입력하고 [필요 기간] 입력 셀에 **20**을 입력하면 은퇴 후 총 필요 자금이 산출됩니다. 약 8,955만 원임을 확인할 수 있습니다.

1단계 (필요 자금 산출)	은퇴 후 생활비	현재 지출		3,600만 원
		은퇴 후 생활비		50%
		연 지출		1,800만 원
		국민연금 예상 수령액	입력	1,000만 원
		필요 기간		20년
		은퇴 후 총 필요 자금		8,955만 원

$ TIP 국민연금 예상 수령액은 임의로 가정하여 1,000만 원으로 기입했습니다.

③ 자녀 교육 자금 계산하기

분석된 니즈를 토대로 자녀들의 교육 자금을 산출해보겠습니다. 대학 교육 자금은 자녀들이 19세가 되는 시점부터 4년간 발생하며 매년 현재 가치로 1,000만 원가량의 교육 자금이 필요할 것으로 예상됩니다.

05 첫째와 둘째의 자녀 교육 자금 입력 셀에 알맞은 값을 입력합니다. [연간 필요 교육비] 입력 셀에 각각 **1000**을 입력하고 [현재 나이] 입력 셀에 각각 **12, 7**을 입력합니다.

1단계 (필요 자금 산출)	첫째 자녀 교육 자금	연간 필요 교육비	입력	1,000만 원
		현재 나이		12세
		대학 입학까지 기간		
		첫째 교육 자금		
	둘째 자녀 교육 자금	연간 필요 교육비	입력	1,000만 원
		현재 나이		7세
		대학 입학까지 기간		
		둘째 교육 자금		

06 대학 입학까지의 기간과 필요 교육 자금이 자동으로 산출됩니다.

1단계 (필요 자금 산출)	첫째 자녀 교육 자금	연간 필요 교육비	1,000만 원
		현재 나이	12세
		대학 입학까지 기간	7년
		첫째 교육 자금	**3,333만 원**
	둘째 자녀 교육 자금	연간 필요 교육비	1,000만 원
		현재 나이	7세
		대학 입학까지 기간	12년
		둘째 교육 자금	**3,027만 원**

STEP 03 총 필요 자금 분석하기

한빛 씨의 재무적 니즈는 남겨진 가족들의 생활비와 두 자녀의 대학 교육 자금입니다. 앞서 계산한 결과를 모두 합산하여 총 필요 자금을 분석해봅니다.

총 필요 자금 = 은퇴 전 생활비 + 은퇴 후 생활비 + 두 자녀의 교육 자금

자동으로 입력된 수식에 의해 총 필요 자금은 약 6억 5,000만 원이 됩니다.

STEP 02. 필요 자금 계산하기			
1단계 (필요 자금 산출)	은퇴 전 생활비	현재 지출	3,600만 원
		은퇴 전 부양비	80%
		연 지출	2,880만 원
		필요 기간	21년
		은퇴 전 총 필요 자금	**49,281만 원**
	은퇴 후 생활비	현재 지출	3,600만 원
		은퇴 후 생활비	50%
		연 지출	1,800만 원
		국민연금 예상 수령액	1,000만 원
		필요 기간	20년
		은퇴 후 총 필요 자금	**8,955만 원**
	첫째 자녀 교육 자금	연간 필요 교육비	1,000만 원
		현재 나이	12세
		대학 입학까지 기간	7년
		첫째 교육 자금	**3,333만 원**
	둘째 자녀 교육 자금	연간 필요 교육비	1,000만 원
		현재 나이	7세
		대학 입학까지 기간	12년
		둘째 교육 자금	**3,027만 원**
현재 시점 총 필요 자금			**64,596만원**

역셀 계산기

재테크 원리

셀프 재무 분석

주식 투자

부동산

+ 연말정산

미래와 노후

STEP 04 준비 자금 분석하기

산출된 결과를 토대로 사망 시 준비 자금과 현재 시점에서의 총 준비 자금, 현재 시점에서 부족한 자금을 분석합니다. 미리 입력해둔 수식으로 현재 시점에서 필요한 부족 자금을 산출할 수 있습니다. 부족한 자금은 5억 2,596만 원입니다.

STEP 02. 필요 자금 계산하기				
2단계 (준비 자금 산출)	사망 시 준비 자금 계산		사망 보험금	10,000만 원
			저축, 펀드	2,000만 원
			기타	만 원
	현재 시점 총 준비 자금 계산		총 준비 자금	12,000만 원
3단계 (부족 자금 산출)	현재 시점 부족 자금 계산		총 필요 자금	64,596만 원
			총 준비 자금	12,000만 원
			필요 부족 자금(적정 사망 보험금)	52,596만 원

필요 자금으로 보험 리모델링하기

생애 가치법과 니즈 분석법을 통해 적정한 필요 자금을 산출해보았습니다. 산출된 결과를 토대로 위험 설계를 해보겠습니다. 한빛 씨는 약 5억 원가량의 자금이 부족한 것을 확인했습니다. 이 결과를 보고 무작정 보험에 가입한다면 엄청난 비용이 지출될 것입니다. 40세 남성이 종신 보험 1억 원에 가입할 경우 평균 보험료는 30만 원 안팎입니다. 대충 계산해봐도 거의 150만 원에 육박하는 보험료를 납입해야 하므로 바람직하지 않습니다.

제대로 된 위험 설계 방법

제대로 된 보험 가입을 위해서 우선 현금 흐름을 파악해야 합니다. 다음은 배우자의 사망 시점까지의 누적 생활비와 교육 자금 등 현금 흐름을 차트로 표현한 것입니다. 전체적으로 차트가 우상향인 이유는 해마다 물가 상승률만큼 필요 금액도 상승하기 때문입니다.

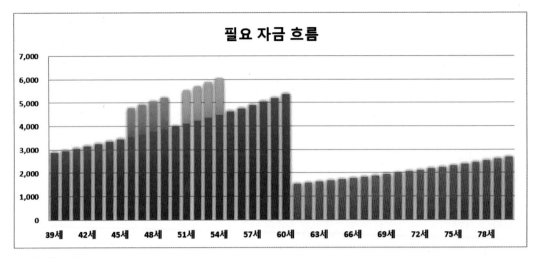

▲ 필요 자금 흐름 그래프

파란색은 은퇴 전 생활비, 빨간색은 은퇴 후 생활비를 의미합니다. 중간에 불쑥 튀어나온 그래프는 두 자녀의 대학 교육 자금이 발생하는 시기입니다. 회색은 첫째 교육 자금, 노란색은 둘째 교육 자금입니다. 또한 60세를 기점으로 그래프 크기가 급격히 줄어듭니다. 이것은 자녀의 독립으로 인해 생활비 비중이 80%에서 50%로 줄어들고 추가로 국민연금 소득이 발생하기 때문입니다.

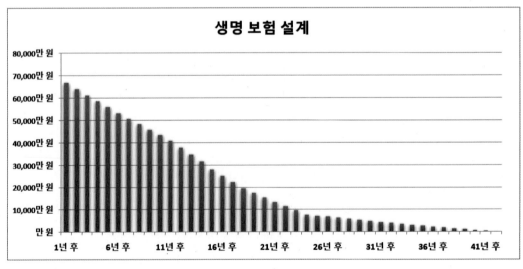

▲ 생명 보험 설계 그래프

한빛 씨가 특정 시점에 사망한다는 것을 전제로 계산한 필요 보장 금액 그래프입니다. 만약 한빛 씨가 아무 일 없이 생활한다면 필요 보장 금액 역시 점차 줄어들 것입니다. 예를 들어 당장 1년 후에 한빛 씨가 사망한다면 총 필요 자금은 약 6억 5,000만 원이지만 11년 후 사망한다면 약 4억 원으로 필요 보장액은 크게 줄어듭니다. 하지만 많은 분들이 다음과 같은 형태로 보험에 가입합니다.

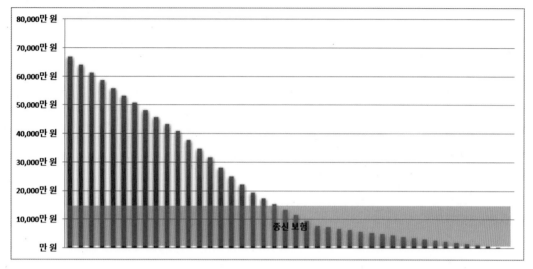

Case 1 : 초기 보장 자산 부족 문제 발생

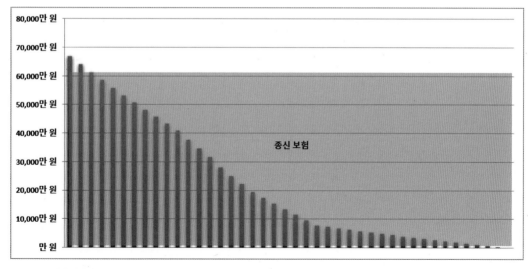

Case 2 : 잉여 보장 자산으로 인한 과도한 보험료 부담 문제 발생

▲ 부적절한 보험 형태들

억셀 계산기

재테크 정리

샘플 재무 분석

주식 투자

부동산

연말정산

은퇴와 노후

이것을 해결하기 위한 방법으로 단계별 위험 설계 개념을 익혀야 합니다. 다음 그래프는 한빛 씨의 필요 사망 보험금 변화표를 기준으로 생명 보험 설계를 한 실사례입니다. 정기 특약(특정 기간까지만 보험금을 보장)과 가족 수입 특약(특정 기간 매월 일정액의 수입을 보장) 등을 활용해 보장이 많이 필요한 위험 기간에 보장 자산 결핍 문제를 해결하면서 동시에 불필요한 보장은 최대한 줄이는 효과를 얻을 수 있습니다. 또한 적절한 보험료로 최대의 효과를 누릴 수 있다는 장점도 있습니다. 제시한 위험 설계안대로 기본 종신 보험 1억 원에 60세 만기 정기 특약 1억 원, 55세 만기 정기 특약 1억 원, 가족 수입 특약 1억 원을 추가로 가입합니다. 이러한 상품 가입 시에는 보험료가 약 20만 원 수준입니다. 앞서 종신 보험 1억 원에 가입하는 상황보다 보험료도 줄어들고 보장은 더 든든하므로 적절한 위험 설계가 가능합니다.

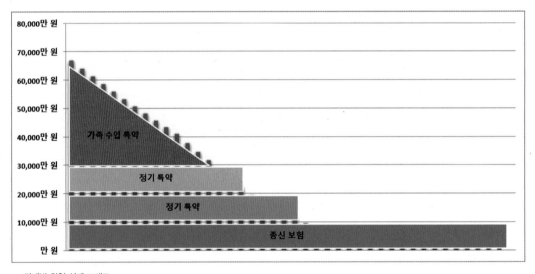

▲ 단계별 위험 설계 그래프

엑셀 재테크 사전 │ 위험 설계 시 알아두면 좋은 주요 용어들

엑셀 계산기

재테크 원리

셀프 재무 분석

주식 투자

부동산

연말정산

노후와 은퇴

- **보장성 보험, 저축 보험, 연금 보험**

보장성 보험 : 생명 보험의 기본 목적은 만약의 사고나 질병으로 인한 경제적 손실을 대비하는 것입니다. 이러한 보험의 기본 정신에 가장 부합하는 상품이 보장성 보험입니다. 대표적인 상품으로는 종신 보험(사망 보장), 건강 보험(질병), 상해 보험(상해), 실손 의료비(의료 실비), 간병 보험(치매, 요양) 등이 있습니다.

저축 보험 : 저축과 위험 보장을 겸비한 상품을 말하며, 일반적으로 장기간 보험 가입을 통한 각종 세제 혜택을 목적으로 가입하는 경우가 많습니다. 대표적인 상품으로는 저축 보험, 교육 보험 등이 있습니다.

연금 보험 : 종신 또는 일정 기간 동안 생존 시 해마다(또는 매월) 일정 금액을 지급할 것을 약속하는 보험 상품을 말합니다. 소득 공제 여부에 따라 세제 적격 연금과 일반 연금 상품으로 구분합니다.

- **각종 주요 특약들**

정기 특약 : 정해진 기간까지만 보장을 제공하는 계약

수입 보장(생활비) 특약 : 일시에 보험금을 지급하는 것이 아닌 사고 발생일부터 종신 또는 일정 기간까지 연금 형태로 매월(또는 해마다) 보험금을 지급하는 계약

중대 질병(CI) 특약 : 고액의 치료비가 들어가는 중대 질병 시 보험금을 지급하는 계약

진단/수술/입원 특약 : 치료비를 목적으로 진단비, 수술비, 입원비(1일당)를 지급하는 계약

납입 면제 특약 : 사고 시 남은 보험 기간 동안 보험료 납입 의무를 면제하는 조건의 계약

은퇴와
노후 자금
계산하기

우리나라는 매우 가파른 고령화의 길로 접어들었지만 은퇴와 노후 준비가 완벽하게 되어 있는 사람은 드뭅니다. 100세 시대를 맞이하는 지금, 노후 준비가 중요하다는 것은 길게 설명하지 않아도 누구나 알고 공감하는 주제입니다. 그럼에도 불구하고 노후 준비가 잘 되지 않는 이유는 무엇일까요?

누구에게나 노후는 온다

우리나라에서는 은퇴 자체를 부정적 의미로 인식하는 정서가 있습니다. 급속한 경제 성장을 겪으며 경제 활동을 하지 않는다는 것은 곧 이 사회에서 쓸모없어지는 것, '은퇴=경제력 상실'이라는 인식이 자리 잡았기 때문입니다. 물론 은퇴라는 단어에 대해 부정적 감정을 갖는 주된 이유로 우리나라 대다수 국민이 노후 준비가 충분하지 않다는 점도 있습니다. 2020년 통계청의 〈가계금융복지 조사〉에 따르면 가구주가 은퇴하지 않은 가구의 54.8%가 '은퇴 준비가 잘 되어 있지 않다'고 답했고 '노후 준비에 대해 보통 혹은 부족하다'고 답한 비율이 무려 91%에 달하는 것으로 나타났습니다. 이 모두가 은퇴를 외면한 결과라고 할 수 있습니다.

은퇴 준비에서 꼭 하나 알아두어야 할 개념이 '지체 비용'입니다. 지체 비용이란 어떤 일을 늦게 시작함으로써 지불하게 되는 일종의 기회비용입니다. 예를 들어 65세에 1억 원이라는 돈을 마련하기 위해 연 5%의 수익률로 20세에 저축을 시작하면 매월 단돈 5만 원만 저축하면 됩니다. 하지만 30세에 시작하면 9만 원, 40세에 시작하면 17만 원, 50세에 시작하면 38만 원으로 그 금액이 불어납니다. 이것이 바로 지체 비용입니다. 결론적으로 **은퇴 준비를 좀 더 손쉽게 하는 방법은 최대한 빨리 시작하는 것**입니다. 이른바 지체 비용을 최소화하는 것이 성공적인 은퇴 설계의 핵심입니다.

정확한 노후 자금 계산하기

머지않아 평균 수명 100세 시대가 됩니다. 대략 60세 전후에 은퇴를 하면 약 30년 이상을 노후 생활로 꾸려가야 합니다. 은퇴 준비의 핵심은 이 기간의 경제력을 유지하는 것입니다. 단순히 연금 한두 개 가입하는 것이 아니라 은퇴 후 30년간 필요한 생활비, 의료비, 여가비, 기타 필요 비용 등을 은퇴 이전 삶의 수준으로 유지하기 위해 필요한 비용, 즉 노후 자금 혹은 노후 소득을 준비하는 과정이 은퇴 설계입니다.

은퇴 설계를 위해 가장 먼저 할 일은 은퇴 후 필요한 돈이 얼마나 되는지 아는 것입니다. 그러나 노후 자금을 정확히 계산하는 것은 쉽지 않습니다. 앞으로 수십 년간 벌어질 모든 일들을 예측할 수 없을 뿐더러, 언제 은퇴하고, 심지어 언제 사망할지 알 수 없기 때문입니다. 이러한 이유로 설문조사나 금융 기관에서 발표하는 자료에 의존해서 '평균적으로 5억 원이 필요하다더라, 10억 원은 있어야 풍족한 노후 생활이 가능하다더라' 식의 막연한 정보에 의존해 노후를 준비하는 사람이 많습니다. 따라서 자신에게 맞는 노후 자금을 계산하는 과정이 필요합니다. 기본적인 계산법을 이해하고 직접 내게 필요한 자금 규모를 계산해보는 것만으로도 은퇴 준비에 좀 더 명확한 인식과 인사이트를 얻을 수 있습니다.

엑셀 계산기

재테크 원리

샘표 재무 분석

주식 투자

부동산

연말정산

은퇴와 노후

25배 법칙으로 계산하기

은퇴 자금을 산출하는 방법으로 '25배 법칙'이 있습니다. 25배 법칙이란 은퇴 후 30년을 준비한다고 가정하고 노후 필요 자금을 계산하는데, 단순하게 은퇴 후 첫 해에 필요한 자금을 산출한 후 거기에 25를 곱해 총 필요 자금을 계산하는 방식입니다.

 TIP 은퇴 후 30년을 가정할 때 30이 아닌 25를 곱하는 이유가 있습니다. 25배 법칙은 노후 자금 4% 인출 법칙에 근간을 두고 있습니다. 은퇴 시기에 준비된 자금 중 4% 정도를 첫 해에 인출하여 사용하는 대신, 나머지 원금 또한 그냥 그대로 남아 있는 것이 아니라 매년 4% 정도의 수익률로 계속해서 굴린다고 가정하여 30년간 유지가 가능하다는 원리로 설계된 계산법입니다.

예를 들어 은퇴 후 첫 해에 월평균 200만 원의 노후 생활비가 필요하다면 12개월을 곱해 첫 해 필요 자금을 구하고 여기에 25를 곱해 계산합니다. 25배 법칙은 정밀하지는 않지만 대략적인 노후 자금을 계산할 때 유용하게 활용할 수 있습니다.

노후 자금 = 은퇴 후 첫 해의 생활비 × 12개월 × 25

200만 원 × 12개월 × 25 = 6억 원

X 엑셀 재테크 사전 | 좀 더 정확한 노후 자금을 알아보고 싶다면

25배 법칙은 노후 자금을 정밀하게 계산할 수 없습니다. 무작정 너무 많은 노후 생활비를 가정하면 총 필요 자금 규모가 터무니없이 커지고, 반대로 너무 적게 가정하면 실질적인 노후 생활 유지가 어려울 수 있습니다. 이때 보다 정확한 나의 노후 자금을 산출하기 위한 계산법으로 니즈 분석법이 자주 활용됩니다.

니즈 분석법으로 노후 자금 계산하기

은퇴 후 시기별 필요 자금을 이벤트별로 분석하여 좀 더 정확한 노후 자금의 규모를 계산합니다. 노후에 발생할 수 있는 이벤트 자금은 의식주 같은 기본 생활비만으로 끝나지 않기 때문입니다. 가장 좋은 방법은 현재 생활비의 80%, 은퇴를 앞둔 고령자라면 현재 생활비의 60%를 기본 생활비로 가정하고 니즈에 따라 필요 자금을 추가로 고려합니다.

배우자의 노후 자금까지 고려해야 하는 니즈가 있는 경우 배우자의 연령을 감안하여 필요 자금을 산출할 수도 있습니다. 2019년 통계청 자료에 의하면 여성이 남성에 비해 평균 6년 이상 오래 산다고 합니다. 홀로 남겨진 배우자의 공백 또한 주요 고려 요소가 될 수 있는 것입니다. 그 외에도 고액의 의료비 지출을 추가로 반영한다거나 실버타운 입주, 세계여행, 자녀의 결혼 등 목돈이 발생하는 추가적인 이벤트를 포함하여 노후 자금의 규모를 계산할 수 있습니다. 이러한 경우의 수를 정리하여 정확한 노후 자금을 산출하는 방식이 니즈 분석법입니다.

엑셀로 나의 노후 자금 계산하기

엑셀을 활용해 나의 노후 자금을 계산해보겠습니다. 은퇴 후 가계 소득의 근간이 되는 기본 생활비 규모를 산출하고 물가 상승률과 월 수입, 월 지출 등을 입력하여 노후 자금을 계산해봅니다.

[엑셀 파일 미리 보기]

실습 파일 6장\노후 자금 계산.xlsx

	A	B	C	D	E	F
1	STEP 01. 기본 정보 입력하기					
9						
10	STEP 02. 은퇴 후 노후 자금 계산하기					
11	1단계 (필요 자금 산출)	은퇴 후 필요 생활비		현재 생활비		389만 원
12				노후 생활비 비율		70%
13				노후 생활비		272만 원
14				국민연금 예상 수령액		80만 원
15				퇴직연금 예상 수령액		55만 원
16				부족 생활비		137만 원
17				연간 부족 생활비		1,649만 원
27	2단계 (은퇴 시점 필요 소득 산출)	은퇴 시점 필요 소득 계산		은퇴 시점 필요 소득		2,705만 원

기본 정보를 입력하고 노후 자금 계산에 필요한 정보를 입력합니다.

미리 입력된 수식에 따라 연간 부족 생활비와 은퇴 시점 필요 소득을 확인할 수 있습니다.

01 실습 파일을 열어 기본 정보 입력 셀(노란색 셀)에 값을 입력합니다. 여기서는 한빛 씨의 사례를 기준으로 입력했습니다.

	A	B	C	D	E	F
1	**STEP 01. 기본 정보 입력하기**					
2	이름	김한빛	현재 수입	6,190만 원	물가 상승률	2.0%
3	나이	35세	월 수입	516만 원	은퇴 전 투자 수익률	5.0%
4	은퇴 예상 시기	60세	연 지출	4,670만 원	은퇴 후 투자 수익률	4.0%
5	기대 여명	90세	월 지출	389만 원		
6	배우자 나이	30세				
7	자녀1 나이	5세				
8	자녀2 나이	3세				

$ TIP 여기에서 입력한 월 지출은 2019년 4분기에 통계청이 발표한 〈도시 가구 월평균 소비 지출 통계〉에서 조사된 가구당 월평균 지출 값입니다. 가구당 월평균 소득은 516만 원, 월평균 지출은 389만 원입니다. 해당 자료를 근거로 계산하면 은퇴 후 연간 필요 생활비 규모는 3,267만 원(272만 원×12개월)이 되고, 이것을 30년으로 단순 계산해보면 기본적인 노후 생활비만으로도 약 9억 8,000만 원이 필요하다는 결과가 나옵니다. '노후 자금으로 7억 원이 필요하네', '10억 원이 필요하네' 하는 말들 역시 이러한 계산법에서 나온 수치임을 짐작할 수 있습니다.

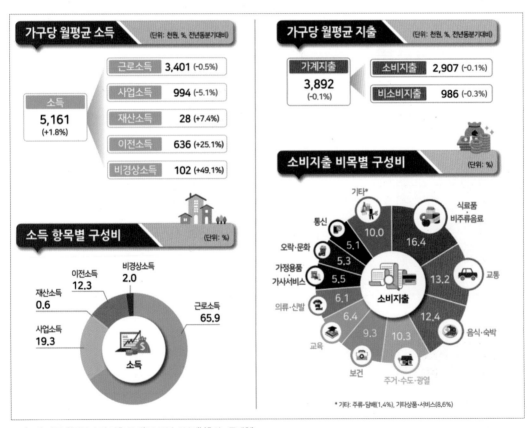

▲ 〈도시 가구 월평균 소비 지출 통계(2019년 4분기)〉(출처 : 통계청)

02 은퇴 후 필요 생활비 항목의 각 입력 셀에는 미리 입력해둔 수식으로 인해 값이 자동 입력됩니다. 노후 생활비는 272만 원으로 산출됩니다. 연금 예상 수령액을 각각 입력하면 월 부족 생활비와 연간 부족 생활비가 자동으로 산출됩니다.

STEP 02. 은퇴 후 노후 자금 계산하기			
1단계 (필요 자금 산출)	은퇴 후 필요 생활비	현재 생활비	389만 원
		노후 생활비 비율	70%
		노후 생활비	272만 원
		국민연금 예상 수령액	80만 원
		퇴직연금 예상 수령액	55만 원
		부족 생활비	137만 원
		연간 부족 생활비	**1,649만 원**

03 80세 초고령부터 고액의 의료비 혹은 간병비가 추가로 발생한다고 가정한 후 값을 입력합니다. 여기서는 **80, 300**을 입력했습니다. 총 추가 의료비를 확인할 수 있습니다.

STEP 02. 은퇴 후 노후 자금 계산하기		
은퇴 후 추가 의료비	추가 의료비 필요 시점	80세
	연간 필요 의료비	300만 원
	총 추가 의료비	3,000만 원

이 항목도 통계청 자료를 바탕으로 보건 의료비 지출 비중을 9%로 입력해두었습니다. 80세 이후 의료비 지출 수준을 두 배로 가정했을 때 매월 25만 원, 연간 300만 원가량의 추가 의료비가 필요합니다. 60세 은퇴를 가정한다면 80세 이후 10년간 최소 3,000만 원의 추가 의료비를 감안해야 합니다.

04 은퇴 후 목돈이 들어가는 이벤트의 필요 자금을 입력합니다.

STEP 02. 은퇴 후 노후 자금 계산하기			
1단계 (필요 자금 산출)	은퇴 후 추가 필요 자금	자녀 결혼	필요 시점	70세
			필요 자금	10,000만 원
		실버 타운	필요 시점	80세
			필요 자금	20,000만 원
		기타	필요 시점	
			필요 자금	

$ TIP 고령 출산이 일반화되고 자녀의 결혼 시기가 늦어지면서 은퇴자들의 큰 고민거리 중 하나가 자녀의 결혼입니다. '시대가 변했으니 결혼은 알아서 해주겠지'라고 생각할 수도 있지만 이 또한 가볍게 넘길 이슈가 아니므로 필요한 자금을 입력해둡니다.

05 이미 입력된 수식에 의해 은퇴 시점에 필요한 소득과 필요 일시금을 확인할 수 있습니다.

STEP 02. 은퇴 후 노후 자금 계산하기				
1단계 (필요 자금 산출)	은퇴 후 필요 생활비		현재 생활비	389만 원
			노후 생활비 비율	70%
			노후 생활비	272만 원
			국민연금 예상 수령액	80만 원
			퇴직연금 예상 수령액	55만 원
			부족 생활비	137만 원
			연간 부족 생활비	**1,649만 원**
	은퇴 후 추가 의료비		추가 의료비 필요 시점	80세
			연간 필요 의료비	300만 원
			총 추가 의료비	3,000만 원
	은퇴 후 추가 필요 자금	자녀 결혼	필요 시점	70세
			필요 자금	10,000만 원
		실버 타운	필요 시점	80세
			필요 자금	20,000만 원
		기타	필요 시점	
			필요 자금	
2단계 (은퇴 시점 필요 소득 산출)	은퇴 시점 필요 소득 계산		은퇴 시점 필요 소득	**2,705만 원**
3단계 (은퇴 시점 필요 일시금 산출)	은퇴 시 필요 일시금 계산		물가 조정 수익률	1.96%
			은퇴 시 필요 일시금	**115,058만 원**

> **$ TIP** 만약 국민연금으로 매월 필요 생활비의 30% 정도를 수령한다고 가정하면 총 필요 자금의 규모가 30% 줄어듭니다. 10억 원이 필요하다면 3억 원은 국민연금으로 충당된 셈입니다. 여기에 퇴직 연금도 있습니다. 국민연금으로 월 80만 원, 퇴직 연금으로 월 55만 원 정도 수령한다고 가정하면 앞서 예를 든 월평균 노후 생활비 272만 원에서 절반 정도는 이미 직장을 다니며 가입했던 연금 소득으로 충당된 것이나 다름없습니다. 국민연금 수령액은 이 책의 297쪽, 퇴직 연금 수령액은 이 책의 304쪽을 참고하여 계산합니다.

그래도 희망은 있다

은퇴 준비에 대해 걱정만 하고 있을 필요는 없습니다. 우리가 이미 준비하고 있거나 가지고 있는 것들을 잘 활용하면 은퇴 준비를 어렵지 않게 할 수 있습니다. 실효성 면에서는 많은 이견이 있지만, 국민연금이나 퇴직 연금이 있으며 은퇴 시점에 가지고 있는 금융 자산을 활용하여 추가 소득을 창출할 수도 있고 부동산 투자로 소득을 불리거나 내가 살고 있는 주택을 활용해 역모기지론(주택 연금)에 가입할 수도 있습니다. 은퇴 준비는 단순히 돈만 모으는 것이 아니라는 것을 기억해두어야 합니다.

엑셀 계산기

재테크 원리

쓸모 있는 문서

주식 투자

부동산

연말정산

나의 퇴직연금

SECTION 04

국민연금,
퇴직 연금으로
노후 자산 계산하기

앞서 은퇴 후에 필요한 노후 자금(필요 자금)에 대해 알아보았으니, 이제는 내게 준비된 자금의 목록을 꼼꼼히 살펴보겠습니다. 먼저 대한민국 국민이라면 대부분 가입한 국민연금과 직장인(급여 소득자)의 퇴직 연금, 개인연금에 대해 알아보겠습니다. 국민연금의 실효성에 대해 의문을 갖는 분도 많지만 부정적인 시선만으로 바라볼 필요는 없습니다. 오히려 국민연금을 활용하여 얻을 수 있는 혜택을 정확히 아는 것이 더 중요합니다.

국민연금, 얼마나 내고 어떻게 받을까

국민연금은 가입 유형에 따라 사업장 가입자, 지역 가입자, 임의 가입자로 구분합니다. 납입 보험료는 가입자 자격 취득 시의 신고 또는 정기 결정에 의하여 결정되는 기준소득월액에 보험료율을 곱하여 산정합니다.

국민연금 보험료 = 가입자의 기준소득월액 × 연금 보험료율

얼마나 낼까

기준소득월액이란 국민연금의 보험료 및 급여 산정을 위하여 가입자가 신고한 소득월액에서 1,000원 미만을 절사한 금액을 말합니다. 최저 32만 원에서 최고 524만 원 범위 내에서 정해집니다. 만약 소득월액이 32만 원보다 적은 경우 32만 원을 기준소득월액으로 하고, 524만 원보다 많더라도 524만 원을 기준소득월액으로 하는 것이 특징입니다(2021년 기준). 연금 보험료율은 사업장 가입자(급여 소득자)의 경우 소득의 9%에 해당하는 금액을 본인과 사업장(회사)의 사용자(급여 소득자)가 각각 절반(4.5%)씩 부담하여 매월 사용자가 납부합니다. 이에 따라 사업장 가입자는 실질적 연금 부담률이 4.5%이지만, 지역 가입자는 사용자 부담분이 없으므로 실질적 연금 부담률은 9%가 됩니다.

💰 TIP **사업장 가입자(급여 소득자) 연금 보험료 계산 예시**

기준소득월액이 250만 원 급여 소득자의 경우 9%에 해당하는 매월 22만 5,000원을 연금 보험료로 납부해야 하는데 그중 11만 2,500원(4.5%)은 본인이, 11만 2,500원(4.5%)은 사업장(회사)이 부담합니다.

어떻게 받을까

다른 연금 제도에 비해 국민연금은 몇 가지 다른 점이 있습니다. 첫 번째는 연금액의 실질 가치 보장입니다. 연금을 받는 동안 매년 전국 소비자 물가 변동율을 반영하여 연금액을 조정합니다. 물가가 인상되더라도 현재 기준으로 연금액의 실질 가치를 보장해주겠다는 의미로 해석할 수 있습니다. 두 번째는 기본적인 연금 소득 보장 기능입니다. 피보험자가 사망하거나 소득 능력이 상실될 경우 유족 연금 또는 장애 연금을 지급하는 것이 대표적인 예입니다. 마지막으로 소득 재분배 기능입니다. 만약 일반 연금 상품에 가입했다면 자신이 낸 돈에 비례해 연금액이 산정되는 것이 일반적이지만 국민연금은 소득이 낮을수록 납입 보험료 대비 높은 연금 지급률을 적용받습니다. 가령 가장 낮은 1분위 기준소득월액을 적용받는 가입자와 가장 높은 분위 가입자를 비교해보면 그 원리를 쉽게 이해할 수 있습니다. 1분위 가입자의 연금 보험료는 2만 8,800원이고 30년 가입 시 예상 수령 연금은 약 32만 원인 반면, 최고분위 가입자의 연금 보험료는 47만 1,600원으로 약 16배의 보험료를 납부하지만 수령액은 118만 원으로 약 3.7배밖에 되지 않는 것을 알 수 있습니다.

국민연금의 대표적인 지급 방식은 노령 연금입니다. 노후 보장을 위한 급여 혜택으로 60세 (1969년 이후 출생자는 65세부터)가 되면 연금 급여를 지급합니다.

			노령연금 예상연금월액표						
평균소득월액(A) 2,539,734원									(단위 : 원/월)
순번	가입기간중 기준 소득월액평균액(B값)	연금보험료 (9%)	가 입 기 간						
			10년	15년	20년	25년	30년	35년	40년
1	320,000	28,800	147,990	219,480	290,970	320,000	320,000	320,000	320,000
473	5,240,000	471,600	402,050	596,550	791,050	985,540	1,180,040	1,374,530	1,569,030

▲ 노령 연금 예상 연금월액표(출처 : 국민연금)

	연금 급여(매월 지급)		일시금 급여
노령 연금	노후 소득 보장을 위한 급여 국민연금의 기초가 되는 급여	반환 일시금	연금을 받지 못하거나 더 이상 가입할 수 없는 경우 청산적 성격으로 지급하는 급여
장애 연금	장애로 인한 소득 감소에 대비한 급여		
유족 연금	가입자의 사망으로 인한 유족의 생계 보호를 위한 급여	사망 일시금	유족 연금 또는 반환 일시금을 받지 못할 경우 장제 보조적·보상적 성격으로 지급하는 급여

▲ 연금 종류와 지급 방식

> 💲 **TIP** 국민연금 수급 개시 연령은 기존 60세에서 2013년부터 5년마다 1세씩 증가하여 최종 65세로 연장됩니다. 바뀌는 규정에 따라 1969년생 이후 출생자부터는 모두 65세부터 노령 연금을 수령하게 됩니다.

얼마나 받을까

국민연금 수령액 계산 원리를 간단히 알아보겠습니다. 국민연금 연금액 계산의 기본 수식은 다음과 같습니다.

기본 연금액 = (소득 대체율 상수) × {전체 가입자 평균 소득(A)

+ 자신의 평균 소득(B)} × {1 + 0.05 × (20년 초과 납입 월수 n)/12}

연금액을 결정하는 주요 요소로는 소득 대체율 상수, 전체 가입자 평균 소득과 자신의 생애 평균 소득, 20년 초과 납입 월수, 이렇게 네 가지 항목이 있습니다.

- **전체 가입자 평균 소득 :** 가입자의 연금 수급 전 3년간의 평균 소득월액의 평균을 말합니다.

국민 평균 소득이 변수이기 때문에 상대적으로 국민 평균 소득보다 높은 사람은 많이 내고 적게 받고, 낮은 사람은 적게 내고 많이 받는 결과가 도출됩니다.

- **자신의 평균 소득 :** 국민연금 40년 가입 기준으로 생애 평균 소득을 말합니다. 즉, 40년 동안 월 200만 원에 해당하는 연금 보험료를 납부했다고 할 때 자신의 생애 평균 소득 역시 월 200만 원으로 책정되는 식입니다. 단, 과거의 100만 원은 현재 가치 기준으로 환산하여 다시 적용됩니다. 예를 들어 2000년의 100만 원은 현재 기준으로 200만 원 정도로 환산하여 계산합니다. 국민연금이 물가 상승률을 어느 정도 반영한다는 말은 이러한 원리로 설명됩니다.

- **20년 초과 납입 월수 :** 노령 연금 혜택을 받기 위한 최소 가입 기간은 10년이지만 납입 월수가 20년을 초과할 경우 더 많은 연금 혜택을 받을 수 있습니다. 중간에 실직 등으로 내지 못했던 연금 보험료를 추후에 납부하는 제도나 임의 가입 등을 통해 납입 월수를 늘릴 수도 있습니다.

- **소득 대체율 상수 :** 일종의 생애 평균 소득 대비 연금 수령 비율을 말하는데, 문제는 소득 대체율이라는 것이 국민연금 제도가 여러 차례 개정되면서 계속 바뀌어왔다는 점입니다. 예전과 같은 금액을 내도 점점 적게 받는다는 이야기가 이러한 제도 변화에 따라 등장한 것입니다. 참고로 생애 평균 소득이 월 200만 원이고 소득 대체율이 40%라면 매월 연금 수령액은 80만 원이 됩니다(40% 기준 소득 대체율 상수는 1.2).

구분	1988년~1998년	1999년~2007년	2008년~2027년	2028년 이후
상수(X)	2.4	1.8	1.5(매년 0.015씩 감소)	1.2
소득 대체율	70%	60%	50%(매년 0.5%p씩 감소)	40%
가입 월수	P1	P2	P3~P22	P23

▲ 소득 대체율 상수표

국민연금공단에서 예상 연금액 알아보기

국민연금공단에서는 누구나 쉽게 국민연금 예상액을 알아볼 수 있도록 예상 연금액 알아보기

서비스를 제공하고 있습니다. 여러 가지 가정에 의한 예상 금액이고 향후 국민연금의 추가 개정을 고려한다면 현실적인 데이터로 보기는 어렵습니다. 대략적인 노후 설계를 위한 참고 자료로서 활용합니다.

01 국민연금공단 노후준비서비스(**https://csa.nps.or.kr**)에 접속합니다. 오른쪽 주요서비스 항목에서 [국민연금 예상액]을 클릭합니다.

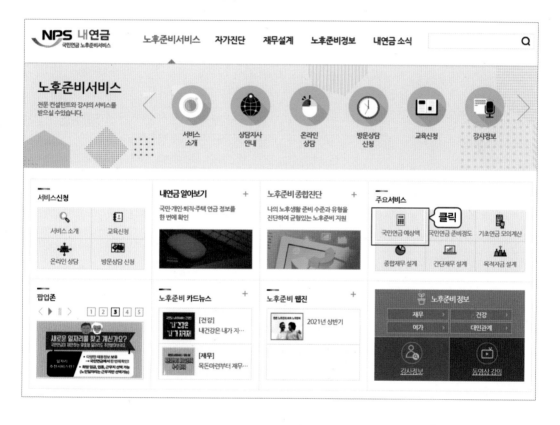

02 인증서 로그인을 거치면 간단하게 예상 노령연금액(세전)을 확인할 수 있습니다.

〉예상 노령연금액 (세전)

- 현재 조회가 되고 있는 예상연금액은 국민연금심의위원회의 심의를 거쳐 보건복지부에서 행정예고한 '「국민연금 재평가율 및 연금액 조정」 일부개정안(보건복지부 공고 제2020-22호)'의 2019년도 전국소비자물가변동률과 연도별 기준소득월액 재평가율을 반영하여 산출하였습니다.
(미래가치 예상연금액은 향후 실제 가입이력과 해마다 변동되는 소득, 물가 등에 따라 달라지므로 실제로 받게 되는 금액과 차이가 있을 수 있습니다.)

〉용어의 설명 및 산정방법

〉연기연금 신청자 예상연금월액 조회 바로가기 　　　　〉향후의 소득 및 가입기간을 수정하여 재계산 바로가기

구분		현재가치 예상연금액	미래가치 예상연금액			소득상승률 직접선택
			최근 5년 간 소득상승률			전체가입자소득 3.2 ∨ %
산정기준		현재기준	최저(3.2%)	평균(4.1%)	최고(4.9%)	가입자개인소득 1.0 % 재계산
예상연금액	세전	월 1,369,760원	월 2,738,860원	월 3,286,830원	월 3,860,090원	
	세후	월 1,330,310원				
수급개시 년월		2043년 11월 부터				
예상 총 납부월수		총 399 개월	총 399 개월			
예상납부보험료총액		159,844,320 원	192,148,380 원	203,420,340 원	214,400,700 원	
평균소득월액(A값)		2,539,734 원	5,175,315 원	6,211,431 원	7,295,996 원	
가입기간중 소득 평균액(B값)		4,847,780 원	9,596,110 원	11,515,337 원	13,522,487 원	

- 전체가입자소득 : 국민연금 전체가입자의 평균 기준소득월액
(전체가입자 기준소득월액 총액 ÷ 전체가입자 수)
- 가입자개인소득 : 가입자 개인의 가입기간 중 기준소득월액의 평균액으로 재평가율을 적용하여 수급 당시의 가치로 환산
- ※ 소득상승률 직접입력란의 전체가입자소득은 3.2% , 4.1% , 4.9%로 선택 제한

퇴직 연금, 얼마나 받을 수 있을까

퇴직 연금은 도입된 지 10년이 넘어가지만 제도를 제대로 이해하는 사람은 많지 않습니다. 먼저 기존 퇴직금 제도와 퇴직 연금 제도가 다르다는 것부터 짚고 넘어가겠습니다. 퇴직금과 퇴직 연금의 차이점 중 첫 번째는 지급 방식입니다. 퇴직금은 일시금 형태로 지급하는 반면 퇴직 연금은 용어 그대로 연금 형태로 지급합니다. 두 번째는 기업 파산 시 수령 가능 여부입니다. 퇴직

금은 사내 계정에서 운용되는 것이 일반적이므로 기업이 파산할 경우 퇴직금을 받지 못할 리스크가 존재합니다. 반면 퇴직 연금은 사내에 적립금을 보관하는 것이 아니라 퇴직 연금 사업자, 즉 금융사에 맡겨 운용되기 때문에 이미 적립되어 있는 퇴직 연금액을 받지 못할 염려가 없습니다.

연금 개시 기간	55세부터 연금 수령 가능 (특별한 사유가 없는 한 퇴직 전 수령 불가)
세금	연금 수령 시 : 퇴직 소득세의 70% 납부 연금 외 수령 시 : 퇴직 소득세의 100% 납부
다른 소득과 합산 여부	퇴직금 재원 연금 소득은 분리 과세 원칙 단, 퇴직금 운용 수익 1,200만 원 초과 시 종합 과세

▲ 퇴직 연금 기본 요건

퇴직 연금 가입 여부 확인하기

퇴직 연금은 근로자가 회사에 다니는 동안 회사가 근로자에게 지불해야 할 퇴직금을 은행이나 보험, 증권사에 맡겨두는 제도입니다. 퇴직 연금은 회사가 가입을 결정하며 근로자의 과반수 이상 또는 근로자 과반수 이상이 참여한 노동조합의 동의가 필요합니다. 퇴직 연금 가입 여부를 확인하려면 금융감독원의 통합연금포털(http://100lifeplan.fss.or.kr)에 접속하여 확인할 수 있습니다.

DB형 vs DC형

퇴직 연금에 가입했거나 가입할 예정이라면 퇴직 연금의 종류와 특성에 대해서도 알아둘 필요가 있습니다. 퇴직 연금은 DB형과 DC형으로 나뉘는데, 정확한 명칭은 DB(확정 급여형, Defined Benefit)와 DC(확정 기여형, Defined Contribution)입니다.

먼저 DB형은 수익률과 관계없이 퇴직 직전 3개월 평균 임금으로 퇴직 연금액을 계산하기 때문에 근로자 입장에서 기존 퇴직금 제도와 비슷하다고 할 수 있습니다. 다시 말해 연금 수익률과는 별개로 근로자가 받는 돈이 미리 법적으로 정해져 있어 안정적인 퇴직 급여 수급이 가능한 것이 DB형의 가장 큰 장점입니다. 또한 근로자가 받아야 할 퇴직금은 금융사에 보관되어 있기 때문에 회사가 갑자기 망해도 일정 금액까지는 안전하게 보장받을 수 있습니다.

반면 DC형은 퇴직금을 매년 중간 정산하는 것과 같은 개념으로 이해하면 쉽습니다. 회사는 1년마다 근로자의 퇴직금(연간 급여의 1/12)을 산정해 근로자 개인의 퇴직 연금 통장으로 지급한 후 개인이 금융 상품에 투자하는 식으로 운영됩니다. 단, 퇴직 전에 마음대로 쓸 수는 없습니다. 퇴직금을 어디에 투자할지, 그리고 그로 인한 연금 수익률 역시 개인의 몫이기 때문에 금융사와 금융 상품 선택이 매우 중요하다고 할 수 있습니다.

엑셀 재테크 사전 │ DB형 vs DC형 어느 것이 유리할까?

필자는 퇴직 연금과 관련하여 'DB형과 DC형 중 어떤 것이 좋을까요?'라는 질문을 자주 받습니다. 개인이 투자해서 임금 인상률보다 높은 수익을 올릴 수 있다면 DC형이 유리합니다. 또한 임금 인상률이 거의 없을 것으로 판단한 경우에도 DC형이 유리할 수 있습니다. 프리랜서처럼 몇 년마다 이직이 잦은 경우에도 DC형이 유리합니다. 그러나 투자에 관심이 없거나 할 줄 모르고, 연봉도 꼬박꼬박 잘 오를 것으로 기대한다면 DB형이 유리할 수 있습니다. 장기 근속이 가능한 경우에도 DB형이 유리할 수 있습니다. 최근 국내 기업들의 근무 여건이 다 변화되면서 근로자 개인마다 연봉 인상률과 금융 지식, 투자 의지가 다르기 때문에 기업에서는 두 가지 방식을 모두 채택한 후 근로자의 선택에 맡기는 경우가 많습니다. 이렇게 되면 개인의 퇴직 연금 지식 수준에 따라 결과가 크게 달라지므로 퇴직 연금에 대해 잘 알아두어야 합니다.

DB형, DC형 하나만 선택할 필요는 없다

퇴직 연금 가입자는 DB형과 DC형 중 하나를 선택할 수 있습니다. 심지어 경우에 따라서는 퇴직 연금에 가입하지 않고 기존 퇴직금 제도를 유지할 수도 있습니다. 어떤 방식이 유리한지는 사람과 상황마다 다르고 하나만 고집할 필요도 없습니다. 그럼에도 불구하고 대부분의 직장인들은 처음 가입한 유형을 중도에 변경하지 않고 끝까지 유지하는 것이 현실입니다.

DB형은 최종 급여에 퇴직 연금액의 크기가 결정되므로 급여 인상률이 투자 수익률을 상회할 경우 유리합니다. 급여 소득자의 소득 인상 요소로는 연봉 인상률이 있습니다. 대표적인 취업 플랫폼 잡코리아(www.jobkorea.com) 조사 결과에 따르면 국내 기업 평균 급여 인상률은 4.4% 수준이라고 합니다. 하지만 승진, 직책, 보너스 등의 추가적인 인상 요소가 있으므로 성장성이 높은 직장이라면 일정 시기까지는 DB형이 유리합니다.

그렇다면 언제 DC형으로 갈아타는 것이 좋을까요? 정답은 평균 임금이 가장 높을 때입니다. 일반적으로 퇴직하기 직전 평균 임금이 가장 높지만 최근에는 임금 피크제 등의 제도가 활발히 도입되는 등 임금 체계 전반에 큰 변화가 일어나고 있습니다. 따라서 전략적인 접근이 필요합니다.

무조건 처음부터 DB형이나 DC형에 묻지마 가입하기보다 성장성이 높은 직장 생활 초기에는 DB형으로 가입했다가 퇴직을 앞둔 어떤 시점에 DC형으로 전환하는 것이 가장 높은 효과를 얻을 수 있습니다. 가령 부장으로 진급을 했는데, 승진 전 인사 고과가 좋아 보너스도 많이 받고, 앞으로 더 이상 승진할 일도 없고, 좋은 고과를 받을 것 같지도 않다고 하면 이런 시기에 DC형으로 적절히 갈아타는 것을 고려해야 합니다.

퇴직 연금의 퇴직 소득세 계산법 알아보기

퇴직 연금을 제대로 알기 위해서는 퇴직금 제도와 퇴직 소득세 계산 프로세스를 익혀두어야 합니다. DB형이나 DC형 유지의 근간이 되는 적립금 또한 기본적으로 퇴직금 제도에 기반하고 있으며, 장기 근속 시 누적된 소득이 퇴직 급여 형태로 발생하므로 세금을 고려해야 합니다.

엑셀 개산기

재테크 정리

셀프 재무 분석

주식 투자

부동산

연말정산

은퇴와 노후

퇴직금(퇴직 소득)과 퇴직 소득세 계산하기

퇴직금 제도는 근로자가 퇴직 시 근속 기간 1년당 30일분에 해당하는 평균 임금을 퇴직금으로 지급하는 형태로 구성되어 있습니다. 퇴직금의 기본이 되는 것은 평균 임금이며, 평균 임금이란 퇴직 전 3개월간 임금 총액을 3개월간 총 일수로 나눈 값을 말합니다. 사례를 통해 퇴직금을 계산해봅니다.

곧 퇴직을 앞둔 지은 씨

퇴사 직전 3개월치 총급여 1,350만 원(기본급 1,200만 원+기타 수당 150만 원)

연초 연간 성과급으로 1,200만 원 수령

총 근속 연수 20년 5개월

01 실습 파일을 열어 각 항목에 맞는 금액을 입력합니다. 기본급과 기타 급여, 연간 상여 등을 입력하면 미리 입력한 수식에 따라 일일 평균 임금과 최종 퇴직금이 산출됩니다.

1. 퇴직금(퇴직 소득) 계산하기

항목	금액
기본급(직전 3개월치)	12,000,000원
기타 급여(상여금,수당 등 직전 3개월치)	1,500,000원
연간 상여(연간 성과급)	12,000,000원
일일 평균 임금ⓐ	179,616원
30일분 총 임금(ⓐ×30=ⓑ)	5,388,475원
근속 연수ⓒ	20
최종 퇴직금(퇴직 소득)ⓑ×ⓒ	107,769,506원

TIP 퇴직 전 임금 총액은 ① 기본급+제수당 ② 상여금+휴가비+연차 수당을 포함하여 3개월치 총급여를 합한 후 92일로 나누어 일일 평균 임금을 계산합니다. 각종 수당을 포함한 3개월치 총급여가 1,350만 원(기본급 1,200만 원+수당 150만 원)이라고 한다면 일일 평균 임금은 14만 6,739원이 됩니다. 추가로 연간 성과급으로 1년에 1,200만 원을 받았다면 365일로 나눈 1일분 평균 임금은 3만 2,876원이 됩니다. 이것을 모두 합하면 지은 씨의 일일 평균 임금은 총 17만 9,616원이라는 것을 알 수 있습니다. 최종 퇴직금은 일일 평균 임금에 30일분 총 임금×근속 연수입니다. 참고로 1년 미만 기간은 포함하지 않으며, 육아 휴직, 출산 휴가 등 법에서 보장한 휴가는 퇴직 급여에 영향을 미치지 않습니다.

퇴직 소득은 짧게는 수년, 길게는 수십 년에 걸쳐 형성된 소득이므로 그 특성을 무시하고 다른 소득과 합산 과세하면 세금 폭탄을 맞을 수 있습니다. 따라서 퇴직 소득은 기본적으로 다른 소득과 합산하지 않고 분리 과세를 적용합니다. 또한 일반 소득세처럼 누진 세율을 적용하면 장기 근속자일수록 세율이 높아져 불리하기 때문에 퇴직 소득세를 산출할 때는 '연분연승'이라는 별도의 계산법을 적용하여 계산합니다. '연분'이란 퇴직금을 근속 기간으로 나누어 계산한다는 뜻입니다. 1년씩 퇴직 소득세를 계산한 다음 근속 기간을 다시 곱해서 최종 소득세를 산출합니다.

02 퇴직 소득을 기준으로 가장 먼저 근속 연수를 공제하고 이것을 근속 연수로 나눕니다. 다시 환산 배수인 12를 곱하여 환산 퇴직 급여액을 산출합니다. 지은 씨는 근속 기간 20년에 해당하므로 1,200만 원이 공제 금액이 됩니다.

2. 퇴직 소득세 계산하기

수식	퇴직 소득(퇴직금)	107,769,506원
-	근속 연수 공제	12,000,000원
=	계	**95,769,506원**
÷	근속 연수	
×	환산 배수	
=	환산 급여	
-	환산 급여 공제	
=	과세 표준	
×	과세 금액	
÷	환산 배수	
×	근속 연수	
=	최종 산출 세액	

근속 연수	공제액
5년 이하	30만 원×근속 연수
5년 초과~10년 이하	150만 원+50만 원×(근속 연수-5년)
10년 초과~20년 이하	400만 원+80만 원×(근속 연수-10년)
20년 초과	1,200만 원+120만 원×(근속 연수-20년)

▲ 근속 연수 공제표

엑셀 계산기

재테크 원리

셀프 재무 분석

주식 투자

부동산

연말정산

은퇴와 노후

03 산출된 환산 퇴직 급여액에서 추가로 환산 급여 공제액을 차감합니다. 환산 급여별 공제표를 참고해 공제 금액은 **37677022**으로 입력합니다. 환산 퇴직 급여에서 공제 금액을 빼면 해당 금액이 과세 표준이 됩니다.

2. 퇴직 소득세 계산하기		
수식	퇴직 소득(퇴직금)	107,769,506원
-	근속 연수 공제	12,000,000원
=	계	95,769,506원
÷	근속 연수	20년
×	환산 배수	12배
=	환산 급여	57,461,703원
-	환산 급여 공제	37,677,022원
=	과세 표준	19,784,681원
×	과세 금액	
÷	환산 배수	
×	근속 연수	
=	최종 산출 세액	

환산 급여	공제액
800만 원 이하	환산 급여의 100%
800만 원 초과~7,000만 원 이하	800만 원+(800만 원 초과분의 60%)
7,000만 원 초과~1억 원 이하	4,520만 원+(7,000만 원 초과분의 55%)
1억 원 초과~3억 원 이하	6,170만 원+(1억 원 초과분의 45%)
3억 원 초과	1억 5,170만 원+(3억 원 초과분의 35%)

▲ 환산 급여별 공제표

04 과세 표준에 소득 세율을 곱하면 산출 세액이 됩니다. 단, 앞에서 '연분'을 했으므로 '연승'을 해서 최종 세액을 산출하는 과정이 남았습니다. 이것을 계산식으로 표현하면 다음과 같습니다. 최종 산출 세액은 314만 6,170원이라는 것을 알 수 있습니다.

산출 세액 = (과세 표준 × 세율) × (근속 연수 ÷ 12)

2. 퇴직 소득세 계산하기

수식		
	퇴직 소득(퇴직금)	107,769,506원
-	근속 연수 공제	12,000,000원
=	계	95,769,506원
÷	근속 연수	20년
x	환산 배수	12배
=	환산 급여	57,461,703원
-	환산 급여 공제	37,677,022원
=	과세 표준	19,784,681원
x	과세 금액	1,887,702원
÷	환산 배수	12배
x	근속 연수	20년
=	최종 산출 세액	3,146,170원

다음 표는 동일한 퇴직 소득을 기준으로 근속 연수 차이에 따라 퇴직 소득세의 변화를 비교한 것입니다. 동일 소득을 기준으로 근속 기간 30년과 10년의 산출 세액 차이가 네 배 가량인 것을 알 수 있습니다. 동일한 퇴직 소득이더라도 '연분연승'이라는 퇴직 소득세 계산 방법에 따른 특징이라 할 수 있습니다.

3. 근속 연수에 따른 퇴직 소득세 비교표

수식				
	퇴직 소득(퇴직금)	107,769,506원	107,769,506원	107,769,506원
-	근속 연수 공제	4,000,000원	12,000,000원	24,000,000원
=	계	103,769,506원	95,769,506원	83,769,506원
÷	근속 연수	10년	20년	30년
x	환산 배수	12배	12배	12배
=	환산 급여	124,523,407원	57,461,703원	33,507,802원
-	환산 급여 공제	72,735,533원	37,677,022원	23,304,681원
=	과세 표준	51,787,874원	19,784,681원	10,203,121원
x	과세 금액	7,209,090원	1,887,702원	612,187원
÷	환산 배수	12배	12배	12배
x	근속 연수	10년	20년	30년
=	최종 산출 세액	6,007,575원	3,146,170원	1,530,468원

엑셀 재테크 사전 | 퇴직금 수령 방법 활용하기

세금 없이 수령하기

퇴직금을 개인형 퇴직 연금 계좌(IRP : Individual Retirement Pension)로 수령하여 연금 형태로 받게 되면 퇴직 소득세의 30%를 감면받을 수 있습니다. 예를 들어 퇴직금으로 3억 1,000만 원, 퇴직 소득세로 2,000만 원이 나왔다고 가정해보겠습니다. 이를 급여 계좌로 받으면 퇴직 소득세 2,000만 원을 차감한 2억 9,000만 원을 수령하지만, IRP 계좌로 수령하면 세금을 떼지 않고 3억 1,000만 원을 고스란히 수령할 수 있습니다. 실제 은퇴 시점까지 과세 이연 효과가 있기 때문에 가능한 일입니다. 추후 실제 은퇴 시기가 와서 퇴직 소득세를 내야 하더라도 연금 형태로 수령하게 되면 발생한 소득세의 30% 감면 혜택이 있어 매우 유리합니다.

퇴직 연금 중간에 찾기

퇴직 연금은 가입 기간이 10년 이상인 근로자가 55세 이후 연금 또는 일시금 형태로 지급받을 수 있습니다. 특정한 사유가 있을 경우에 한해 중간에 퇴직 연금 적립금을 인출하는 것도 가능합니다. 그 사유는 다음과 같습니다.

- 무주택자의 주택 구입
- 무주택자의 전세금 또는 보증금 납입
- 본인 및 배우자 또는 부양가족이 6개월 이상 요양이 필요한 경우
- 담보 제공일로부터 5년 이내 가입자가 '채무자 회생 및 파산에 관한 법률'에 따라 파산 선고를 받은 경우
- 담보 제공일로부터 5년 이내 가입자가 '채무자 회생 및 파산에 관한 법률'에 따라 개인 회생 절차 개시 결정을 받은 경우
- 천재지변

엑셀로 부자되기

개인연금(연금 저축) 활용하기

은퇴 준비 필수품, 연금 저축!

연금 저축 상품은 연말정산 세액 공제 혜택이 있어 직장인이 아니어도 가입해야 하는 필수 상품입니다. 연금 저축은 연금저축펀드, 연금저축보험, 연금저축신탁으로 구분할 수 있습니다. 특히 보험과 신탁 상품은 금리로 부리되는 금리형 상품인데 반해 연금저축펀드는 용어에 걸맞게 투자 수익률로 운영되는 점이 가장 큰 차이점입니다.

	연금저축신탁	연금저축보험	연금저축펀드
가입	은행	은행, 보험사	은행, 증권사 등
납입 방식	자유납	정기납	자유납
적용 금리	실적 배당	공시 이율	실적 배당
연금 수령 기간	확정 기간	종신, 확정 기간	확정 기간
상품 유형	안정형(주식 10% 미만) 채권형(채권 100%)	금리 연동형	국내외 채권형 및 주식형 등 다양

▲ 연금 저축의 종류

연금 저축 상품은 나라에서 '세제 혜택을 줄 테니 노후 대비하세요'라는 취지로 만든 상품이지만 무제한 세제 혜택을 주는 것은 아닙니다. 연 400만 원까지 혜택을 제공하며, 월 납입액으로 환산하면 약 34만 원 정도입니다. 예를 들어 소득 5,500만 원 기준으로 그 이하면 16.5%, 초과면 13.2%를 세액 공제합니다. 연 400만 원을 납입했다고 가정했을 때 최대 66만 원을 돌려받게 됩니다. 수익률로 환산해보면 16.5%짜리 예금 상품과 같은 엄청난 혜택입니다. 여기에 연금 저축 상품 역시 자체적으로 이자나 수익이 발생하니 추가적인 수익을 만들 수 있는 셈입니다.

총 급여액	세액 공제 한도(납입 금액)	세액 공제 비율	연말정산 공제 급액(환급액)
5,500만 원 이하	400만 원	16.5%	66만 원
5,500만 원 초과~1억 2,000만 원 이하	400만 원	13.2%	52.8만 원
1억 2,000만 원 초과	300만 원	13.2%	39.6만 원

▲ 연금 저축 세액 공제표

연금 저축은 무조건 장점만 있을까?

연금 저축에 가입하는 분들은 대부분 세제 혜택을 그 이유로 꼽습니다. 하지만 세제 혜택만 보고 무턱대고 가입하면 안 됩니다. 만약 무리한 가입이나 목적에 맞지 않는 가입으로 인해 중도 해지라도 하게 된다면 세금 폭탄을 맞을 수도 있기 때문입니다. 앞서 말한 것처럼 국가에서 '노후 대비'를 위해 연금 저축에 세제 혜택을 준 것이기에 중도 해지하게 되면 기타 소득세와 해지 가산세가 붙어 배보다 배꼽이 더 클 수 있습니다.

주요 세제	종전	현행	시행
기타 소득세 (소급 적용)	기타 소득세(22.0%) 부과 (300만 원 초과 시 종합 소득 과세)	기타 소득세(16.5%) 부과 (기타 소득 분리 과세)	2015년
해지 가산세	가입 후 5년 내 해지 시 해지 가산세(2.2%) 부과	2013년 3월 이전 가입분 계속 적용 2013년 3월 이후 가입분부터 폐지	2013년

▲ 연금 저축 중도 해지 관련 세제(출처 : 금융감독원, 국세청)

연금 저축 200% 활용법

연금 저축 상품의 경우 연 400만 원까지 세액 공제 혜택이 있으니 보통 34만 원을 월 납입액으로 하여 가입합니다. 그렇게 하면 연 납입액은 408만 원 정도이고 연말정산 시 돌려받는 돈이 400만 원의 16.5%인 66만 원 정도가 됩니다.

납입 금액별 연금 저축 수익률 비교		
월 납입액	28만 원	34만 원
연 납입액(월 x 12개월)	336만 원	408만 원
세액 공제 대상	336만 원	400만 원
세액 공제율	16.5%	
세액 공제 환급액	55만 원	66만 원
추가 납입액	55만 원	66만 원
세액 공제 추가 납입 원금	391만 원	474만 원
추가 납입액 세액 공제 환급액	9만 원	만 원
최종 연금 저축 운용액	401만 원	474만 원
예상 수익률(예정 이율)	3%	3%
1년 후 일시금 예상	411만	486만
연 수익률(%)	22.2%	19.2%

▲ 납입 금액별 연금 저축 수익률 비교표

이 환급액을 다시 연금 저축 계좌에 추가 납입합니다. 이렇게 하면 연간 총 납입 원금은 474만 원으로 늘어납니다. 연금 저축 상품도 금융 상품이므로 자체 수익률이 존재합니다. 가령 상품의 수익률을 3%라고 가정하면 1년 후 예상 금액은 486만 원이 됩니다. 원래 내가 낸 원금은 408만 원이므로 수익률로 환산하면 19.2% 정도됩니다. 요즘 같은 초저금리 시대에 유용한 상품인 것입니다.

이것을 좀 더 영리하게 활용할 수도 있습니다. 추가 납입을 하게 되면 내가 납입한 408만 원 중 400만 원에 대해서는 세액을 환급받겠지만, 반대로 환급받은 세액을 재투자한다고 해도 연간 납입액이 400만 원을 넘겼으니 추가로 받을 세제 혜택은 없습니다. 이것을 응용해서 월 28만 원만 납입합니다. 이렇게 하면 연간 약 336만 원 정도를 납입하게 되고, 이 돈의 16.5%인 55만 원 정도를 환급받게 됩니다. 이 금액을 다시 연금 저축 계좌에 재투자한다고 하면 총 납입 원금이 391만 원 정도됩니다. 55만 원 재투자한 돈 역시도 400만 원이 넘지 않았으니 약 9만 원 정도 추가 공제도 가능합니다. 이렇게 하면 세제 혜택을 400만 원 한도까지 알뜰하게 챙기고 수익률도 극대화할 수 있습니다.

엑셀 계산기

재테크 원리

쉽고 재무 분석

주식 투자

부동산

연말정산

은퇴와 노후

찾아보기